D0824285

POÉSIES

ARTHUR RIMBAUD

ŒUVRES

I

POÉSIES

Cahier de Douai
Un cœur sous une soutane
Poésies (fin 1870-1871)
Poèmes de l'*Album Zutique*
Les Stupra
Correspondance

Préface, notices et notes
par
Jean-Luc Steinmetz
professeur à l'Université de Nantes

GF
FLAMMARION

ISBN 2-08-070505-9

PRÉFACE

La Mise au monde

pour Guillaume

Jean Paulhan eut raison de remarquer que « le commentaire à Rimbaud est devenu de nos jours un genre littéraire, comme la satire ou l'essai [1] » — ce qui ne veut pas dire, tant s'en faut, qu'il est inutile, mais signifie que quiconque y souscrit dispose à sa manière d'une convention. Introduire cette œuvre suppose d'abord que l'on devienne pour un temps l'accompagnateur d'une destinée. Rimbaud est de ceux qui forcent à leur emboîter le pas. Bon gré mal gré il nous engage dans un parcours qui tire en avant et dont chaque étape, si surprenante soit-elle, semble juste. Impossible de nous dérober à sa vie, se construisant ici à la mesure d'une œuvre, se rêvant, puis se délitant, mais toujours brûlée d'une lumière dont nous sommes encore les incrédules spectateurs. On ne saurait comprendre quel événement se produisit quand Rimbaud se forgea (surmontant peu à peu la commune mesure) si l'on se contente de son « effet littéraire ». Bien entendu, nous raisonnons à partir des textes qu'il nous donna ; nous en ressentons la teneur. Tout lecteur, cependant, est vite touché au vif de sa vie, comme frappé par une exigence, et les textes se maintiennent dans une zone où leur construction importe moins que l'éclairage qu'ils diffusent et qui témoignent de la force prodige et prodigue d'une traversée.

⁂

Il fallut bien que tout commençât. Il s'agissait de la naissance. De la famille. Rimbaud, sa vie durant, tentera d'y échapper. Pour cela, il ira presque au bout du monde, là, du moins, où l'Enfer est le plus proche, en Abyssinie. En lui, en effet, lutteront le proche et le lointain. Rimbaud naît, enfermé de toute part, du plus intime au plus vaste. Dans les quatre murs d'une chambre, dans les Ardennes et dans l'Europe.

Son tout premier texte projette dans un curieux autrefois : l'an de grâce 1503, l'ambiance qui l'entourait. On y voit le père officier, la mère aimante. Rimbaud constitue au fil de la plume un couple uni dont il est l'un des fils. Mais son premier poème connu, *Les Étrennes des orphelins*, prend des accents dramatiques. L'enfant songe ici déjà à un passé de bonheur et de chaleur que remettent désormais en cause l'éloignement (réel) du père et la mort (imaginée) de la mère. Ces remarques ne cherchent pas à induire une psychanalyse de Rimbaud[2]. Elles se bornent à définir l'espace du manque où précisément il inscrivit sa poésie. Elles pensent que si ces « déserts de l'amour » n'avaient pas existé, pas davantage ne se fût formée l'œuvre que nous connaissons. Neuve, moderne, elle prend son élan dans un univers confiné, couvert de tristesse. Le départ du père est aussi douloureusement ressenti par Rimbaud que par sa mère, et quelque chose en cet effacement sur la route inaugure une perte irrémédiable. L'absence assurément (elle fut radicale, au point que le capitaine Rimbaud[3] ne donna jamais plus signe de vie) sera surmontée, assimilée, et considérer Rimbaud depuis cette réalité dont on ignore si elle fut traumatique risquerait de proposer comme source de sa poésie une cause uniquement anecdotique ; mais il y a qu'il prit soin de nous parler de cet événement, non sans le transposer, et qu'à sa lumière il repensa fort tôt son existence. Il cherchait ainsi à se remettre au monde, comme s'il pressentait le ratage (sexuel, affectif) dont il résultait. On exagérerait en prétendant que le capitaine Rimbaud fut responsable du génie de son fils cadet. Mais la vie de cet enfant sans père débuta dans un malheur domestique et les premiers essors de son écriture semblent y avoir répondu par une sorte de pratique conjuratoire.

Quant à savoir pourquoi ce fut la littérature qui l'emporta, pourquoi la poésie devint la voie choisie, nul ne saurait le dire. Tout au plus faut-il constater que l'espace du manque favorisait l'expansion de l'art, mais que la nécessité du poème ne se fit sentir, doit-on penser, qu'à la faveur d'exercices scolaires pareillement imposés à tous les collégiens de Charleville. Cette école du Second Empire, ultra-classique et rhétoricienne, eut du moins le mérite de former à son insu deux poètes hors pair : Lautréamont[4] et Rimbaud, le premier mettant la rage de l'expression en miroir, le second découvrant, à coup sûr, une nouvelle beauté, la plus fertile dynamique de l'imaginaire — non sans rêver lui aussi à une méthode logique. Au fil de trimestres besogneux, dans une ambiance potachique qui, guère plus tard, nourrirait la pensée pataphysique d'un Alfred Jarry et l'humour d'un Tristan Corbière[5], Rimbaud travaille, non pas encore pour se rendre *voyant*, mais tout bonnement pour satisfaire ses maîtres et sa mère. Être le premier ! Le bonheur lui est chichement mesuré. Madame se tient « droite » ; elle croit en Dieu jusqu'à la dévotion, applique la plus étroite morale. Le chagrin l'appesantit[6]. Rimbaud a bien un frère, Frédéric, mais il ne l'aime pas. Il s'entend mieux avec ses deux jeunes sœurs, Isabelle et Vitalie. De distractions, guère. Sinon quelques promenades avec l'ami Ernest Delahaye et des lectures sévèrement contrôlées par celle qu'il appellera plus tard la « mother ». Il ne pourra donc frayer chemin à son désir (un désir fou qui est aussi une formidable demande d'amour) qu'à travers les textes sur lesquels les collégiens passent leurs heures d'étude, sans bien même savoir ce qu'ils lisent. Les auteurs d'épopée : Homère, Virgile. La Chanson de Roland. Les Racine et Boileau. Les Voltaire et Rousseau. Les Romantiques : Lamartine, Musset, et le Victor Hugo d'avant l'exil, bien sûr. A la faveur des rédactions ou dissertations dont le professeur de français impose les sujets, Rimbaud découvre une curieuse liberté. Mieux ! il se passionne pour ces incroyables thèmes latins en hexamètres dactyliques qui nous semblent aujourd'hui de purs instruments de torture intellectuelle. Il y excelle ; il pénètre là dans les secrets du langage, perçoit les mots comme une matière vivante. Les syllabes longues ou brèves laissent entendre un chant sous le sens. Le talent de Rimbaud se fait ainsi jour dans une autre langue, au passé, dans l'archaïque. Et l'univers qui se forme alors comporte des beautés qui ne tiennent plus à la signification, mais à la substance des lettres elles-mêmes.

Très tôt, l'enfant rêve d'être publié, c'est-à-dire ni plus ni moins de se mettre au monde, de devenir père aussi bien que fils de ses œuvres. Il envoie une poésie latine au jeune Prince impérial qui venait de faire sa première communion. *Les Étrennes des orphelins* est imprimé dans la *Revue pour tous* en janvier 1870 (Rimbaud a quinze ans). La même année, en mai, paraît, dans *La Charge, Trois baisers*. Si, pour lui, la gloire n'a pas la valeur presque métaphysique qu'elle revêtira aux yeux de Mallarmé, il ambitionne cependant de l'atteindre. Croit-il, en ces premières années, à quelque idée sublime de la poésie ? Nous serions bien en peine de le dire. Nous le voyons surtout multiplier les démarches pour être lu. C'est ainsi qu'il entre vite en relation épistolaire avec Théodore de Banville, qui dirigeait avec quelques amis la publication anthologique du *Parnasse contemporain*[7]. Rimbaud ne demande rien d'autre que de figurer dans le deuxième volume alors en gestation. Il ne sait pas très bien où il va. Simplement il veut aller, encouragé en cela par son nouveau professeur, le jeune Georges Izambard[8], qui, fort attentif à ses premiers essais, lui prête des livres récemment parus (livres que Rimbaud n'est pas assez argenté pour se procurer). Pour l'instant, il croit en son génie. Terme bien surfacé ! il saura cependant lui conférer une valeur spécifique. Il s'agit évidemment du talent individuel, mais ressenti comme une présence, le « démon » de Socrate, une sorte de voix. Rimbaud suit la mode du temps — comme on fait ses classes. Il se veut Parnassien. Il ne lui vient pas encore à l'esprit de contester cette école en vogue, issue de « l'art pour l'art » prôné par Théophile Gautier. Il en sera le tenant, disons plutôt le transformateur, jusqu'en des textes tardifs. Il en procède profondément — comme en procédera Mallarmé. Le manque (le père absent, l'objet perdu) engendre par compensation une image idéale. Rimbaud découvre la Beauté, celle que les poètes du Parnasse, impersonnels et hautains, idolâtrent dans leurs textes comme les peintres « pompiers » multiplient sur leurs toiles les académies mythologiques. Le premier Rimbaud est épris de cette beauté traditionnelle qu'il parvient à son tour à recomposer comme si, nouveau Pygmalion, il façonnait un corps. Et il entonne contre le *Credo* religieux gueulé le dimanche par les chantres son *Credo in unam* qu'il envoie à Banville. Il n'y en a qu'une seule en laquelle croire : la femme, la Vénus déjà célébrée dans le *De natura rerum* de Lucrèce, la déesse-nature, et non le « Deus sive natura » de Spinoza. Par-delà ses choix sexuels et ses blasphèmes, Rimbaud demeurera fidèle à cette image et très tôt il évoquera ce corps qui n'est pas le sien ; il fabriquera un « nouveau corps amoureux » d'une sensualité et d'une splendeur étonnantes. L'Aube d'été veille initialement sur ses textes, succédant au si dramatique éveil des orphelins. Pour secouer l'ennui de Charleville, cité « supérieurement idiote », il suscite avec passion cette beauté païenne dont le rayonnement, si littéraire soit-il (Lucrèce avait écrit, Sully Prudhomme traduit [9] ; Rimbaud recopie et corrige), provient néanmoins de ce « ciel antérieur » dont avait parlé Mallarmé [10].

Ingénieusement il invente avec le peu qui lui est

donné. Les dissertations scolaires : Charles d'Orléans écrit à Louis XI pour obtenir la libération de François Villon ; une étude sur *Tartuffe* ; les Latins et les Grecs, ces « chers anciens ». Il avance dans ce monde de livres placé à côté du réel, mais il sait aussi percevoir par lui-même, et que tout ne se réduit pas à l'intelligence. En deux quatrains, ceux de *Sensation*, il s'éprouve et se trouve ; sa première personne d'écrivain prend forme au rythme d'une randonnée qui, lui découvrant progressivement l'univers, le mène jusqu'à son être propre (qu'il ignorait). Car la poésie de Rimbaud, qui élèvera tant de corps (merveilleux ou risibles), édifie d'abord le sien, ouïe, regard, saveurs et odeurs.

Mais ce n'était pas simplement un amateur du sensible. Bientôt un désir de saccage l'accapare tout autant. La construction du beau qui est essentielle à tout art, Rimbaud (avec Baudelaire) nous aura enseigné qu'elle devait être détruite ou démantelée, qu'il y allait de sa ruine pour que surgît une beauté supérieure qui ne compenserait pas la perte de la première, mais s'érigerait, forte d'une expérience négative. Le sang de Rimbaud, que trouble l'élan sexuel, anime un style qui n'est pas seulement écriture *pour*, mais écriture *contre*. La révolte, elle le porte, comme l'emmène la marche. Elle n'était qu'ironie dans le texte des dix ans où, se moquant de la loi du travail, il affirmait par bravade qu'il serait « rentier ». Or voici qu'elle se fonde dans les invectives du *Forgeron*. Rimbaud sent trembler les assises du Second Empire, comme vacillait la royauté aux approches de la Révolution française. Il existe, en effet, dans sa vie certaines coïncidences, des opportunités remarquables. Son côté sombre, enragé, va peu à peu apparaître, encouragé par les événements historiques. La déclaration de la guerre durant l'été 1870, les premiers combats, les victimes ne lui permettent plus d'être un simple « pêcheur d'astres ». Une urgence l'appelle, celle qui le saisira encore à l'époque de la *Saison*. L'édifice moral s'effondre et avec lui disparaît tout simplement

« le mur ». Rimbaud franchit son adolescence quand l'Histoire aussi passe certaines limites ; et brusquement le monde devient plus grand, plus menaçant aussi. Les nouvelles que répandent les journaux lui apprennent plus irrémédiablement *Le Mal*, un tas de morts inutiles dont se détourne Dieu indifférent. Il écoute, lit, dénonce à son tour ; il en profite pour composer plusieurs cartes postales en vers sur l'absurdité de la guerre, *Le Dormeur du Val*, par exemple, rouge de son sang dans la prairie.

La capitulation de Sedan, l'empereur captif en Prusse, la France envahie par l'ennemi, la République proclamée, les hésitations du nouveau pouvoir, autant de circonstances qui valent à tous les écoliers de France une période de grandes vacances. Rimbaud sait en profiter. Il ressent l'*Ouvert*[11], le vent d'une aventure qui se confond avec la poésie. Plusieurs fois, il fugue ; d'abord à Paris pour voir les républicains. Il est vite emprisonné à Mazas et, libéré, revient à Douai d'abord, où l'accueillent les tantes d'Izambard, son professeur[12]. Incorrigible, il partira de nouveau quelques semaines plus tard, après avoir réintégré entretemps Charleville. De courte durée sera cette deuxième fugue. Assez pour gagner la Belgique par Charleroi, puis rejoindre la maison de Douai, naguère si douce au voyageur, jusqu'à ce que la police vienne « cueillir » le délinquant et le rapatrie au logis maternel.

Ma Bohème transcrit sur le vif ces expériences de liberté. Faute d'un amour sensuel matérialisable, Rimbaud est le fils de la Nature, non plus d'une mythologique Cybèle, mais d'une sorte d'enveloppement et d'affection, d'un pli du temps tutélaire. Son pas matinal, les étoiles qui pleuvent sur sa tête forment *une image d'Épinal vraie*. Utilisant des légendes, celle du Petit Poucet par exemple, il façonne la sienne de son vivant, avec un instinct d'éternité. Le moindre de ses gestes prend une teneur ; il est fait pour être inscrit sur des « feuilles d'or[13] ». Nul doute alors qu'il n'ait ressenti ce frissonnement d'aigrette aux tempes dont Breton créditera les effets du génie [14]. L'ouverture du monde, l'espace révélé répondent-ils à une certaine dromomanie (dont on a voulu diagnostiquer ses fugues)? On peut le présumer, sans rien affirmer cependant. Il y aurait ainsi, indiqués dans sa démarche même, le refus du proche (où pourrit l'existence et s'afflige la jeunesse) et l'illusion d'un accomplissement promis par le lointain. Poésie de la marche, poésie en marche [15], motivée par un « en avant », l'écriture de Rimbaud se calque sur une poursuite. Ainsi apparaîtra la course de l'enfant derrière l'Aube d'été. Serait-il question en ce cas de trouver l'amour perdu ou, pis que perdu, jamais accordé? La poésie fournirait alors une manière de substitut à une recherche vive qui continuera au-delà des textes, dans les voyages en Europe, la traversée des mers. Et si l'on doit poser comme but impossible une mère enfin souriante, enfin à l'écoute, il ne faut pas davantage oublier l'homme enfui, parti sur la route, le capitaine Rimbaud [16]. Mais tout ceci demeure enfoui dans le secret et ne se livre à nous que par des images indéfiniment suggestives. Ce que l'on notera pour mémoire, ce sont ces premiers arrachements, comme pour extirper de soi le mal profond de la naissance, de la filiation, pour éradiquer. Pourtant la police veille et rattrape toujours le vagabond, l'« homme aux semelles de vent », comme l'appellera plus tard Verlaine. Mais ces moments sur la grand' route, dans une complète solitude, continueront de résonner en lui, comme la voix du vide. La parole poétique s'y entend plus nue, plus inévitable aussi. Et Rimbaud rencontre là ce qu'il nommera sa « fatalité de bonheur ». Le cœur plein. Le pas libre. L'air de face, vent salubre. Cette instigation, il y répondra. Elle ne le quittera plus, jusqu'au silence. Mais en même temps que se disait cette autre beauté, suggérée par le corps et reprise par les mots, le mal du monde insistait auprès; et l'essai de saccage, de dérision devait se faire, pour laver, comme la guerre avait détruit l'empire, comme la révolution allait revitaliser Paris.

Rimbaud lors de ses fugues, celle de septembre (qui le mène jusqu'à Paris) et celle d'octobre, aboutit par deux fois — comme nous l'avons dit — chez les tantes d'Izambard, en la ville de Douai. Elles l'accueillent, s'occupent de lui avec tendresse. C'est une période bénie, inespérée. Un havre en plein désarroi. Et pendant quelques jours, à l'intention de Paul Demeny[17], un brave jeune homme que lui a fait connaître Izambard, mais un bien piètre poète, publié néanmoins à Paris ! Rimbaud recopie sur un cahier, d'une écriture appliquée, visiblement destinée à l'imprimeur, les poèmes qu'il a composés ces derniers mois. Il établit ainsi le manuscrit de son premier livre, une trentaine de pages où déjà comptent des textes majeurs, même si l'on relève çà et là de nombreuses influences[18] : Hugo, Baudelaire, Banville. Les images de la beauté, la saisie du bonheur côtoient l'expression de la hideur, la haine de l'hypocrisie, la caricature. De cet ensemble se détache un sonnet, *Vénus anadyomène*. Rimbaud y fait œuvre d'impertinence. Le blasphème l'emporte peut-être plus loin qu'il ne pense. Par la défiguration qu'il impose à la femme « belle hideusement d'un ulcère à l'anus », il détruit aussi une certaine vision de la littérature (comme bouleverseront la peinture les « baigneuses » de Cézanne et les « demoiselles » de Picasso). Le paradigme de la beauté, l'illustre Vénus, devient cette apparition paradoxale[19]. Ainsi *Une charogne* de Baudelaire posait l' « objet » répulsif auquel, malgré tout, doit se confronter l'« âme ».

***

Dans le recueil de Douai confié à Paul Demeny, Rimbaud faisait le point sur son passé de poète. Une nouvelle période allait s'ouvrir devant lui, commandée par les volontés de l'Histoire. La France, après Sedan, vit sous le signe de la défaite. Proclamée le 4 septembre 1870, la IIIe République met vite à nu les antagonismes sociaux. Après plusieurs mois où la résistance à l'ennemi s'organise en dépit du bon sens (ce sera la démission du général Trochu), les élections du 8 février 1871 assurent à l'Assemblée nationale le succès massif des conservateurs face aux républicains. Bien vite, le peuple incrimine les hommes du pouvoir incapables de libérer la France de l'occupation prussienne et de trouver une solution honorable à la crise[20]. Les poèmes de Rimbaud sont autant de charges, de pièces accusatrices. Ils offrent un témoignage ironique sur la société qui l'entoure et montrent des grotesques : les assis de la Bibliothèque municipale, les douaniers, les séminaristes (qui partageaient les cours du collège). Au fur et à mesure que son corps forcit, grandissent sa rancœur et sa révolte. Et, comme pour y répondre, l'insurrection gronde à Paris livré à soi-même, laissé aux mains de son peuple. Rimbaud sent se préparer la Commune. Confiant dans un va-tout proche de l'inconnu, il vient sur place, en février 1871. C'est dans la grande ville que les choses se passent. Les choses ? Les journaux, en l'occurrence, dans lesquels il aimerait écrire. Les républicains, les futurs émeutiers, publient de multiples feuilles, nées au jour le jour. Ils ont trouvé un ton drôle et sarcastique, ces Vallès du *Cri du peuple*, ces Vermersch du *Père Duchêne* ; ils semblent parler une nouvelle langue, débarrassée des poncifs qu'utilisent les gouvernants pour rassurer la population, bien différente aussi du style policé des Parnassiens (qui entonnent de leur mieux quelques poèmes patriotiques). Rimbaud cherche dans tout cela comme avec un croc de chiffonnier. Le nouveau pourrait advenir. Par quelle voie ? Aucun poète, à vrai dire, n'était parvenu à se mettre à l'unisson de la révolte sociale.

Rimbaud, quant à lui, peu après la naissance de la Commune de Paris (on ignore s'il y participa vraiment[21]), éprouve vite le besoin de s'en faire l'écho. C'est assez signifier que sa recherche solitaire avait trouvé là une occurrence rêvée et que sa rébellion individuelle se reconnaissait dans un mouvement qui la dépassait de beaucoup. Il compose alors d'étranges lettres-manifestes, l'une adressée à Georges Izambard, son professeur, le 13 mai 1871, l'autre au jeune poète Paul Demeny, le 15 mai. La première est courte, illustrée par un seul poème. La seconde, qui développe certains arguments de la première, a l'ampleur, mais non la rigueur, d'un exposé théorique et trois poèmes l'accompagnent. Ces lettres ont fait date dans l'histoire de la poésie. Elles n'étaient pas connues cependant du vivant de Rimbaud. On leur accorde peut-être une importance excessive et je crois qu'il faut bien mesurer dans quel cadre elles furent d'abord publiées. Elles ne firent surface, en effet, qu'entre 1912 et 1928. Elles furent donc estimées par une nouvelle génération d'écrivains et, plus particulièrement, par les surréalistes ou leurs sympathisants. Rolland de Renéville dans la revue *Le Grand Jeu* présente un long commentaire de la lettre dite « du Voyant ». Il essaie de percevoir moins l'opportunité qu'elle avait en son temps que sa valeur annonciatrice. Curieusement, presque tous les éditeurs jusqu'à maintenant ont présenté ces lettres dépouillées des poèmes qu'elles contenaient, disloquant ainsi l'ensemble articulé qu'elles formaient. Certaines formules retiennent par leur densité, leur autorité, et d'abord le terme de voyant (mais non celui de « voyance » utilisé par les seuls exégètes) qui, néanmoins, était apparu bien des fois avant Rimbaud, même sous la plume d'écrivains de sens rassis, comme Leconte de Lisle (dont Rimbaud admirait le *Kaïn*). Plus intéressante, la phrase « Je est un autre » n'offre pas cependant tous les gages d'originalité qu'on était en mesure d'en attendre. Citée dans les deux épîtres, elle compte assurément dans la poétique rimbaldienne et, si elle ne présente, en fait, qu'une nouvelle version de l' « inspiration », elle expose aussi plus fermement l'intuition d'un sujet distinct du sujet cartésien (Descartes pour Rimbaud est un ergoteur). Ce n'est pas assurer que Rimbaud eut quelque idée de l'inconscient à venir (à découvrir en tant que tel), mais il était sensible aux « multiples » qui l'habitaient et dont il percevait de plus en plus la stéréophonie au fond de lui. La variabilité du texte de Rimbaud tient aussi à la mise à jour de cette pluralité. Chacun doit découvrir son « génie », le chiffre secret de son esprit.

Si flottant que soit le projet de Rimbaud, il s'exprime cependant à travers certaines résolutions beaucoup plus personnelles cette fois : pratiquer le dérèglement des sens, cultiver la monstruosité. Le terme de dérèglement, qualifié dans l'une des deux lettres de « raisonné », implique une sorte de délire expérimental où les sensations verraient leurs rôles méthodiquement perturbés. Quant à la culture de la monstruosité, à laquelle songeait déjà Baudelaire par dandysme[22], elle serait plutôt le fait de celui qui écrit que du poème lui-même. Rimbaud tient donc à lier l'*être* (en devenir) au *faire*. L'être se modifie par une détermination méditée, produit un faire, une *poiésis* également mutatrice. De toute évidence, Rimbaud ne voulait pas être en reste des actions fières et folles que les Communards avaient eu l'audace de commettre, et, souhaitant mesurer la place du poète dans la société, il affirme qu'il sera « en avant[23] ». Assurément, ces lettres de mai 1871 marquent un tournant dans sa vie. Il faut toutefois noter que les poèmes qu'il joint à titre d'exemples paraissent fort en retrait du programme qu'il affiche. On y trouve plutôt des « satires », comme il le dit lui-même *(Accroupissements, Mes Petites amoureuses)* ou des « psaumes d'actualité » *(Chant de guerre Parisien, Le Cœur supplicié)*. Le langage dont il use est neuf, mais souvent obscur. Les recettes rhétoriques y gardent droit de cité. Rimbaud parle-t-il alors en *voyant*? Ce que l'on peut affirmer, du moins, c'est que la vision commence à mobiliser le vers, que les mots se font signe, unités vivantes dont l'aura phonématique déborde fréquemment la valeur sémantique. Le sens devient aléatoire au profit d'un vers optique[24] (auquel pensait déjà Hugo). La langue universelle, qu'il s'agit encore de trouver, « sera de l'âme pour l'âme, résumant tout, parfums, sons, couleurs, de la pensée accrochant la pensée et tirant ». La volonté d'« encrapulement » est perceptible, faisant remonter des vocables interdits. Et, de même que le choix des mots se fait au nom d'une offensive trivialité, de même les réalités que dessine le texte avouent la préférence du bas-corporel. La poésie de Rimbaud, en vertu d'une force révoltée, met en jeu une forme de pulsion anale[25] comparable, symboliquement, à l'insurrection populaire. Tantôt Rimbaud subit l'ordure (qui couvre son cœur, pur autrefois), tantôt il s'en sert, et voici le frère Milotus, l'homme du ciel, le curé, soulageant son ventre, ou bien les « petites amoureuses » sauvagement dénaturées, alors que naguère il attendait d'elles une idylle qui le sauverait. Il a rimé pour ces « éclanches », nous dit-il avec dégoût, perdu son temps à composer des poésies fadasses. Désormais, il souhaite pénétrer dans une zone inconnue. Et sa force de vie rencontre celle des insurgés. A ce rythme il travaille, à la « rumeur du quartier », tout en rêvant aussi aux « remuements des houles », aux « pubescences d'or ».

En d'autres poèmes de ce temps, Rimbaud atteint, pour l'ultime fois, le comble du réel. Son réalisme est aussi dru que celui des romanciers de l'époque, mais il sait lui donner un éclat particulier, comme Rembrandt faisait d'un bœuf écorché un temple d'entrailles[26]. Ses mots s'emparent du réel — que l'on sent à portée, touché, comme les « étoffes moisies » des *Pauvres à l'église*, la « bible vert-chou » et les « espaliers galeux » des *Poètes de sept ans* ou les latrines des *Premières Communions*. Et il sort de là une lumière qui est plus que la vie, qui est le plus-que-réel dont seul le poème est capable. Rimbaud atteignant ce degré de regard qui fait que tout est saisi dans le moindre détail, transfiguré, se trouve dirigé au-delà de cette vie-ci. Il sait lire les objets et les êtres, et retrouver ainsi, par la cruauté de sa justesse, la beauté, quand les mots prennent un éclat qui éclaire la nuit de l'homme. Car il forme et façonne cette lumière et devine la percée. Dans tous ces textes où déjà se boucle l'un des cercles de son œuvre, il en appelle à la vie, juste après ce grand signe que fut la Commune, et déjà se débat pour fuir le temps, pour fuir la mort. Il y eut l'espoir des soulèvements populaires, les mains tannées de Jeanne-Marie. La Semaine sanglante ayant fait ses milliers de morts, que lui reste-t-il désormais, alors qu'il croyait avoir tout découvert ? Il hésite entre ce qu'il faut détruire à force de poèmes : la croyance en Dieu, le Christ pleureur des Oliviers, et ce qu'il faut construire. En juin-juillet, la rage de la négation l'emporte en lui, car la bourgeoisie a repris le pouvoir. M. Thiers pavoise, la République aux mains des notables a solidement rétabli ses assises qui baignent pourtant dans le sang.

Rimbaud, qui ressent à la fois sa faiblesse et sa force (ce seront les deux pôles entre lesquels vibrera le trait de feu d'*Une saison en enfer*), a besoin d'un appui. Izambard n'est plus à Charleville. Certes, il fréquente Delahaye, Millot et Charles Bretagne, cet original qui, bientôt, lui fera connaître Verlaine [27]. Mais ceux à qui il envoya les fameuses lettres de mai 1871 n'y ont vu qu'élucubrations. Incompris, il revient à la charge et, le 10 juin, écrit un nouveau courrier à Paul Demeny, sans l'alourdir cette fois de réflexions générales. Il y joint trois poèmes : *Les Poètes de sept ans*, *Les Pauvres à l'église* et *Le Cœur du pitre*, autre version du *Cœur supplicié* auquel il semble décidément tenir [28]. Surtout, il recommande instamment à son correspondant de « *brûler tous les vers qu'il* [je] *fut assez sot* » pour lui donner « *lors de son* [mon] *séjour à Douai* », c'est-à-dire tout ce qu'il avait écrit moins d'un an auparavant. Il trace ainsi une frontière, prend ses distances avec lui-même, se détache de ce qu'il considère comme l'ancienne poésie, évidemment subjective, où dominait encore une certaine complaisance à se mettre en scène. Bien difficile dans ces conditions de savoir si *Le Cœur du pitre* doit se lire comme une antiphrase. Quant au surprenant *Poètes de sept ans*, l'aveu qu'on y entend passe cependant par un regard prétendument extérieur [29]. Rimbaud porte un diagnostic sur les sombres enfances, émues de rêves irréalisables. Toutefois la rupture qu'il souhaite paraît, à le lire, moins évidente qu'il ne le crut. Lui-même retiendra du cahier de Douai (pourtant voué au feu) un poème, *Les Effarés*, qu'il transmettra bientôt à Verlaine. Il est vrai néanmoins qu'il s'essaie à un « art nouveau ». L'image traque le réel jusqu'à le rendre irrationnel. La parole décape les apparences. A plusieurs longs poèmes de cette époque, je n'hésiterais guère, pour ma part (au risque de contredire ce qu'affirme Rimbaud), à donner le qualificatif de subjectifs. Non de cette subjectivité qui se confond avec l'analyse psychologique, mais de celle qui fait remonter en surface ce qu'ensevelit la pudeur. *Les Poètes de sept ans, Les Premières Communions* me semblent se répondre en ce point. L'énergie merveilleuse de l'adolescence se dit là, mais aussitôt, placées auprès, avides d'emprisonner, les entraves qui veulent la détruire. Violence d'un jeune « génie », tout à son rêve de roman libre, éperdu d'aventures, cependant que l'encage la Mère « tenant en main le livre du devoir ». Désir éveillant le corps d'une jeune communiante vouée dès sa puberté au « baiser putride » de Jésus, alors qu'elle rêve d'Adonaï-Adonis et passe « sa nuit sainte dans les latrines ». Le réalisme bas n'est pas utilisé à seule fin de choquer. Il donne le site à travers lequel, coûte que coûte, s'élance la poussée de la pensée ou la vitalité du désir. Aucun poète jusqu'alors n'avait su nommer cette vérité des corps et des âmes, parce que la poésie ne se faisait pas encore dans des corps[30]. Apparemment, des corps l'écrivaient, mais ils s'empressaient d'oublier leur réalité de corps, ce poids, cette structure de laquelle la parole ne peut illusoirement se désenclaver. Certes, Rimbaud dans ses lectures avait rencontré maints exemples d'une littérature quotidienne, misérabiliste parfois, héritée de Sainte-Beuve[31], superbement exhaussée ensuite par Baudelaire dans l'espace symbolique, puis redevenue mièvre, dégradée sous la plume de François Coppée. Rimbaud admet de tels précurseurs. Il inscrit cependant à travers cette banalité le courant d'une volonté désirante, inéluctable, une vraie « fatalité de bonheur ». Pour toujours, nous entendrons son poète de sept ans « pressentant violemment la voile ». Rimbaud nous accorde à sa violence et à ce qu'elle suppose aussi de désespoir. Car il sait qu'il se tient sur une crête d'où tout peut basculer — et, comme souvent en ce cas, il s'érige, se durcit dans une image. *Ma Bohème* prenait date et traçait de lui la silhouette d'un vagabond. *Les Poètes de sept ans* redit un passé proche et fonde les antécédents du « génie ». Dans *Les Sœurs de charité*, il devient encore le jeune homme de vingt ans « qu'eût adoré dans la Perse un Génie inconnu » (ce sera, plus tard, l'histoire de *Conte*[32]) et qui, voué à l'entropie du monde moderne, doit bien constater l'absence d'amour ou, du moins, l'absence de charité. Il refuse superbement le secours des femmes. Elles ne sont plus que des « monceaux d'entrailles », même s'il conçoit encore les douceurs qu'elles répandent (comme ces « chercheuses de poux » qui, un instant, se penchèrent sur son front d'enfant). Quant à la Muse verte (la Nature de *Credo in unam*) ou la Justice (de la Commune), il n'en espère plus rien. La Mort, donc, vieille rengaine, occupe seule le terrain. Du poème qui se termine sur cette facile évocation, nous retenons surtout les impossibles *charités*, ce mot qui nous apprend toute la détresse de Rimbaud.

Cependant, il ne renonce pas. Un regain d'énergie le soulève. C'est comme si la poésie, aux prises avec les forces qui souhaitent l'étouffer, présentait en Rimbaud lui-même la lutte foncière et le vœu de vie dont elle résulte. Et Rimbaud, dans le désert de Charleville, malgré l'inattention d'Izambard et de Paul Demeny (dont il attend beaucoup, car c'est le seul poète publié qu'il connaisse), persiste, suit la voie qu'il s'est donnée, porte un regard en couteau sur le monde qui l'entoure. Et déjà ouvre la marche. J'en veux pour preuve, après la correspondance de mai restée sans écho, après un nouvel envoi le 10 juin à Demeny, la lettre enjouée qu'il adresse à Théodore de Banville le

15 août (il lui avait écrit l'an passé, le 24 mai). Le poème qui accompagne sa lettre (et qu'il signe « Alcide Bava ») permet de mesurer le chemin parcouru : il est immense. Rimbaud est sorti de l'ornière. Revenant sur ses pas, sur ceux des autres par moquerie, il n'en devance que mieux. *Ce qu'on dit au Poète à propos de fleurs* utilise, bien sûr, le mode parodique. La forme en est empruntée à Banville lui-même. Le langage persifle, se joue. La satire des Versaillais qu'il avait faite naguère dans le *Chant de guerre Parisien* trouve dans ce nouveau texte (qui, à sa façon, prend les armes) un clair équivalent [33]. Cette fois, Rimbaud s'adresse au maître, alors que sa lettre du 15 mai à Demeny n'était qu'un manifeste *in partibus* sans grande conséquence, hélas ! pour le destinataire. Rimbaud n'eut pas (comme on l'a cru trop souvent) l'impertinence de penser que Banville prendrait ce poème critique pour lui. Il ne réduisait sans doute pas le talent de celui-ci à l'application de recettes parnassiennes. Banville, ancien ami de Baudelaire, était aussi capable d'une inspiration éblouissante, celle que présentaient ses *Odes funambulesques* [34]. Rimbaud, en lui envoyant son poème, entendait toucher le fantaisiste parfaitement apte à comprendre une satire écorchant certaines formes de poésie « horriblement fadasses ». Certes, au cours du texte, le ton s'aggrave. La poésie idéaliste, moquée pour ses floraisons ineptes, se voit supplantée par la poésie utilitaire, son strict opposé, condamnant le poète à chanter désormais « le mal des pommes de terre » ou les bienfaits du « guano ». Ridicule ! Mais ce ridicule-là cadrait avec le programme de Rimbaud, précisant bien d'ailleurs lui-même dans certaines strophes précédentes qu'il n'était pas davantage prêt à devenir le chantre du progrès.

Ce qu'on dit au Poète à propos de fleurs est une pièce de choix, un surprenant « art poétique ». Sous le propos déluré et la manière arcimboldesque [35] (quelle foison végétale développent ces octosyllabes et quel portrait s'en dégage, vu de loin !), la décision tranche... au futur. Le futur est le temps qu'aime Rimbaud[36], non d'ailleurs pour y rendre réelle une quelconque constitution communiste dont il aurait tracé le projet, nous dit-on[37], mais pour ouvrir ainsi la durée de l'œuvre-iris où les voyelles voyantes allumeront bientôt leurs feux. « Ta Rime sourdra, rose ou blanche. » Les poèmes seront « noirs », « blancs, verts et rouges dioptriques ». Ils feront jouer les « hystéries »[38] (attendons les surréalistes de *L'Immaculée Conception* pour en savoir plus) ou bien « exalteront vers les candeurs ». Je ne suis pas certain que Banville se soit repéré dans ce capharnaüm multicolore. L'important pour nous est que Rimbaud s'y soit retrouvé. A telle enseigne qu'il utilisera les mêmes termes (cette fois, ce n'est plus parodique poème-critique) dans *Le Bateau ivre*.

Nommer Rimbaud, en effet, le commenter implique toujours que l'on en vienne là comme à l'inévitable : « l'auteur du *Bateau ivre* ». Ce vaisseau tanguera tant que la littérature gardera sa raison d'être[39]. Il compte au nombre des embarcations dont « on ne revient pas », même si elles feignent d'aborder dans une quelconque Ithaque et de regagner le bon port qui peut être minuscule, une simple flaque d'eau dans laquelle un enfant joue, penché sur son reflet. *Le Bateau ivre* cause plus qu'une surprise ; il éblouit. Il avait été conçu dans ce dessein, nous apprend Delahaye, et nous voulons bien le croire. Créer un choc. Répandre du génie. Rimbaud avait mûrement médité l'effet qu'il produirait sur les Parisiens.

Car un grand changement avait marqué la fin de ce pénible été 1871 où ne l'accueillait que la surdité de ses proches et où son désir d'encrapulement ne pouvait se donner que le champ étroit de Charleville et de ses cafés. Il avait écrit à l'auteur des *Poèmes saturniens* et des *Fêtes galantes*, Verlaine, sa dernière chance. Et Verlaine lui avait répondu, en plusieurs lettres égarées depuis, mais dont les mots, rapportés par Delahaye[40], flottent, comme une légende à demi effacée sur un dessin : « J'ai comme un relent de votre lycanthropie » ou — ce qui valait bien les trois coups d'un lever de rideau — « Venez, chère grande âme, on vous attend ». Verlaine, aux yeux de Rimbaud, représentait le plus remarquable des jeunes poètes, quelqu'un qui avait changé les rythmes habituels (il se permettait même de fortes licences !), un vrai *voyant*. Avant de partir pour Paris (Madame mère s'étant laissé convaincre qu'une carrière littéraire attendait son fils), Rimbaud a donc pris soin de se munir de ce viatique, message d'introduction qu'il s'offre d'abord pour mieux franchir le seuil. Et de fait, *Le Bateau ivre*, en dépit des sages rangées d'alexandrins qui le constituent, « troue le ciel rougeoyant comme un mur ». Il se propulse, image même de la liberté. Il dépasse. Les haleurs n'ont plus de prise sur lui. Des courants l'entraînent vers la découverte. Cet affranchissement que le romantisme avait déjà donné à la langue, Rimbaud le multiplie. Il avance en plein imaginaire, dans le milieu océanique où sont brassées et rebrassées les genèses. Le poète de sept ans pressentait la voile ; il n'est plus besoin d'elle désormais. Et cette « liberté libre » est ressentie comme une purification. Le cœur du pitre, qui bavait à la poupe et que souillaient des jets de chique, le voici lavé « des taches de vin bleu et des vomissures ». Vénus anadyomène sortait d'une baignoire en révélant l'ulcère du mal. Or le Bateau ivre, l'ivre moi, se plonge dans la mer, à l'endroit même du poème, *mobilis in mobile,* selon la devise du Nautilus[41]. Mobile, variable, fusionnel, dans un élément qui vaut ici, pour nos yeux ou nos oreilles, comme la densité mouvante du vocabulaire, comme sa richesse vierge. La métaphore du vaisseau prenant le large n'avait rien d'original. Ce qui l'était davantage, c'était le champ sémantique soulevé, labouré — et tous les possibles qu'il laissait envisager. Rimbaud émet ici un univers ; il forme un poème-monde où constamment se retremper. Parfois le sens lui échappe, tant la force de l'expression irradie. Tout peut être tout. Les vocables entrent en résonance avec eux-mêmes, provoquent l'hallucination. « Et j'ai vu quelquefois ce que l'homme a cru voir. » Ainsi le voyant propose-t-il un surprenant renversement. Sa vision devient la bonne vue. Ce que les autres tenaient pour illusoire prend désormais figure de réalité.

***

« L'arrivée en sabots[42] », les quelques mois qu'il allait vivre à Paris nous font pénétrer dans une période plus obscure de son existence, en dépit du caractère public qu'elle eut parfois. Un premier silence — si l'on doit considérer que l'absence de textes traduit le silence d'un écrivain. Nous savons, du moins, qu'il récita ce *Bateau ivre* intronisateur et souleva beaucoup moins la surprise (l'incompréhension) que l'enthousiasme. « C'est un génie qui se lève », annonce Léon Valade à son ami Émile Blémont, qui n'a pu assister à la lecture du jeune prodige[43]. Rimbaud se « produit » donc, accompagné par Verlaine, son « imprésario » dans la république des lettres. L'accueil est plus que favorable, mais le caractère du nouveau venu rebute vite ses admirateurs. Rimbaud ne fait aucune concession, sa sincérité blesse ; il en remet. Emporté par une rage iconoclaste, il défie ceux qui l'aiment et d'un orgueil souverain juge et tranche. C'est à cette époque que le voit Mallarmé[44] sous les traits d'un « ange en exil » « avec je ne sais quoi fièrement poussé, ou mauvaisement, de fille du peuple, j'ajoute, de son état blanchisseuse, à cause de vastes mains, par la transition du chaud au froid rougies d'engelures ». Ce curieux détail semble apporter un complément aux *Effarés* (de Rimbaud lui-même). La misère marque déjà la « main à plume ».

Il commence une vie de bohème. Non plus la route à la belle étoile, mais les garnis interlopes, les réunions enfumées, l'absinthe, l'existence gâtée comme une mauvaise dent. On ignore les textes qu'il écrivit alors ; ils furent jetés (on verra comment)[45]. Seule relique mémorable conservée par miracle, le sonnet des *Voyelles*, début de la vision autonome, des rêveries sur l'alphabet qu'annonçait la lettre dite du Voyant. Il est probable que Rimbaud le composa dans le milieu des Zutistes[46], ce cercle que venait de créer Charles Cros et qui tenait ses assises à l'Hôtel des Étrangers, à l'angle de la rue Racine et de la rue de l'École-de-Médecine. Faute de mieux, il vivait là, quand on ne pouvait l'accueillir ailleurs. Il y avait pour compagnon Ernest Cabaner, musicien tant soit peu homosexuel, grand rêveur lui aussi[47]. Les voyelles se voient, nous assure Rimbaud qui soumet le langage aux rets (voire aux rayons lumineux) de son interprétation. Ne se damne-t-il pas déjà sciemment par l'arc-en-ciel de cinq couleurs[48] ?

Je parlais de silence. D'autres poèmes de ce temps nous sont parvenus cependant. Mais nous ne savons quelle valeur leur attribuer, tant leur caractère relève d'une paralittérature de la farce et du divertissement. La plupart des éditeurs les relèguent à la fin des œuvres de Rimbaud, facéties honteuses, fragments inavouables. J'ai pris le parti de les remettre à leur place chronologique. Certes, après *Le Bateau ivre*, après *Voyelles*, ils imposent un autre régime de lecture ; ils paraissent hors de saison, et sans doute doit-on imaginer, contemporaines de ces pièces d'album narquoises, des œuvres d'une tout autre tenue. Mais ils traduisent la volonté négative de Rimbaud et ce climat de jeu, de parodie dans lequel il vivait. Les Zutistes, hormis Cabaner, rassemblaient surtout des poètes qui, sans dire non à la société, ni merde (comme le criait Rimbaud à tout venant), se réclamaient d'un zut tout aussi péremptoire[49]. Les frères Cros, Verlaine, Blémont, Valade, etc., formaient le gros d'une troupe que reliait un rituel d'impertinences : pratique du pastiche, détournement de textes en vogue, ironie s'en prenant aux plus graves des Parnassiens comme aux plus insipides (Coppée fournissait une tête de Turc d'autant plus moquée que la parfaite banalité de ses dizains réalistes[50] confinait à la nullité). Les nombreux poèmes que Rimbaud écrivit et signa de sa main sur l'*Album Zutique* constituent un trésor bizarre qu'il serait blâmable de soustraire à l'attention du lecteur. Œuvrettes réservées à des *happy few*, elles parachèvent l'inspiration sombre, entêtée, rabique dont témoignaient certains de ses textes du printemps et de l'été 1871. La volonté de saccage s'y poursuit, loin des beautés du *Bateau ivre* ; cette fois, tout un cénacle participe à une sorte d'orgie verbale, scatologique, voire pornographique. Les « marbres » du Parnasse sont irrémédiablement souillés. Certes, si Rimbaud sait fort bien adopter le ton d'un Verlaine ou d'un Coppée, il convainc moins lorsqu'il imite d'autres poètes moins notoires. La plupart du temps, le ton qui est le sien demeure perceptible. Il parvient même à donner dans ce fatras un chef-d'œuvre (où André Breton ne verra que faiblesses) avec les peu ordinaires *Remembrances du vieillard idiot*[51]. Aucun enjouement ici. Une tristesse qui comble « toujours la joie ainsi qu'un gravier noir ». De curieux souvenirs d'enfance au revers de la sénilité. Et le monde familial revenant, qui n'est pas près de disparaître de ses hantises : père, mère, petite sœur. Le père surtout prend une importance imprévue et laisse deviner le penchant homosexuel qu'affirme d'ailleurs l'un des sonnets de l'*Album* signé « P.V. » *(Paul Verlaine)* et « A.R. » *(Arthur Rimbaud)*. Ces feuillets, qui sont rarement à la gloire de ceux qui les marquèrent de leurs écrits, révèlent sans doute plus qu'il n'est permis un Rimbaud voyou, adolescent trop vite poussé, gouape et crapule. La monstruosité sur un mode mineur ! Mais là où d'autres, les frères Cros par exemple, préféraient la blague et l'humour, Rimbaud accentue ses penchants d'ombre, une inquiétante trivialité (qu'il rehausse, le cas échéant, des ors les plus imprévus). Seul parmi les Zutistes, il saura tirer de l'ordure des images troublantes dont il se souviendra jusque dans *Une saison en enfer*, quand il enviera « le moucheron enivré à la pissotière de l'auberge, amoureux de la bourrache et que dissout un rayon ». Ces moments où il touche le fond « pour rire » donnent à voir sur son être humoral, son corps d'où tombent des blasphèmes et qui parfois infecte les mots d'une terrible puanteur.

Cependant, l'œuvre haute, éblouie, se poursuivait sans doute, quoique l'on n'en sache rien, hormis quelques allusions de Verlaine. Et tandis qu'il écrivait par désœuvrement les saletés mordorées de l'*Album Zutique*, il composait peut-être aussi *La Chasse spirituelle* et ces *Veilleurs* dont Verlaine assure qu'ils étaient son plus beau poème[52]. Il est donc impossible de considérer que les textes « zutistes » représentent à eux seuls la production de cette époque. Ils n'en constituent que l'aspect le plus provocant, le plus ludique et le plus caduc. Quant à l'autre poésie qu'il mûrissait, nous n'en verrons l'émergence que dans les poèmes datés de « mai 1872 » et qui semblent d'ailleurs, pour certains du moins, avoir été rédigés à une époque antérieure.

En trois années, Rimbaud avait parcouru non le monde qui l'attendait encore, mais la poésie. Il avait mesuré, depuis les origines, ce qu'elle lui apportait. Lui-même, prêchant d'exemple, avait tenté de revivifier un langage qu'il jugeait exsangue, une parole qui avait perdu son réel pouvoir de résonance. Flèche solaire, il avait touché la cible. Peu d'égarements, malgré les difficultés rencontrées pour se faire entendre par qui de droit. Si l'on excepte le milieu familial toujours et presque par définition incompréhensif, il avait fort vite attiré l'attention sur lui. Il était passé par certains relais évidents pour qu'on l'estimât à sa juste mesure (qu'il savait hors de l'aune commune). Un professeur, Georges Izambard. Un débutant, Paul Demeny. Un maître, Théodore de Banville. Enfin le seul et vrai poète : Paul Verlaine. Sa venue à Paris aurait pu lui permettre d'atteindre assez vite la célébrité qu'il convoitait sans doute. On comprendrait mal, sinon, le souci constant qu'il eut d'être publié, dont témoignent aussi bien le cahier de Douai que sa première lettre à Banville. Mais nous attache davantage en lui ce qui précisément allait à l'encontre de démarches aussi savamment calculées, aussi platement obligatoires. Rimbaud fut, en outre, un possédé. Était-ce par la découverte de son autre voix ? Ou par son autre *voir* ? Et rien ne put tenir, nulle convenance sociale, nulle ambition éditoriale, devant ce qui à ses yeux prit très vite et très tôt les proportions d'un projet de vie — dont la poésie n'était qu'une modalité parmi d'autres. Car si, par la poésie, Rimbaud en arriva là, il avait du même trait atteint une zone, un climat où elle risquait de révéler ses limites. Des textes qu'il composera par la suite, on peut assurément dire qu'ils appartiennent à la littérature ; toutefois, certains, comme les « Vers nouveaux », la mettent à nu, en dépouillent les artifices ; d'autres, comme les *Illuminations*, en font un nouveau monde éblouissant et parfois trompeur, cependant qu'*Une saison en enfer* porte le soupçon sur tant d'opérations alchimiques au nom d'une vérité essentielle et néanmoins dérobée.

Le mouvement qui entraînera Rimbaud durant ces années sombres et prodigieuses tient à la fois de l'essor et de la chute, où rien n'est si proche de la catastrophe que l'ascension la plus haute. On reconnaît ici le vol d'Icare bientôt précipité dans les vagues. Tout laisse croire qu'il se soumit ardemment à cette épreuve en procédant ainsi à sa métamorphose : ange, démon ou génie, quitte à rencontrer son anéantissement.

Jean-Luc Steinmetz

NOTES DE LA PRÉFACE

1. Jean Paulhan poursuit en disant : « [...] à mon sentiment personne n'a jamais encore pris Rimbaud tout à fait au sérieux, ni, si je puis dire, au naïf. » Voir « Rimbaud d'un seul trait » (1965) repris dans Jean Paulhan, *Œuvres complètes*, t. IV, Cercle du livre précieux, 1969, p. 67.

2. Voir Alain de Mijolla, « L'ombre du capitaine Rimbaud » dans *Les Visiteurs du moi*, Les Belles Lettres, coll. « Confluents psychanalytiques », 1981, p. 35-80. Nouvelle éd. revue et augmentée en 1987.

3. Sur le capitaine Rimbaud, voir, du colonel Godchot, *Arthur Rimbaud ne varietur*, Nice, chez l'auteur, 1936, t. I, p. 21-30.

4. On notera toutefois qu'Hinstin s'est employé à réprimer la verve d'Isidore Ducasse, alors que Georges Izambard jusqu'à une certaine date (mai 1871) a soigneusement encouragé les essais poétiques de son élève.

5. Voir les premiers poèmes écrits par Tristan Corbière au lycée de Saint-Brieuc, puis au lycée de Nantes (*Œuvres*, Bibliothèque de la Pléiade, 1970). Le triomphe de l'esprit potachique sera consacré, plus tard, par la geste d'Ubu (le père Ebbé du lycée de Rennes) réinventée par Alfred Jarry.

6. Sur Mme Rimbaud, voir l'essai de biographie publié par Suzanne Bernard, *Avant-siècle*, n° 5, Lettres modernes, Minard, 1968.

7. *Le Parnasse contemporain* paraissait en fascicules que Rimbaud, grâce à Izambard, lisait régulièrement.

8. Voir Georges Izambard, *Rimbaud tel que je l'ai connu*, recueil d'articles, Mercure de France, 1946.

9. Le premier livre du *De natura rerum*, grand poème didactique du poète latin Lucrèce, exposant la doctrine matérialiste d'Épicure, avait été traduit par Sully Prudhomme et publié chez Alphonse Lemerre en 1869.

10. Dans *Les Fenêtres*, poème publié dans la livraison du 12 mai 1866 du *Parnasse contemporain*.

11. « Seul l'inhabituel peut faire que l'Ouvert s'éclaircisse, et

cela parce que sa nature cachée est dans la rareté du simple où se cache à son tour la *réalité* de ce réel que l'habitude nous livre. » Martin Heidegger dans « Souvenir », *Approche de Hölderlin*, Gallimard, 1962, p. 131.

12. Izambard, orphelin, avait été élevé par ses tantes à Douai. Voir *Rimbaud tel que je l'ai connu, op. cit.*, p. 111-112.

13. Voir dans *Une saison en enfer* la section *Matin :* « N'eus-je pas *une fois* une jeunesse aimable, héroïque, fabuleuse, à écrire sur des feuilles d'or, — trop de chance ! »

14. « J'avoue sans la moindre confusion mon insensibilité aux œuvres d'art qui, d'emblée, ne me procurent pas un trouble physique caractérisé par la sensation d'une aigrette de vent aux tempes susceptible d'entraîner un véritable frisson. » André Breton, *L'Amour fou*, N.R.F., 1937.

15. On lira à ce propos le livre de Jacques Plessen, *Promenade et Poésie : expérience de la marche et du mouvement dans l'œuvre de Rimbaud*, La Haye, Mouton, 1967.

16. De là peut-être le rêve d'Orient qui se développa chez Rimbaud. Le père de Rimbaud avait écrit une grammaire franco-arabe et un recueil d'expressions arabes (que Rimbaud réclamera aux siens dans une lettre du 15 février 1881). Tous ces textes demeurèrent manuscrits.

17. Paul Demeny avait publié un recueil poétique sans intérêt, *Les Glaneuses*, Paris, Librairie artistique, 1870. In-12 de 176 p. Il était associé à un certain M. Devienne, directeur des éditions de la Librairie artistique, ce qui avait dû plus particulièrement retenir l'attention de Rimbaud et lui donner l'espoir d'une publication prochaine.

18. Ces influences ont été relevées avec soin par Jacques Gengoux, *La Pensée poétique de Rimbaud*, Nizet, 1950, et Émilie Noulet, *Le Premier Visage de Rimbaud*, Bruxelles, Palais des Académies, 1973 (nouv. éd.).

19. Rimbaud inaugurait ainsi le grand cycle défiguratif qui allait caractériser, par ailleurs, la peinture moderne — le modèle féminin, l'odalisque, constituant, par excellence, l'exemple à défaire.

20. Sur cette période, on consultera Lissagaray, *Histoire de la Commune de 1871*, et Henri Guillemin, *Les Origines de la Commune*, Gallimard, 1959, et, dans un registre plus limité, Paul Ducatel, *Histoire de la Commune et du siège de Paris vue à travers l'imagerie populaire*, Grassin, 1973, en attendant l'ouvrage que prépare Steve Murphy sur Rimbaud et les journaux communards (textes et dessins).

21. L'idéologie gauchiste des années 1968 s'est vite emparée de ce Rimbaud communard pour ne le voir qu'à la lueur de tels événements. Sans attacher trop d'importance à l'ouvrage de Pierre Gascar, *Rimbaud et la Commune*, Gallimard, coll. « Idées », 1971, on retiendra surtout l'essai de mise au point écrit par Michel Décaudin, « Rimbaud et la Commune » dans *Travaux de linguistique et de littérature*, « Études littéraires », Strasbourg, 1971, IX, 2, p. 135-138.

22. Comme notait aussi Baudelaire dans ses *Fusées :* « Self-purification and anti-humanity ». Baudelaire était également attentif à « cultiver » son « hystérie » (*Hygiène*). Rimbaud ne pouvait connaître ces textes des *Journaux intimes*.

23. Heidegger note : « [...] la proximité du sans-accès reste la région où parviennent les rares à devenir poètes, et qu'ils ne font aussi que montrer » dans *Aujourd'hui, Rimbaud*, enquête, Archives des Lettres modernes, n° 160, 1976, p. 14.

24. Cette conception du vers optique a d'abord été exposée par Victor Hugo dans la préface de son *Cromwell* (1827).

25. « Si la nature hétérogène de l'esclave se confond avec celle de l'immondice, où sa situation matérielle le condamne à vivre, celle du maître se forme dans un acte d'exclusion de toute immondice, acte dont la direction est la pureté, mais dont la forme est sadique. » Georges Bataille, *La Structure psychologique du fascisme* dans *Œuvres complètes*, Gallimard, t. I, 1970, p. 351-352.

26. Ici se pose un débat entre le réalisme d'école (celui de Champfleury, par exemple, auteur du *Réalisme*, 1856, ou de Courbet) et un réalisme tel qu'il s'agirait, pour reprendre l'expression du psychanalyste Serge Leclaire, de « démasquer le réel ».

27. Sur Charles Bretagne, voir la revue rimbaldienne *Le Bateau ivre*, n° 14, novembre 1955, et le texte de Pierre Petitfils.

28. *Le Cœur du pitre* est écrit à la première personne. On a souvent contesté l'aveu qu'il semblait contenir. Ainsi, Georges Izambard s'en est pris aux interprétations trop réalistes de Paterne Berrichon (*Mercure de France*, 16 décembre 1911).

29. *Les Poètes de sept ans* cherche à généraliser une expérience intime. Le titre au pluriel, l'expérience narrée à la troisième personne du singulier, font ici de Rimbaud lui-même un autre, exemplaire à ses propres yeux.

30. Il est vrai que la poésie de la Renaissance évoquait déjà le corps, notamment le corps féminin, mais selon des conventions précises. Les premiers romantiques, quant à eux, semblent avoir ignoré la réalité physique et préféré « l'état d'âme ». Enfin Baudelaire vint ! Mais les corps rimbaldiens, en 1870-1871, nous paraissent plus immédiatement assujettis à leur réalité physiologique.

31. Sainte-Beuve fut le premier dans *Vie, Poésies et Pensées de Joseph Delorme* (1829) à doter d'un éclairage spécifique le quotidien, la banalité ressaisis par la poésie.

32. Voir, dans le troisième volume, *Illuminations*.

33. Dans la lettre, *Ce qu'on dit au Poète à propos de fleurs* est daté, intentionnellement semble-t-il, du 14 juillet.

34. Plus fantaisiste que les autres Parnassiens, Banville jouissait de l'estime des nouveaux poètes. Il avait été l'ami de Baudelaire et ses *Odes funambulesques* (1857) avaient donné l'exemple d'un talent original et d'une virtuosité qui ne se réduisait pas à une pure forme. Mallarmé, dès 1864, avait composé un texte à son éloge (où il louait aussi Baudelaire et Gautier), *Symphonie littéraire*, paru dans *L'Artiste*, 1er février 1865 : « Sa parole est, sans fin, un chant d'enthousiasme, d'où s'élance la musique [...] ».

35. Giuseppe Arcimboldo, peintre italien du XVIe siècle, composait des portraits par juxtaposition d'objets représentés : fleurs, fruits, livres, etc., donnant ainsi au maniérisme une dimension parodique.

36. Le futur, temps du projet, se trouvait déjà dans *Sensation* (voir p. 35), poème quasi inaugural.

37. Ernest Delahaye nous en assure dans ses *Souvenirs familiers*. Voir *Delahaye témoin de Rimbaud*, recueil de textes réunis par Frédéric Eigeldinger et André Gendre, Neuchâtel, La Baconnière, 1974, p. 182-185.

38. L'hystérie est également nommée dans *Les Premières Communions* et *Le Bateau ivre*. Cette maladie commençait à retenir l'attention des contemporains de Rimbaud. Néanmoins, il faudra attendre les surréalistes pour que les écrivains perçoivent la pleine importance du corps et du langage hystériques. Voir, signé Aragon et André Breton, le texte *Le Cinquantenaire de l'hystérie* paru dans *La Révolution surréaliste*, 12 mars 1928, p. 22.

39. La littérature est souvent, en effet, affaire de voyage au long cours. Mallarmé aborde dans *Prose (pour des Esseintes)* l'île des « iridées » ; le pataphysicien docteur Faustroll d'Alfred Jarry navigue à bord de son « as » ; plus tard, René Daumal atteint le Port-aux-Singes du Mont Analogue.

40. C'est essentiellement Delahaye qui, de mémoire, nous transmit ces phrases. Voir son *Rimbaud, l'artiste et l'être moral*, 1923.

41. Formule inscrite dans le Nautilus du capitaine Nemo, embarcation des profondeurs. Voir *Vingt mille lieues sous les mers* de Jules Verne publié en 1870 (1re partie, chap. VIII)

42. « L'arrivée en sabots » cite une expression de *Vies II* dans les *Illuminations*.

43. Lettre de Léon Valade à Émile Blémont, datée du 5 octobre 1871. Elle est conservée à la Bibliothèque municipale de Bordeaux, Fonds Valade.

44. Mallarmé consacrera à Rimbaud un long article paru d'abord dans la revue américaine *The Chap Book* (15 mai 1896). On y relève des formules admirables, restées célèbres : « Eclat, lui, d'un météore, allumé sans motif autre que sa présence, issu seul et s'éteignant. » Ou bien « ce passant considérable » qui — notera plus loin Mallarmé — « s'est amputé, vivant, de la poésie ». Constant sera l'intérêt de Mallarmé pour Rimbaud. Il correspondra avec Mme Rimbaud et sera en relations avec Paterne Berrichon (voir Henri Mondor, *Rimbaud ou le génie impatient*, Gallimard, 1955). L'expression « ange en exil » que cite Mallarmé revient — comme il le signale lui-même — à Verlaine, qui avait ainsi caractérisé Rimbaud dans ses *Poètes maudits*.

45. Il n'en subsiste rien aujourd'hui, à notre connaissance. Mathilde Mauté, ex-Mme Verlaine, dans *Mémoires de ma vie*, Flammarion, p. 211, dit qu'elle ne trouva pas de poèmes dans les papiers de son mari, sauf des textes publiés par la suite. Mais elle assurera dans une lettre envoyée à Isabelle Rimbaud le 31 janvier 1897 (voir Rimbaud, *Œuvres*, Pléiade, 1972, p. 782) qu'elle avait

brûlé toute la correspondance Verlaine-Rimbaud à la mort de Verlaine.

46. Voir dans ce volume la présentation des poèmes de Rimbaud contenus dans l'*Album Zutique*. Les Zutistes comptaient Cabaner, les trois frères Cros, André Gill, Jacquet, J. Keck, Henri Mercier, Penoutet, Rimbaud, Verlaine, Valade.

47. Ernest Cabaner (1833-1878). Voir *Dictionnaire de biographie française,* 1956, t. VII, p. 750. Il avait écrit un sonnet, fort proche du sonnet des *Voyelles,* et donné dans l'*Album Zutique* une chanson en six couplets consacrée à Rimbaud et contenant ce refrain : « Enfant, que fais-tu sur la terre ? / — J'attends, j'attends, j'attends !... »

48. Plus tard, dans *Une saison en enfer,* Rimbaud écrira : « J'avais été damné par l'arc-en-ciel. »

49. Le mot « zut », dont se réclamaient évidemment les Zutistes, n'était utilisé que depuis le XVIIIe siècle. L'un des premiers à lui avoir réservé une place d'honneur semble avoir été Pétrus Borel, quand il fait dire à l'un des personnages de sa nouvelle *Passereau* (dans *Champavert. Contes immoraux,* 1833) : « Zuth et bran pour les Prussiens ! »

50. Ceux qui avaient paru dans *Le Parnasse contemporain* formaient une série de dix-huit poèmes regroupés sous le titre *Promenades et Intérieurs.*

51. Avisé dans sa critique de la fausse *Chasse spirituelle* publiée en 1949, André Breton le fut moins dans ses appréciations portant sur l'*Album Zutique,* quand il estima les *Remembrances* trop freudiennes avant la lettre et y vit un texte « arrangé » (*Flagrant délit,* éd. Thésée, 1949).

52. *La Chasse spirituelle* est indiquée dans une lettre de Verlaine à Edmond Lepelletier, envoyée de Londres et datée du 10 novembre 1872 : « un manuscrit sous pli cacheté, intitulé *La Chasse spirituelle,* par Arthur Rimbaud ». *Les Veilleurs* sont mentionnés par Verlaine dans ses *Poètes maudits* (1884) : « [...] poème qui n'est plus, hélas ! en notre possession, et que notre mémoire ne saurait reconstituer, nous [ont] laissé l'impression la plus vive que jamais vers nous aient causé. C'est d'une vibration, d'une largeur, d'une tristesse sacrée ! Et d'un tel accent de sublime désolation, qu'en vérité nous osons croire que c'est ce que M. Arthur Rimbaud a écrit de plus beau, de beaucoup ! »

AVERTISSEMENT

Pour la première fois, l'œuvre de Rimbaud est publiée en trois volumes dans une collection au format de poche. Il en résulte une liberté que n'eurent pas jusqu'alors la plupart de ses éditeurs. Cette liberté toutefois ne va pas sans dangers. Avant tout, il est nécessaire de répéter que la plus grande partie de l'œuvre de Rimbaud, à l'exception d'*Une saison en enfer*, nous est parvenue sous forme de manuscrits et que nous pouvons la reconstituer selon de multiples modèles.

Sa répartition en un volume de *Poésies* (de l'enfance à la fin de l'année 1871), un autre regroupant les « Vers nouveaux » et *Une saison en enfer*, un troisième comprenant les *Illuminations* et certaines des dernières lettres, paraît, à première vue, logique. Elle ne manquera pas cependant de faire l'objet d'une discussion pour ceux qui estiment que certaines des *Illuminations* sont antérieures à la *Saison*. En manipulant ces trois volumes, le lecteur voudra donc bien tenir compte des chevauchements possibles et mesurer ce qui, d'un texte à l'autre, passe en courant alternatif ou continu.

Nouvelle, notre édition s'est attachée à rétablir certains ensembles jusqu'alors absents des éditions majeures, quitte à redonner plusieurs fois le même texte. Ainsi, pour ce volume, nous restituons le « Cahier de Douai », incontestablement le premier recueil voulu par Rimbaud. De même, nous publions les poèmes que Rimbaud envoya à ses correspondants à l'intérieur des lettres qui les contenaient et les commentaient, et non point indépendamment, comme le firent à tort les éditions jusqu'à ce jour. Nous avons également tenu à mettre les poésies de l'*Album Zutique* en leur lieu et place chronologique. Il importe de voir que le Rimbaud que nous admirons procède aussi de tels textes parodiques.

L'essentiel de nos remarques littéraires est contenu dans les préfaces, notices et notes. Les notices qui introduisent certaines parties de l'œuvre servent, la plupart du temps, à expliquer de telles divisions sans pour autant porter d'appréciations esthétiques. Les notes, placées en fin de volume, renvoient aux textes selon leur ordre d'apparition dans le livre. Pour les poèmes, elles se conforment à la numérotation des vers. Pour les textes en prose, elles correspondent aux chiffres placés dans le texte analysé. La provenance du texte adopté est toujours indiquée — et parfois les étapes de sa publication. Cependant, cette édition n'étant pas une édition savante, elle ne contient pas, sauf exception, le relevé des variantes.

L'indication « f° » désigne un feuillet de manuscrit ; « r° » ou « v° », le recto ou le verso de ce feuillet. Le sigle « n.a.fr. » doit se lire « nouvelles acquisitions françaises » (département des Manuscrits de la Bibliothèque nationale).

[RÉCIT]

texte du « Cahier des dix ans »

I

PROLOGUE

Le soleil était encore chaud; cependant il n'éclairait presque plus la terre; comme un flambeau placé devant les voûtes gigantesques ne les éclaire plus que par une faible lueur, ainsi le soleil, flambeau terrestre, s'éteignait en laissant échapper de son corps de feu une dernière et faible lueur, laissant encore cependant voir les feuilles vertes des arbres, les petites fleurs qui se flétrissaient, et le sommet gigantesque des pins, des peupliers et des chênes séculaires. Le vent rafraîchissant, c'est-à-dire une brise fraîche, agitait les feuilles des arbres avec un bruissement à peu près semblable à celui que faisait le bruit des eaux argentées du ruisseau qui coulait à mes pieds. Les fougères courbaient leur front vert devant le vent. Je m'endormis, non sans m'être abreuvé de l'eau du ruisseau.

II

Je rêvai que... j'étais né à Reims, l'an 1503 [1].

Reims était alors une petite ville ou, pour mieux dire, un bourg cependant renommé à cause de sa belle cathédrale, témoin du sacre du roi Clovis.

Mes parents étaient peu riches, mais très honnêtes : ils n'avaient pour tout bien qu'une petite maison qui leur avait toujours appartenu et qui était en leur possession vingt ans avant que je ne fusse encore né, en plus, quelque mille francs auxquels il faut encore ajouter les petits louis provenant des économies de ma mère.

Mon père était officier * dans les armées du roi. C'était un

* Colonel des Cent-Gardes.

homme grand, maigre, chevelure noire, barbe, yeux, peau de même couleur[2]... Quoiqu'il n'eût guère, quand j'étais né, que 48 ou 50 ans, on lui en aurait certainement bien donné 60 ou... 58. Il était d'un caractère vif, bouillant, souvent en colère et ne voulant rien souffrir qui lui déplût.

Ma mère était bien différente : femme douce, calme, s'effrayant de peu de chose, et cependant tenant la maison dans un ordre parfait. Elle était si calme que mon père l'amusait comme une jeune demoiselle. J'étais le plus aimé. Mes frères étaient moins vaillants que moi et cependant plus grands. J'aimais peu l'étude, c'est-à-dire d'apprendre à lire, écrire et compter... Mais si c'était pour arranger une maison, cultiver un jardin, faire des commissions, à la bonne heure, je me plaisais à cela.

Je me rappelle qu'un jour mon père m'avait promis vingt sous, si je lui faisais bien une division ; je commençai ; mais je ne pus finir. Ah ! combien de fois ne m'a-t-il pas promis... de sous, des jouets, des friandises, même une fois cinq francs, si je pouvais lui... lire quelque chose... Malgré cela, mon père me mit en classe dès que j'eus dix ans. Pourquoi — me disais-je — apprendre du grec, du latin ? Je ne le sais. Enfin, on n'a pas besoin de cela. Que m'importe à moi que je sois reçu... à quoi cela sert-il d'être reçu, à rien, n'est-ce pas ? Si, pourtant ; on dit qu'on n'a une place que lorsqu'on est reçu. Moi, je ne veux pas de place ; je serai rentier. Quand même on en voudrait une, pourquoi apprendre le latin ? Personne ne parle cette langue. Quelquefois j'en vois sur les journaux ; mais, dieu merci, je ne serai pas journaliste. Pourquoi apprendre et de l'histoire et de la géographie ? On a, il est vrai, besoin de savoir que Paris est en France, mais on ne demande pas à quel degré de latitude. De l'histoire, apprendre la vie de Chinaldon, de Nabopolassar, de Darius, de Cyrus, et d'Alexandre, et de leurs autres compères remarquables par leurs noms diaboliques, est un supplice ?

Que m'importe à moi qu'Alexandre ait été célèbre ? Que m'importe... Que sait-on si les latins ont existé ? C'est peut-être quelque langue forgée ; et quand même ils auraient existé, qu'ils me laissent rentier et conservent leur langue pour eux. Quel mal leur ai-je fait pour qu'ils me flanquent au supplice ? Passons au grec... Cette sale langue n'est parlée par personne, personne au monde !...

Ah ! saperlipotte de saperlipopette ! sapristi ! moi je serai rentier ; il ne fait pas si bon de s'user les culottes sur les bancs, saperlipopettouille !

Pour être décrotteur, gagner la place de décrotteur, il faut passer un examen ; car les places qui vous sont accordées sont d'être ou décrotteur, ou porcher, ou bouvier. Dieu merci, je n'en veux pas, moi, saperlipouille ! Avec ça des soufflets vous sont accordés pour récompense ; on vous appelle animal, ce qui n'est pas vrai, bout d'homme, etc...

Ah ! saperpouillotte !...

La suite prochainement.

Arthur.

Les Étrennes des orphelins

I

La chambre est pleine d'ombre ; on entend vaguement
De deux enfants le triste et doux chuchotement.
Leur front se penche, encor, alourdi par le rêve,
Sous le long rideau blanc qui tremble et se soulève...
— Au dehors les oiseaux se rapprochent frileux ;
Leur aile s'engourdit sous le ton gris des cieux ;
Et la nouvelle Année, à la suite brumeuse,
Laissant traîner les plis de sa robe neigeuse,
Sourit avec des pleurs, et chante en grelottant...

II

Or les petits enfants, sous le rideau flottant,
Parlent bas comme on fait dans une nuit obscure.
Ils écoutent, pensifs, comme un lointain murmure...
Ils tressaillent souvent à la claire voix d'or
Du timbre matinal, qui frappe et frappe encor
Son refrain métallique en son globe de verre...
— Puis, la chambre est glacée... on voit traîner à terre,
Épars autour des lits, des vêtements de deuil :
L'âpre bise d'hiver qui se lamente au seuil
Souffle dans le logis son haleine morose !
On sent, dans tout cela, qu'il manque quelque chose...
— Il n'est donc point de mère à ces petits enfants,
De mère au frais sourire, aux regards triomphants ?
Elle a donc oublié, le soir, seule et penchée,
D'exciter une flamme à la cendre arrachée,
D'amonceler sur eux la laine et l'édredon
Avant de les quitter en leur criant : pardon.

Elle n'a point prévu la froideur matinale,
Ni bien fermé le seuil à la bise hivernale ?...
— Le rêve maternel, c'est le tiède tapis,
30 C'est le nid cotonneux où les enfants tapis,
Comme de beaux oiseaux que balancent les branches,
Dorment leur doux sommeil plein de visions blanches !...
— Et là, — c'est comme un nid sans plumes, sans chaleur,
Où les petits ont froid, ne dorment pas, ont peur ;
35 Un nid que doit avoir glacé la bise amère...

III

Votre cœur l'a compris : — ces enfants sont sans mère.
Plus de mère au logis ! — et le père est bien loin !...
— Une vieille servante, alors, en a pris soin.
Les petits sont tout seuls en la maison glacée ;
40 Orphelins de quatre ans, voilà qu'en leur pensée
S'éveille, par degrés, un souvenir riant...
C'est comme un chapelet qu'on égrène en priant :
— Ah ! quel beau matin, que ce matin des étrennes !
Chacun, pendant la nuit, avait rêvé des siennes
45 Dans quelque songe étrange où l'on voyait joujoux,
Bonbons habillés d'or, étincelants bijoux,
Tourbillonner, danser une danse sonore,
Puis fuir sous les rideaux, puis reparaître encore !
On s'éveillait matin, on se levait joyeux,
50 La lèvre affriandée, en se frottant les yeux...
On allait, les cheveux emmêlés sur la tête,
Les yeux tout rayonnants, comme aux grands jours de fête,
Et les petits pieds nus effleurant le plancher,
Aux portes des parents tout doucement toucher...
55 On entrait !... Puis alors les souhaits,... en chemise,
Les baisers répétés, et la gaîté permise !

IV

Ah ! c'était si charmant, ces mots dits tant de fois !
— Mais comme il est changé, le logis d'autrefois :
Un grand feu pétillait, clair, dans la cheminée,
60 Toute la vieille chambre était illuminée ;
Et les reflets vermeils, sortis du grand foyer,
Sur les meubles vernis aimaient à tournoyer...
— L'armoire était sans clefs !... sans clefs, la grande [armoire !
On regardait souvent sa porte brune et noire...

65 Sans clefs !... c'était étrange !... on rêvait bien des fois
Aux mystères dormant entre ses flancs de bois,
Et l'on croyait ouïr, au fond de la serrure
Béante, un bruit lointain, vague et joyeux murmure...
— La chambre des parents est bien vide, aujourd'hui :
70 Aucun reflet vermeil sous la porte n'a lui ;
Il n'est point de parents, de foyer, de clefs prises :
Partant, point de baisers, point de douces surprises !
Oh ! que le jour de l'an sera triste pour eux !
— Et, tout pensifs, tandis que de leurs grands yeux bleus,
75 Silencieusement tombe une larme amère,
Ils murmurent : « Quand donc reviendra notre mère ? »
....

V

Maintenant, les petits sommeillent tristement :
Vous diriez, à les voir, qu'ils pleurent en dormant,
Tant leurs yeux sont gonflés et leur souffle pénible !
80 Les tout petits enfants ont le cœur si sensible !
— Mais l'ange des berceaux vient essuyer leurs yeux,
Et dans ce lourd sommeil met un rêve joyeux,
Un rêve si joyeux, que leur lèvre mi-close,
Souriante, semblait murmurer quelque chose...
85 — Ils rêvent que, penchés sur leur petit bras rond,
Doux geste du réveil, ils avancent le front,
Et leur vague regard tout autour d'eux se pose...
Ils se croient endormis dans un paradis rose...
Au foyer plein d'éclairs chante gaîment le feu...
90 Par la fenêtre on voit là-bas un beau ciel bleu ;
La nature s'éveille et de rayons s'enivre...
La terre, demi-nue, heureuse de revivre,
A des frissons de joie aux baisers du soleil...
Et dans le vieux logis tout est tiède et vermeil :
95 Les sombres vêtements ne jonchent plus la terre,
La bise sous le seuil a fini par se taire...
On dirait qu'une fée a passé dans cela !...
— Les enfants, tout joyeux, ont jeté deux cris... Là,
Près du lit maternel, sous un beau rayon rose,
100 Là, sur le grand tapis, resplendit quelque chose...
Ce sont des médaillons argentés, noirs et blancs,
De la nacre et du jais aux reflets scintillants ;
Des petits cadres noirs, des couronnes de verre,
Ayant trois mots gravés en or : « A NOTRE MÈRE ! »
....

CHARLES D'ORLÉANS A LOUIS XI

Sire, le temps a laissé son manteau de pluie ; les fouriers d'été sont venus : donnons l'huys au visage à Mérencolie ! Vivent les lays et ballades ! moralités et joyeulsetés ! Que les clercs de la basoche nous montent les folles soties : allons ouyr la moralité du Bien-Advisé et Maladvisé, et la conversion du clerc Théophilus, et come alèrent à Rome Saint Pière et Saint Pol, et comment furent martirez ! Vivent les dames à rebrassés collets, portant atours et broderyes ! N'est-ce pas, Sire, qu'il fait bon dire sous les arbres, quand les cieux sont vêtus de bleu, quand le soleil cler luit, les doux rondeaux, les ballades haut et cler chantées ? *J'ai ung arbre de la plante d'amours*, ou *Une fois me dites ouy, ma dame*, ou *Riche amoureux a toujours l'advantage*... Mais me voilà bien esbaudi, Sire, et vous allez l'être comme moi : Maistre François Villon, le bon folastre, le gentil raillart qui rima tout cela, engrillonné, nourri d'une miche et d'eau, pleure et se lamente maintenant au fond du Châtelet ! Pendu serez ! lui a-t-on dit devant notaire : et le pauvre folet tout transi a fait son épitaphe pour lui et ses compagnons : et les gratieux gallans dont vous aimez tant les rimes, s'attendent danser à Montfaulcon, plus becquetés d'oiseaux que dés à coudre, dans la bruine et le soleil !

Oh ! Sire, ce n'est pas pour folle plaisance qu'est là Villon ! Pauvres housseurs ont assez de peine ! Clergeons attendant leur nomination de l'Université, musards, montreurs de synges, joueurs de rebec qui payent leur escot en chansons, chevaucheurs d'escuryes, sires de deux écus, reîtres cachant leur nez en pots d'étain mieux qu'en casques de guerre * ; tous ces pauvres enfants secs et noirs comme

* Olivier Basselin, *Vaux-de-Vire*.

escouvillons, qui ne voient de pain qu'aux fenêtres, que l'hiver emmitoufle d'onglée, ont choisi maistre François pour mère nourricière ! Or nécessité fait gens méprendre, et faim saillir le loup du bois : peut-être l'Escollier, ung jour de famine, a-t-il pris des tripes au baquet des bouchers, pour les fricasser à l'Abreuvoir Popin ou à la taverne du Pestel ? Peut-être a-t-il pipé une douzaine de pains au boulanger, ou changé à la Pomme du Pin un broc d'eau claire pour un broc de vin de Baigneux ? Peut-être, un soir de grande galle au Plat-d'Étain, a-t-il rossé le guet à son arrivée ; ou les a-t-on surpris, autour de Montfaulcon, dans un souper conquis par noise, avec une dixaine de ribaudes ? Ce sont les méfaits de maistre François ! Parce qu'il nous montre ung gras chanoine mignonnant avec sa dame en chambre bien nattée, parce qu'il dit que le chappelain n'a cure de confesser, sinon chambrières et dames, et qu'il conseille aux dévotes, par bonne mocque, parler contemplation sous les courtines, l'escollier fol, si bien riant, si bien chantant, gent comme esmerillon, tremble sous les griffes des grands juges, ces terribles oiseaux noirs que suivent corbeaux et pies ! Lui et ses compagnons, pauvres piteux ! accrocheront un nouveau chapelet de pendus aux bras de la forêt : le vent leur fera chandeaux dans le doux feuillage sonore : et vous, Sire, et tous ceux qui aiment le poète ne pourront rire qu'en pleurs en lisant ses joyeuses ballades : ils songeront qu'ils ont laissé mourir le gentil clerc qui chantait si follement, et ne pourront chasser Mérencolie !

Pipeur, larron, maistre François est pourtant le meilleur fils du monde : il rit des grasses souppes jacobines : mais il honore ce qu'a honoré l'église de Dieu, et madame la vierge, et la très sainte trinité ! Il honore la Cour de Parlement, mère des bons, et sœur des benoitz anges ; aux médisants du royaume de France, il veut presque autant de mal qu'aux taverniers qui brouillent le vin. Et dea ! Il sait bien qu'il a trop gallé au temps de sa jeunesse folle ! L'hiver, les soirs de famine, auprès de la fontaine Maubuay ou dans quelque piscine ruinée, assis à croppetons devant petit feu de chenevottes, qui flambe par instants pour rougir sa face maigre, il songe qu'il aurait maison et couche molle, s'il eût estudié !... Souvent, noir et flou comme chevaucheur d'escovettes, il regarde dans les logis par des mortaises : « — O, ces morceaulx savoureux et frians ! ces tartes, ces flans, ces gelines dorées ! — Je suis plus affamé que Tantalus ! — Du rost ! du rost ! — Oh ! cela sent plus doux qu'ambre et civettes ! — Du vin de Beaulne dans de grandes aiguières d'argent ! — Haro ! la gorge m'ard !... O, si j'eusse estudié !... — Et mes chausses qui tirent la langue, et ma hucque qui ouvre toutes ses fenêtres, et mon feautre en dents de scie ! — Si je rencontrais un piteux Alexander, pour que je puisse, bien recueilli, bien débouté, chanter à mon aise comme Orpheus le doux ménétrier ! Si je pouvais vivre en honneur une fois avant que de mourir !... » Mais, voilà : souper de rondeaux, d'effets de lune sur les vieux toits, d'effets de lanternes sur le sol, c'est très maigre, très maigre ; puis passent, en justes cottes, les mignottes villotières qui font chosettes mignardes pour attirer les passants ; puis le regret des tavernes flamboyantes, pleines du cri des buveurs heurtant les pots d'étain et souvent les flamberges, du ricanement des ribaudes, et du chant aspre des rebecs mendiants ; le regret des vieilles ruelles noires où saillent follement, pour s'embrasser, des étages de maisons et des poutres énormes ; où, dans la nuit épaisse, passent, avec des sons de rapières traînées, des rires et des braieries abominables... Et l'oiseau rentre au vieux nid : Tout aux tavernes et aux filles !...

Oh ! Sire, ne pouvoir mettre plumail au vent par ce temps de joie ! La corde est bien triste en mai, quand tout chante, quand tout rit, quand le soleil rayonne sur les murs les plus lépreux ! Pendus seront, pour une franche repeue ! Villon est aux mains de la Cour de Parlement : le corbel n'écoutera pas le petit oiseau ! Sire, ce serait vraiment méfait de pendre ces gentils clercs : ces poètes-là, voyez-vous, ne sont pas d'ici-bas : laissez-les vivre leur vie étrange ; laissez-les avoir froid et faim, laissez-les courir, aimer et chanter : ils sont aussi riches que Jacques Cœur, tous ces fols enfants, car ils ont des rimes plein l'âme, des rimes qui rient et qui pleurent, qui nous font rire ou pleurer : Laissez-les vivre : Dieu bénit tous les miséricords, et le monde bénit les poètes.

(1870).

LETTRE A THÉODORE DE BANVILLE
du 24 mai 1870
comprenant
[Par les beaux soirs d'été, j'irai dans les sentiers]
Ophélie
Credo in unam

Charleville (Ardennes), le 24 mai 1870.

A Monsieur Théodore de Banville.

Cher Maître,

Nous sommes aux mois d'amour ; j'ai dix-sept ans [1]. L'âge des espérances et des chimères, comme on dit, — et voici que je me suis mis, enfant touché par le doigt de la Muse, — pardon si c'est banal, — à dire mes bonnes croyances, mes espérances, mes sensations, toutes ces choses des poètes — moi j'appelle cela du printemps.

Que si je vous envoie quelques-uns de ces vers, — et cela en passant par Alph. Lemerre, le bon éditeur, — c'est que j'aime tous les poètes, tous les bons Parnassiens, — puisque le poète est un Parnassien, — épris de la beauté idéale ; c'est que j'aime en vous, bien naïvement, un descendant de Ronsard [2], un frère de nos maîtres de 1830 [3], un vrai romantique, un vrai poète. Voilà pourquoi. — C'est bête, n'est-ce pas, mais enfin ?...

Dans deux ans, dans un an peut-être, je serai à Paris.
— Anch'io [4], messieurs du journal, je serai Parnassien !
— Je ne sais ce que j'ai là... qui veut monter... — Je jure, cher maître, d'adorer toujours les deux déesses, Muse et Liberté.

Ne faites pas trop la moue en lisant ces vers : ... Vous me rendriez fou de joie et d'espérance, si vous vouliez, cher Maître, *faire faire* à la pièce *Credo in unam* une petite place entre les Parnassiens... Je viendrais à la dernière série du *Parnasse* [5] : cela ferait le Credo des poètes !... — Ambition ! ô Folle !

Arthur Rimbaud.

Par les beaux soirs d'été, j'irai dans les sentiers,
Picoté par les blés, fouler l'herbe menue :
Rêveur, j'en sentirai la fraîcheur à mes pieds :
4 Je laisserai le vent baigner ma tête nue...

Je ne parlerai pas, je ne penserai rien...
Mais un amour immense entrera dans mon âme :
Et j'irai loin, bien loin, comme un bohémien,
8 Par la Nature, — heureux comme avec une femme !

20 avril 1870
A. R.

Ophélie

I

Sur l'onde calme et noire où dorment les étoiles
La blanche Ophélia flotte comme un grand lys,
Flotte très lentement, couchée en ses longs voiles...
4 On entend dans les bois de lointains hallalis...

Voici plus de mille ans que la triste Ophélie
Passe, fantôme blanc sur le long fleuve noir :
Voici plus de mille ans que sa douce folie
8 Murmure sa romance à la brise du soir...

Le vent baise ses seins et déploie en corolle
Ses longs voiles bercés mollement par les eaux :
Les saules frissonnants pleurent sur son épaule,
12 Sur son grand front rêveur s'inclinent les roseaux.

Les nénuphars froissés soupirent autour d'elle ;
Elle éveille parfois dans un aune qui dort,
Quelque nid, d'où s'échappe un léger frisson d'aile :
16 — Un chant mystérieux tombe des astres d'or...

II

Ô pâle Ophélia ! belle comme la neige !
Oui tu mourus, enfant, par un fleuve emporté !
— C'est que les vents tombant des grands monts de Norwège
20 T'avaient parlé tout bas de l'âpre liberté ;

C'est qu'un souffle du ciel, tordant ta chevelure
A ton esprit rêveur portait d'étranges bruits ;
Que ton cœur entendait le cœur de la Nature
24 Dans les plaintes de l'arbre et les soupirs des nuits ;

C'est que la voix des mers, comme un immense râle,
Brisait ton sein d'enfant trop humain et trop doux ;
C'est qu'un matin d'avril, un beau cavalier pâle,
28 Un pauvre fou s'assit, muet, à tes genoux !

Ciel ! Amour ! Liberté ! quel rêve, ô pauvre folle !
Tu te fondais à lui comme la neige au feu :
Tes grandes visions étranglaient ta parole :
32 — Un infini terrible égara ton œil bleu !...
. . . .

III

— Et le Poète dit qu'aux rayons des étoiles
Tu viens chercher, la nuit, les fleurs que tu cueillis,
Et qu'il a vu sur l'eau, couchée en ses longs voiles,
36 La blanche Ophélia flotter comme un grand lys.

15 mai 1870
Arthur Rimbaud.

Credo in unam...

. . . .
Le soleil, le foyer de tendresse et de vie
Verse l'amour brûlant à la terre ravie ;
Et quand on est couché sur la vallée, on sent
Que la terre est nubile et déborde de sang ;
5 Que son immense sein, soulevé par une âme,
Est d'amour comme Dieu, de chair comme la Femme,
Et qu'il renferme, gros de sève et de rayons,
Le grand fourmillement de tous les embryons !

Et tout vit ! et tout monte !... — Ô Vénus ! ô Déesse !
10 Je regrette les temps de l'antique jeunesse,

Des Satyres lascifs, des faunes animaux,
Dieux qui mordaient d'amour l'écorce des rameaux,
Et dans les nénuphars baisaient la Nymphe blonde!
Je regrette les temps où la sève du monde,
15 L'eau du fleuve jaseur, le sang des arbres verts,
Dans les veines de Pan mettaient un univers!
Où tout naissait, vivait, sous ses longs pieds de chèvre;
Où, baisant mollement le vert syrinx, sa lèvre
Murmurait sous le ciel le grand hymne d'amour;
20 Où, debout sur la plaine, il entendait autour
Répondre à son appel la Nature vivante;
Où les arbres muets berçant l'oiseau qui chante,
La Terre berçant l'Homme, et le long fleuve bleu,
Et tous les Animaux aimaient aux pieds d'un Dieu!

25 Je regrette les temps de la grande Cybèle
Qu'on disait parcourir, gigantesquement belle,
Sur un grand char d'airain les splendides cités!...
Son double sein versait dans les immensités
Le pur ruissellement de la vie infinie —
30 L'Homme suçait, heureux, sa Mamelle bénie,
Comme un petit enfant, jouant sur ses genoux!

— Parce qu'il était fort, l'Homme était chaste et doux!

. . . .

Misère! maintenant, il dit : je sais les choses,
Et va les yeux fermés et les oreilles closes!
35 S'il accepte des dieux, il est au moins un Roi!
C'est qu'il n'a plus l'Amour, s'il a perdu la Foi!
— Oh! s'il savait encor puiser à ta mamelle,
Grande Mère des Dieux et des Hommes, Cybèle!
S'il n'avait pas laissé l'immortelle Astarté
40 Qui jadis, émergeant dans l'immense clarté
Des flots bleus, fleur de chair que la vague parfume,
Montra son nombril rose où vint neiger l'écume,
Et fit chanter partout, Déesse aux yeux vainqueurs,
Le Rossignol aux bois et l'amour dans les cœurs!

. . . .

45 Je crois en Toi! Je crois en Toi! Divine Mère!
Aphrodité marine! ô! la vie est amère,
Depuis qu'un autre dieu nous attelle à sa croix!
Mais c'est toi la Vénus! c'est en toi que je crois!
Oui, l'homme est faible et laid, le doute le dévaste;
50 Il a des vêtements parce qu'il n'est plus chaste,
Parce qu'il a sali son fier buste de Dieu,

Et qu'il a rabougri, comme une idole au feu,
Son corps Olympien aux servitudes sales !
Oui, même après la mort, dans les squelettes pâles
Il veut vivre, insultant la première Beauté !
Et l'Idole où tu mis tant de virginité,
Où tu divinisas notre argile, la Femme,
Afin que l'Homme pût éclairer sa pauvre âme
Et monter lentement dans un immense amour
De la prison terrestre à la beauté du jour,
— La Femme ne sait plus faire la courtisane !...
— C'est une bonne farce, et le monde ricane
Au nom doux et sacré de la grande Vénus !
. . . .
Oh ! les temps reviendront ! les temps sont bien venus !
Et l'Homme n'est pas fait pour jouer tous ces rôles !
Au grand jour, fatigué de briser des idoles,
Il ressuscitera, libre de tous ses Dieux,
Et comme il est du ciel, il scrutera les cieux !...
Tout ce qu'il a de Dieu sous l'argile charnelle,
L'Idéal, la pensée invincible, éternelle,
Montera, montera, brûlera sous son front !
Et quand tu le verras sonder tout l'horizon,
Contempteur du vieux joug, libre de toute crainte,
Tu viendras lui donner la Rédemption sainte !...
Splendide, radieuse, au sein des grandes mers,
Tu surgiras, jetant sur le vaste Univers
L'Amour infini dans un infini sourire !
Le monde vibrera comme une immense lyre
Dans le frémissement d'un immense baiser !
— Le Monde a soif d'amour : tu viendras l'apaiser !...

Ô ! l'Homme a relevé sa tête libre et fière !
Et le rayon soudain de la beauté première
Fait palpiter le dieu dans l'autel de la chair !
Heureux du bien présent, pâle du mal souffert,
L'Homme veut tout sonder, — et savoir ! La Pensée,
La cavale longtemps, si longtemps oppressée
S'élance de son front ! Elle saura Pourquoi !...
Qu'elle bondisse libre, et l'Homme aura la Foi !
— Pourquoi l'azur muet et l'espace insondable ?
Pourquoi les astres d'or fourmillant comme un sable ?
Si l'on montait toujours, que verrait-on là-haut ?
Un Pasteur mène-t-il cet immense troupeau
De mondes cheminant dans l'horreur de l'espace ?
Et tous ces mondes-là, que l'éther vaste embrasse,

95 Vibrent-ils aux accents d'une éternelle voix ?
— Et l'Homme, peut-il voir ? peut-il dire : Je crois ?
La voix de la pensée est-elle plus qu'un rêve ?
Si l'homme naît si tôt, si la vie est si brève,
D'où vient-il ? Sombre-t-il dans l'Océan profond
100 Des Germes, des Fœtus, des Embryons, au fond
De l'immense Creuset d'où la Mère-Nature
Le ressuscitera, vivante créature,
Pour aimer dans la rose, et croître dans les blés ?...

Nous ne pouvons savoir ! — Nous sommes accablés
105 D'un manteau d'ignorance et d'étroites chimères !
Singes d'hommes tombés de la vulve des mères,
Notre pâle raison nous cache l'infini !
Nous voulons regarder : — le Doute nous punit !
Le doute, morne oiseau, nous frappe de son aile...
110 — Et l'horizon s'enfuit d'une fuite éternelle !...
....
Le grand ciel est ouvert ! les mystères sont morts
Devant l'Homme, debout, qui croise ses bras forts
Dans l'immense splendeur de la riche nature !
Il chante... et le bois chante, et le fleuve murmure
115 Un chant plein de bonheur qui monte vers le jour !...
— C'est la Rédemption ! c'est l'amour ! c'est l'amour !...
....
Ô splendeur de la chair ! ô splendeur idéale !
Ô renouveau sublime, aurore triomphale,
Où, courbant à leurs pieds les Dieux et les Héros,
120 La blanche Kallipyge et le petit Éros
Effleureront, couverts de la neige des roses,
Les femmes et les fleurs sous leurs beaux pieds écloses !
— Ô grande Ariadné, qui jettes tes sanglots
Sur la rive, en voyant fuir là-bas sur les flots,
125 Blanche sous le soleil, la voile de Thésée,
Ô douce vierge enfant qu'une nuit a brisée,
Tais-toi : sur son char d'or brodé de noirs raisins,
Lysios, promené dans les champs Phrygiens
Par les tigres lascifs et les panthères rousses,
130 Le long des fleuves bleus rougit les sombres mousses.
— Zeus, Taureau, sur son cou berce comme un enfant
Le corps nu d'Europé, qui jette son bras blanc
Au cou nerveux du Dieu frissonnant dans la vague...
Il tourne longuement vers elle son œil vague...
135 Elle laisse traîner sa pâle joue en fleur
Au front du dieu ; ses yeux sont fermés ; elle meurt

Dans un divin baiser, et le flot qui murmure
De son écume d'or fleurit sa chevelure...
— Entre le laurier rose et le lotus jaseur
40 Glisse amoureusement le grand cygne rêveur
Embrassant la Léda des blancheurs de son aile...
— Et tandis que Cypris passe, étrangement belle,
Et, cambrant les rondeurs splendides de ses reins,
Étale fièrement l'or de ses larges seins,
45 Et son ventre neigeux brodé de mousse noire ;
Héraclès, le Dompteur, et, comme d'une gloire,
Couvrant son vaste corps de la peau du lion,
S'avance, front terrible et doux, à l'horizon !...

Par la lune d'été vaguement éclairée,
50 Debout, nue, et rêvant dans sa pâleur dorée
Que tache le flot lourd de ses longs cheveux bleus,
Dans la clairière sombre où la mousse s'étoile,
La Dryade regarde au ciel mystérieux...
— La blanche Séléné laisse flotter son voile,
55 Craintive, sur les pieds du bel Endymion,
Et lui jette un baiser dans un pâle rayon...
— La source pleure au loin dans une longue extase ;
C'est la Nymphe qui rêve, un coude sur son vase
Au beau jeune homme fort que son onde a pressé...
60 — Une brise d'amour dans la nuit a passé...
Et dans les bois sacrés, sous l'horreur des grands arbres,
Majestueusement debout, les sombres marbres,
Les Dieux au front desquels le bouvreuil fait son nid,
— Les Dieux écoutent l'Homme et le Monde infini !...
....

29 avril 1870
Arthur Rimbaud.

Si ces vers trouvaient place au *Parnasse contemporain* ?
— Ne sont-ils pas la foi des poètes ?
— Je ne suis pas connu ; qu'importe ? les poètes sont frères.
Ces vers croient ; ils aiment ; ils espèrent : c'est tout.
— Cher maître, à moi : Levez-moi un peu : je suis jeune : tendez-moi la main...

[CAHIER DE DOUAI]
1870

NOTICE

Le « Cahier de Douai » appelé aussi « Recueil Demeny » est, en fait, composé de deux ensembles, d'inégale importance, constitués par Rimbaud en septembre, puis octobre 1870. Accueilli par deux fois au terme de ses fugues chez les demoiselles Gindre, des tantes d'Izambard habitant Douai, Rimbaud s'était mis en devoir de copier ses poèmes à l'intention d'un jeune poète de vingt-six ans, Paul Demeny, que Georges Izambard venait de lui faire connaître et qui avait eu les honneurs de la publication. Les feuilles du premier ensemble sont souvent écrites au recto comme au verso. Celles du second ne le sont qu'au recto, Rimbaud ayant appris entre-temps (nous confie Izambard) que l'on préparait ainsi la copie pour l'imprimeur.

Le « Cahier de Douai » (désignation que nous préférons à « Recueil Demeny ») est le premier recueil conçu par Rimbaud. Plus ou moins chronologiquement, il regroupe les poèmes écrits durant l'année 1870. Cependant, Rimbaud n'y insère pas ses Étrennes des orphelins, *paru en janvier 1870, mais qu'il tenait sans doute pour une pièce négligeable. En revanche, il place en tête* Première soirée *qui avait été publié dans* La Charge *en août 1870.*

Tous ces poèmes sont signés, et la plupart datés. Comparés à des versions antérieures envoyées à Banville ou confiées à Izambard, ils présentent souvent d'importantes et judicieuses variantes. Le foliotage est donné en notes d'après l'édition en fac-similé des Poésies *(Messein, 1919).*

Première soirée

— Elle était fort déshabillée
Et de grands arbres indiscrets
Aux vitres jetaient leur feuillée
4 Malinement, tout près, tout près.

Assise sur ma grande chaise,
Mi-nue, elle joignait les mains.
Sur le plancher frissonnaient d'aise
8 Ses petits pieds si fins, si fins.

— Je regardai, couleur de cire
Un petit rayon buissonnier
Papillonner dans son sourire
12 Et sur son sein, — mouche au rosier.

— Je baisai ses fines chevilles.
Elle eut un doux rire brutal
Qui s'égrenait en claires trilles,
16 Un joli rire de cristal.

Les petits pieds sous la chemise
Se sauvèrent : « Veux-tu finir ! »
— La première audace permise,
20 Le rire feignait de punir !

— Pauvrets palpitants sous ma lèvre,
Je baisai doucement ses yeux :

— Elle jeta sa tête mièvre
24 En arrière : « Oh ! c'est encor mieux !...

« Monsieur, j'ai deux mots à te dire... »
— Je lui jetai le reste au sein
Dans un baiser, qui la fit rire
28 D'un bon rire qui voulait bien...

— Elle était fort déshabillée
Et de grands arbres indiscrets
Aux vitres jetaient leur feuillée
32 Malinement, tout près, tout près.

Sensation

Par les soirs bleus d'été, j'irai dans les sentiers,
Picoté par les blés, fouler l'herbe menue :
Rêveur, j'en sentirai la fraîcheur à mes pieds.
Je laisserai le vent baigner ma tête nue.

Je ne parlerai pas, je ne penserai rien :
Mais l'amour infini me montera dans l'âme,
Et j'irai loin, bien loin, comme un bohémien,
Par la Nature, — heureux comme avec une femme.

Mars 1870.

Le Forgeron

Palais des Tuileries, vers le 10 août 92

Le bras sur un marteau gigantesque, effrayant
D'ivresse et de grandeur, le front vaste, riant
Comme un clairon d'airain, avec toute sa bouche,
Et prenant ce gros-là dans son regard farouche,
5 Le Forgeron parlait à Louis Seize, un jour
Que le Peuple était là, se tordant tout autour,
Et sur les lambris d'or traînant sa veste sale.
Or le bon roi, debout sur son ventre, était pâle,
Pâle comme un vaincu qu'on prend pour le gibet,
10 Et, soumis comme un chien, jamais ne regimbait
Car ce maraud de forge aux énormes épaules
Lui disait de vieux mots et des choses si drôles,
Que cela l'empoignait au front, comme cela !

« Or, tu sais bien, Monsieur, nous chantions tra la la
15 Et nous piquions les bœufs vers les sillons des autres :
Le Chanoine au soleil filait des patenôtres
Sur des chapelets clairs grenés de pièces d'or.
Le Seigneur, à cheval, passait, sonnant du cor
Et l'un avec la hart, l'autre avec la cravache
20 Nous fouaillaient. — Hébétés comme des yeux de
[vache,
Nos yeux ne pleuraient plus ; nous allions, nous
[allions,
Et quand nous avions mis le pays en sillons,

Quand nous avions laissé dans cette terre noire
Un peu de notre chair... nous avions un pourboire :
On nous faisait flamber nos taudis dans la nuit ;
Nos petits y faisaient un gâteau fort bien cuit.

... « Oh ! je ne me plains pas. Je te dis mes bêtises,
C'est entre nous. J'admets que tu me contredises.
Or, n'est-ce pas joyeux de voir, au mois de juin
Dans les granges entrer des voitures de foin
Énormes ? De sentir l'odeur de ce qui pousse,
Des vergers quand il pleut un peu, de l'herbe rousse ?
De voir des blés, des blés, des épis pleins de grain,
De penser que cela prépare bien du pain ?...
Oh ! plus fort, on irait, au fourneau qui s'allume,
Chanter joyeusement en martelant l'enclume,
Si l'on était certain de pouvoir prendre un peu
Étant homme, à la fin ! de ce que donne Dieu !
— Mais voilà, c'est toujours la même vieille histoire !

« Mais je sais, maintenant ! Moi, je ne peux plus
[croire,
Quand j'ai deux bonnes mains, mon front et mon
[marteau,
Qu'un homme vienne là, dague sur le manteau,
Et me dise : Mon gars, ensemence ma terre ;
Que l'on arrive encor, quand ce serait la guerre,
Me prendre mon garçon comme cela, chez moi !
— Moi, je serais un homme, et toi, tu serais roi,
Tu me dirais : Je veux !... — Tu vois bien, c'est
[stupide.
Tu crois que j'aime voir ta baraque splendide,
Tes officiers dorés, tes mille chenapans,
Tes palsembleu bâtards tournant comme des paons :
Ils ont rempli ton nid de l'odeur de nos filles
Et de petits billets pour nous mettre aux Bastilles,
Et nous dirons : C'est bien : les pauvres à genoux !
Nous dorerons ton Louvre en donnant nos gros sous !
Et tu te soûleras, tu feras belle fête.
— Et ces Messieurs riront, les reins sur notre tête !

« Non. Ces saletés-là datent de nos papas !
Oh ! Le Peuple n'est plus une putain. Trois pas
Et, tous, nous avons mis ta Bastille en poussière.
60 Cette bête suait du sang à chaque pierre
Et c'était dégoûtant, la Bastille debout
Avec ses murs lépreux qui nous racontaient tout
Et, toujours, nous tenaient enfermés dans leur ombre !
— Citoyen ! citoyen ! c'était le passé sombre
65 Qui croulait, qui râlait, quand nous prîmes la tour !
Nous avions quelque chose au cœur comme l'amour.
Nous avions embrassé nos fils sur nos poitrines.
Et, comme des chevaux, en soufflant des narines
Nous allions, fiers et forts, et ça nous battait là...
70 Nous marchions au soleil, front haut, — comme [cela —,
Dans Paris ! On venait devant nos vestes sales.
Enfin ! Nous nous sentions Hommes ! Nous étions [pâles,
Sire, nous étions soûls de terribles espoirs :
Et quand nous fûmes là, devant les donjons noirs,
75 Agitant nos clairons et nos feuilles de chêne,
Les piques à la main ; nous n'eûmes pas de haine,
— Nous nous sentions si forts, nous voulions être [doux !
....
....
« Et depuis ce jour-là, nous sommes comme fous !
Le tas des ouvriers a monté dans la rue,
80 Et ces maudits s'en vont, foule toujours accrue
De sombres revenants, aux portes des richards.
Moi, je cours avec eux assommer les mouchards :
Et je vais dans Paris, noir, marteau sur l'épaule,
Farouche, à chaque coin balayant quelque drôle,
85 Et, si tu me riais au nez, je te tuerais !
— Puis, tu peux y compter, tu te feras des frais
Avec tes hommes noirs, qui prennent nos requêtes
Pour se les renvoyer comme sur des raquettes
Et, tout bas, les malins ! se disent : “ Qu'ils sont [sots ! ”
90 Pour mitonner des lois, coller de petits pots

Pleins de jolis décrets roses et de droguailles,
S'amuser à couper proprement quelques tailles,
Puis se boucher le nez quand nous marchons près
[d'eux,
— Nos doux représentants qui nous trouvent cras-
[seux ! —
95 Pour ne rien redouter, rien, que les baïonnettes...,
C'est très-bien. Foin de leur tabatière à sornettes !
Nous en avons assez, là, de ces cerveaux plats
Et de ces ventres-dieux. Ah ! ce sont là les plats
Que tu nous sers, bourgeois, quand nous sommes
[féroces,
100 Quand nous brisons déjà les sceptres et les
[crosses !... »

....

Il le prend par le bras, arrache le velours
Des rideaux, et lui montre en bas les larges cours
Où fourmille, où fourmille, où se lève la foule,
La foule épouvantable avec des bruits de houle,
105 Hurlant comme une chienne, hurlant comme une
[mer,
Avec ses bâtons forts et ses piques de fer,
Ses tambours, ses grands cris de halles et de bouges,
Tas sombre de haillons saignant de bonnets rouges :
L'Homme, par la fenêtre ouverte, montre tout
110 Au roi pâle et suant qui chancelle debout,
Malade à regarder cela !
« C'est la Crapule,
Sire. Ça bave aux murs, ça monte, ça pullule :
— Puisqu'ils ne mangent pas, Sire, ce sont des gueux !
Je suis un forgeron : ma femme est avec eux,
115 Folle ! Elle croit trouver du pain aux Tuileries !
— On ne veut pas de nous dans les boulangeries.
J'ai trois petits. Je suis crapule. — Je connais
Des vieilles qui s'en vont pleurant sous leurs bonnets
Parce qu'on leur a pris leur garçon ou leur fille :
120 C'est la crapule. — Un homme était à la bastille,
Un autre était forçat : et tous deux, citoyens
Honnêtes. Libérés, ils sont comme des chiens :
On les insulte ! Alors, ils ont là quelque chose

Qui leur fait mal, allez ! C'est terrible, et c'est cause
125 Que se sentant brisés, que, se sentant damnés,
Ils sont là, maintenant, hurlant sous votre nez !
Crapule. — Là-dedans sont des filles, infâmes
Parce que, — vous saviez que c'est faible, les
[femmes, —
Messeigneurs de la cour, — que ça veut toujours
[bien, —
130 Vous [leur] avez craché sur l'âme, comme rien !
Vos belles, aujourd'hui, sont là. C'est la crapule.

....

« Oh ! tous les Malheureux, tous ceux dont le dos
[brûle
Sous le soleil féroce, et qui vont, et qui vont,
Qui dans ce travail-là sentent crever leur front,
135 Chapeau bas, mes bourgeois ! Oh ! ceux-là, sont les
[Hommes !
Nous sommes Ouvriers, Sire ! Ouvriers ! Nous
[sommes
Pour les grands temps nouveaux où l'on voudra
[savoir,
Où l'Homme forgera du matin jusqu'au soir,
Chasseur des grands effets, chasseur des grandes
[causes,
140 Où, lentement vainqueur, il domptera les choses
Et montera sur Tout, comme sur un cheval !
Oh ! splendides lueurs des forges ! Plus de mal,
Plus ! — Ce qu'on ne sait pas, c'est peut-être terrible :
Nous saurons ! — Nos marteaux en main, passons au
[crible
145 Tout ce que nous savons : puis, Frères, en avant !
Nous faisons quelquefois ce grand rêve émouvant
De vivre simplement, ardemment, sans rien dire
De mauvais, travaillant sous l'auguste sourire
D'une femme qu'on aime avec un noble amour :
150 Et l'on travaillerait fièrement tout le jour,
Écoutant le devoir comme un clairon qui sonne :
Et l'on se sentirait très heureux : et personne,

Oh ! personne, surtout, ne vous ferait ployer !
On aurait un fusil au-dessus du foyer...

. . . .

155 « Oh ! mais l'air est tout plein d'une odeur de bataille !
Que te disais-je donc ? Je suis de la canaille !
Il reste des mouchards et des accapareurs.
Nous sommes libres, nous ! Nous avons des terreurs
Où nous nous sentons grands, oh ! si grands ! Tout à
[l'heure
160 Je parlais de devoir calme, d'une demeure...
Regarde donc le ciel ! — C'est trop petit pour nous,
Nous crèverions de chaud, nous serions à genoux !
Regarde donc le ciel ! — Je rentre dans la foule,
Dans la grande canaille effroyable, qui roule,
165 Sire, tes vieux canons sur les sales pavés :
— Oh ! quand nous serons morts, nous les aurons
[lavés
— Et si, devant nos cris, devant notre vengeance,
Les pattes des vieux rois mordorés, sur la France
Poussent leurs régiments en habits de gala,
170 Eh bien, n'est-ce pas, vous tous ? Merde à ces chiens-
[là ! »

. . . .

— Il reprit son marteau sur l'épaule.
La foule
Près de cet homme-là se sentait l'âme soûle,
Et, dans la grande cour, dans les appartements,
Où Paris haletait avec des hurlements,
175 Un frisson secoua l'immense populace.
Alors, de sa main large et superbe de crasse,
Bien que le roi ventru suât, le Forgeron,
Terrible, lui jeta le bonnet rouge au front !

Soleil et Chair

I

Le Soleil, le foyer de tendresse et de vie,
Verse l'amour brûlant à la terre ravie,
Et, quand on est couché sur la vallée, on sent
Que la terre est nubile et déborde de sang ;
5 Que son immense sein, soulevé par une âme,
Est d'amour comme dieu, de chair comme la femme,
Et qu'il renferme, gros de sève et de rayons,
Le grand fourmillement de tous les embryons !

Et tout croît, et tout monte !

— Ô Vénus, ô Déesse !
10 Je regrette les temps de l'antique jeunesse,
Des satyres lascifs, des faunes animaux,
Dieux qui mordaient d'amour l'écorce des rameaux
Et dans les nénufars baisaient la Nymphe blonde !
Je regrette les temps où la sève du monde,
15 L'eau du fleuve, le sang rose des arbres verts
Dans les veines de Pan mettaient un univers !
Où le sol palpitait, vert, sous ses pieds de chèvre ;
Où, baisant mollement le clair syrinx, sa lèvre
Modulait sous le ciel le grand hymne d'amour ;
20 Où, debout sur la plaine, il entendait autour
Répondre à son appel la Nature vivante ;
Où les arbres muets, berçant l'oiseau qui chante,

La terre berçant l'homme, et tout l'Océan bleu
Et tous les animaux aimaient, aimaient en Dieu !

25 Je regrette les temps de la grande Cybèle
Qu'on disait parcourir, gigantesquement belle,
Sur un grand char d'airain, les splendides cités ;
Son double sein versait dans les immensités
Le pur ruissellement de la vie infinie.
30 L'Homme suçait, heureux, sa mamelle bénie,
Comme un petit enfant, jouant sur ses genoux.
— Parce qu'il était fort, l'Homme était chaste et doux.

Misère ! Maintenant il dit : Je sais les choses,
Et va, les yeux fermés et les oreilles closes.
35 — Et pourtant, plus de dieux ! plus de dieux !
[l'Homme est Roi,
L'Homme est Dieu ! Mais l'Amour, voilà la grande
[Foi !
Oh ! si l'homme puisait encore à ta mamelle,
Grande mère des dieux et des hommes, Cybèle ;
S'il n'avait pas laissé l'immortelle Astarté
40 Qui jadis, émergeant dans l'immense clarté
Des flots bleus, fleur de chair que la vague parfume,
Montra son nombril rose où vint neiger l'écume,
Et fit chanter, Déesse aux grands yeux noirs vain-
[queurs,
Le rossignol aux bois et l'amour dans les cœurs !

II

45 Je crois en toi ! je crois en toi ! Divine mère,
Aphrodité marine ! — Oh ! la route est amère
Depuis que l'autre Dieu nous attelle à sa croix ;
Chair, Marbre, Fleur, Vénus, c'est en toi que je crois !
— Oui, l'Homme est triste et laid, triste sous le ciel
[vaste.
50 Il a des vêtements, parce qu'il n'est plus chaste,
Parce qu'il a sali son fier buste de dieu,
Et qu'il a rabougri, comme une idole au feu,
Son corps Olympien aux servitudes sales !

Oui, même après la mort, dans les squelettes pâles
55 Il veut vivre, insultant la première beauté !
— Et l'Idole où tu mis tant de virginité,
Où tu divinisas notre argile, la Femme,
Afin que l'Homme pût éclairer sa pauvre âme
Et monter lentement, dans un immense amour,
60 De la prison terrestre à la beauté du jour,
La Femme ne sait plus même être Courtisane !
— C'est une bonne farce ! et le monde ricane
Au nom doux et sacré de la grande Vénus !

III

Si les temps revenaient, les temps qui sont venus !
65 — Car l'Homme a fini ! l'Homme a joué tous les rôles !
Au grand jour, fatigué de briser des idoles
Il ressuscitera, libre de tous ses Dieux,
Et, comme il est du ciel, il scrutera les cieux !
L'Idéal, la pensée invincible, éternelle,
70 Tout le dieu qui vit, sous son argile charnelle,
Montera, montera, brûlera sous son front !
Et quand tu le verras sonder tout l'horizon,
Contempteur des vieux jougs, libre de toute crainte,
Tu viendras lui donner la Rédemption sainte !
75 — Splendide, radieuse, au sein des grandes mers
Tu surgiras, jetant sur le vaste Univers
L'Amour infini dans un infini sourire !
Le Monde vibrera comme une immense lyre
Dans le frémissement d'un immense baiser !

80 — Le Monde a soif d'amour : tu viendras l'apaiser.

. . . .

IV

Ô splendeur de la chair ! ô splendeur idéale !
Ô renouveau d'amour, aurore triomphale
Où, courbant à leurs pieds les Dieux et les Héros,
Kallipyge la blanche et le petit Éros
85 Effleureront, couverts de la neige des roses,

Les femmes et les fleurs sous leurs beaux pieds [écloses !
Ô grande Ariadné, qui jettes tes sanglots
Sur la rive, en voyant fuir là-bas sur les flots,
Blanche sous le soleil, la voile de Thésée,
90 Ô douce vierge enfant qu'une nuit a brisée,
Tais-toi ! Sur son char d'or brodé de noirs raisins,
Lysios, promené dans les champs Phrygiens
Par les tigres lascifs et les panthères rousses,
Le long des fleuves bleus rougit les sombres mousses.
95 Zeus, Taureau, sur son cou berce comme une enfant
Le corps nu d'Europé, qui jette son bras blanc
Au cou nerveux du Dieu frissonnant dans la vague,
Il tourne lentement vers elle son œil vague ;
Elle, laisse traîner sa pâle joue en fleur
100 Au front de Zeus ; ses yeux sont fermés ; elle meurt
Dans un divin baiser, et le flot qui murmure
De son écume d'or fleurit sa chevelure.
— Entre le laurier rose et le lotus jaseur
Glisse amoureusement le grand Cygne rêveur
105 Embrassant la Léda des blancheurs de son aile ;
— Et tandis que Cypris passe, étrangement belle,
Et, cambrant les rondeurs splendides de ses reins,
Étale fièrement l'or de ses larges seins
Et son ventre neigeux brodé de mousse noire,
110 — Héraclès, le Dompteur, qui, comme d'une gloire
Fort, ceint son vaste corps de la peau du lion,
S'avance, front terrible et doux, à l'horizon !

Par la lune d'été vaguement éclairée,
Debout, nue, et rêvant dans sa pâleur dorée
115 Que tache le flot lourd de ses longs cheveux bleus,
Dans la clairière sombre où la mousse s'étoile,
La Dryade regarde au ciel silencieux...
— La blanche Séléné laisse flotter son voile,
Craintive, sur les pieds du bel Endymion,
120 Et lui jette un baiser dans un pâle rayon...
— La Source pleure au loin dans une longue extase...
C'est la Nymphe qui rêve, un coude sur son vase,
Au beau jeune homme blanc que son onde a pressé.

— Une brise d'amour dans la nuit a passé,
125 Et, dans les bois sacrés, dans l'horreur des grands [arbres,
Majestueusement debout, les sombres Marbres,
Les Dieux, au front desquels le Bouvreuil fait son nid,
— Les Dieux écoutent l'Homme et le Monde infini !

Mai 70.

Ophélie

I

Sur l'onde calme et noire où dorment les étoiles
La blanche Ophélia flotte comme un grand lys,
Flotte très lentement, couchée en ses longs voiles...
4 — On entend dans les bois lointains des hallalis.

Voici plus de mille ans que la triste Ophélie
Passe, fantôme blanc, sur le long fleuve noir;
Voici plus de mille ans que sa douce folie
8 Murmure sa romance à la brise du soir.

Le vent baise ses seins et déploie en corolle
Ses grands voiles bercés mollement par les eaux;
Les saules frissonnants pleurent sur son épaule,
12 Sur son grand front rêveur s'inclinent les roseaux.

Les nénuphars froissés soupirent autour d'elle;
Elle éveille parfois, dans un aune qui dort,
Quelque nid, d'où s'échappe un petit frisson d'aile :
16 — Un chant mystérieux tombe des astres d'or.

II

Ô pâle Ophélia! belle comme la neige!
Oui tu mourus, enfant, par un fleuve emporté!
— C'est que les vents tombant des grands monts de
[Norwège
20 T'avaient parlé tout bas de l'âpre liberté;

C'est qu'un souffle, tordant ta grande chevelure,
À ton esprit rêveur portait d'étranges bruits ;
Que ton cœur écoutait le chant de la Nature
24 Dans les plaintes de l'arbre et les soupirs des nuits ;

C'est que la voix des mers folles, immense râle,
Brisait ton sein d'enfant, trop humain et trop doux ;
C'est qu'un matin d'avril, un beau cavalier pâle,
28 Un pauvre fou, s'assit muet à tes genoux !

Ciel ! Amour ! Liberté ! Quel rêve, ô pauvre Folle !
Tu te fondais à lui comme une neige au feu :
Tes grandes visions étranglaient ta parole
32 — Et l'Infini terrible effara ton œil bleu !

III

— Et le Poète dit qu'aux rayons des étoiles
Tu viens chercher, la nuit, les fleurs que tu cueillis,
Et qu'il a vu sur l'eau, couchée en ses longs voiles,
36 La blanche Ophélia flotter, comme un grand lys.

Bal des pendus

Au gibet noir, manchot aimable,
Dansent, dansent les paladins
Les maigres paladins du diable,
Les squelettes de Saladins.

Messire Belzebuth tire par la cravate
Ses petits pantins noirs grimaçant sur le ciel,
Et, leur claquant au front un revers de savate,
8 Les fait danser, danser aux sons d'un vieux Noël !

Et les pantins choqués enlacent leurs bras grêles :
Comme des orgues noirs, les poitrines à jour
Que serraient autrefois les gentes damoiselles,
12 Se heurtent longuement dans un hideux amour.

Hurrah ! Les gais danseurs, qui n'avez plus de panse !
On peut cabrioler, les tréteaux sont si longs !
Hop ! qu'on ne sache plus si c'est bataille ou danse !
16 Belzebuth enragé racle ses violons !

Ô durs talons, jamais on n'use sa sandale !
Presque tous ont quitté la chemise de peau :
Le reste est peu gênant et se voit sans scandale.
20 Sur les crânes, la neige applique un blanc chapeau :

Le corbeau fait panache à ces têtes fêlées,
Un morceau de chair tremble à leur maigre menton :

On dirait, tournoyant dans les sombres mêlées,
24 Des preux, raides, heurtant armures de carton.

Hurrah ! La bise souffle au grand bal des squelettes !
Le gibet noir mugit comme un orgue de fer !
Les loups vont répondant des forêts violettes :
28 A l'horizon, le ciel est d'un rouge d'enfer...

Holà, secouez-moi ces capitans funèbres
Qui défilent, sournois, de leurs gros doigts cassés
Un chapelet d'amour sur leurs pâles vertèbres :
32 Ce n'est pas un moustier ici, les trépassés !

Oh ! voilà qu'au milieu de la danse macabre
Bondit dans le ciel rouge un grand squelette fou
Emporté par l'élan, comme un cheval se cabre :
36 Et, se sentant encor la corde raide au cou,

Crispe ses petits doigts sur son fémur qui craque
Avec des cris pareils à des ricanements,
Et, comme un baladin rentre dans la baraque,
40 Rebondit dans le bal au chant des ossements.

Au gibet noir, manchot aimable,
Dansent, dansent les paladins
Les maigres paladins du diable,
44 Les squelettes de Saladins.

Le Châtiment de Tartufe :

Tisonnant, tisonnant son cœur amoureux sous
Sa chaste robe noire, heureux, la main gantée,
Un jour qu'il s'en allait, effroyablement doux,
Jaune, bavant la foi de sa bouche édentée,

Un jour qu'il s'en allait, « Oremus », — un Méchant
Le prit rudement par son oreille benoîte
Et lui jeta des mots affreux, en arrachant
Sa chaste robe noire autour de sa peau moite !

Châtiment !... Ses habits étaient déboutonnés,
Et le long chapelet des péchés pardonnés
S'égrenant dans son cœur, Saint Tartufe était pâle !...

Donc, il se confessait, priait, avec un râle !
L'homme se contenta d'emporter ses rabats...
— Peuh ! Tartufe était nu du haut jusques en bas !

Vénus Anadyomène

Comme d'un cercueil vert en fer blanc, une tête
De femme à cheveux bruns fortement pommadés
D'une vieille baignoire émerge, lente et bête,
Avec des déficits assez mal ravaudés ;

Puis le col gras et gris, les larges omoplates
Qui saillent ; le dos court qui rentre et qui ressort ;
Puis les rondeurs des reins semblent prendre l'essor ;
La graisse sous la peau paraît en feuilles plates ;

L'échine est un peu rouge, et le tout sent un goût
Horrible étrangement ; on remarque surtout
Des singularités qu'il faut voir à la loupe...

Les reins portent deux mots gravés : *Clara Venus* ;
— Et tout ce corps remue et tend sa large croupe
Belle hideusement d'un ulcère à l'anus.

Les reparties de Nina

. . . .

Lui — Ta poitrine sur ma poitrine,
Hein ? nous irions,
Ayant de l'air plein la narine,
4 Aux frais rayons

Du bon matin bleu, qui vous baigne
Du vin de jour ?...
Quand tout le bois frissonnant saigne
Muet d'amour

De chaque branche, gouttes vertes,
Des bourgeons clairs,
On sent dans les choses ouvertes
12 Frémir des chairs :

Tu plongerais dans la luzerne
Ton blanc peignoir,
Rosant à l'air ce bleu qui cerne
16 Ton grand œil noir,

Amoureuse de la campagne,
Semant partout,
Comme une mousse de champagne,
20 Ton rire fou :

Riant à moi, brutal d'ivresse,
Qui te prendrais
Comme cela, — la belle tresse,
24 Oh ! — qui boirais

Ton goût de framboise et de fraise,
Ô chair de fleur !
Riant au vent vif qui te baise
28 Comme un voleur,

Au rose églantier qui t'embête
Aimablement :
Riant surtout, ô folle tête,
32 A ton amant !...

. . . .

[Dix-sept ans ! Tu seras heureuse !
Oh ! les grands prés,
La grande campagne amoureuse !
36 — Dis, viens plus près !...]

— Ta poitrine sur ma poitrine,
Mêlant nos voix,
Lents, nous gagnerions la ravine,
40 Puis les grands bois !...

Puis, comme une petite morte,
Le cœur pâmé,
Tu me dirais que je te porte,
44 L'œil mi-fermé...

Je te porterais, palpitante,
Dans le sentier :
L'oiseau filerait son andante :
48 *Au Noisetier*...

Je te parlerais dans ta bouche ;
J'irais, pressant
Ton corps, comme une enfant qu'on couche,
52 Ivre du sang

Qui coule, bleu, sous ta peau blanche
Aux tons rosés :
Et te parlant la langue franche...
56 Tiens !... — que tu sais...

Nos grands bois sentiraient la sève
Et le soleil
Sablerait d'or fin leur grand rêve
60 Vert et vermeil.

....

Le soir ?... Nous reprendrons la route
Blanche qui court
Flânant, comme un troupeau qui broute,
64 Tout à l'entour.

Les bons vergers à l'herbe bleue
Aux pommiers tors !
Comme on les sent toute une lieue
68 Leurs parfums forts !

Nous regagnerons le village
Au ciel mi-noir ;
Et ça sentira le laitage
72 Dans l'air du soir ;

Ça sentira l'étable, pleine
De fumiers chauds,
Pleine d'un lent rhythme d'haleine,
76 Et de grands dos

Blanchissant sous quelque lumière ;
Et, tout là-bas,
Une vache fientera, fière,
80 A chaque pas...

— Les lunettes de la grand'mère
Et son nez long

Dans son missel ; le pot de bière
84 Cerclé de plomb,

Moussant entre les larges pipes
Qui, crânement,
Fument : les effroyables lippes
88 Qui, tout fumant,

Happent le jambon aux fourchettes
Tant, tant et plus :
Le feu qui claire les couchettes
92 Et les bahuts.

Les fesses luisantes et grasses
D'un gros enfant
Qui fourre, à genoux, dans les tasses,
96 Son museau blanc

Frôlé par un mufle qui gronde
D'un ton gentil,
Et pourlèche la face ronde
100 Du cher petit...

. . . .

[Noire, rogue au bord de sa chaise,
Affreux profil,
Une vieille devant la braise
104 Qui fait du fil ;]

Que de choses verrons-nous, chère,
Dans ces taudis,
Quand la flamme illumine, claire,
108 Les carreaux gris !...

— Puis, petite et toute nichée
Dans les lilas
Noirs et frais : la vitre cachée,
112 Qui rit là-bas...

Tu viendras, tu viendras, je t'aime !
Ce sera beau.
Tu viendras, n'est-ce pas, et même...

Elle — Et mon bureau ?

A la Musique

Place de la gare, à Charleville.

Sur la place taillée en mesquines pelouses,
Square où tout est correct, les arbres et les fleurs,
Tous les bourgeois poussifs qu'étranglent les chaleurs
4 Portent, les jeudis soirs, leurs bêtises jalouses.

— L'orchestre militaire, au milieu du jardin,
Balance ses schakos dans la *Valse des fifres* :
— Autour, aux premiers rangs, parade le gandin;
8 Le notaire pend à ses breloques à chiffres.

Des rentiers à lorgnons soulignent tous les couacs :
Les gros bureaux bouffis traînent leurs grosses dames
Auprès desquelles vont, officieux cornacs,
12 Celles dont les volants ont des airs de réclames;

Sur les bancs verts, des clubs d'épiciers retraités
Qui tisonnent le sable avec leur canne à pomme,
Fort sérieusement discutent les traités,
16 Puis prisent en argent, et reprennent : « En
[somme!... »

Épatant sur son banc les rondeurs de ses reins,
Un bourgeois à boutons clairs, bedaine flamande,
Savoure son onnaing d'où le tabac par brins
20 Déborde — vous savez, c'est de la contrebande; —

Le long des gazons verts ricanent les voyous ;
Et, rendus amoureux par le chant des trombones,
Très naïfs, et fumant des roses, les pioupious
4 Caressent les bébés pour enjôler les bonnes…

— Moi, je suis, débraillé comme un étudiant,
Sous les marronniers verts les alertes fillettes :
Elles le savent bien ; et tournent en riant,
8 Vers moi, leurs yeux tout pleins dc choses indiscrètes.

Je ne dis pas un mot : je regarde toujours
La chair de leurs cous blancs brodés de mèches folles :
Je suis, sous le corsage et les frêles atours,
2 Le dos divin après la courbe des épaules.

J'ai bientôt déniché la bottine, le bas…
— Je reconstruis les corps, brûlc de belles fièvres.
Elles me trouvent drôle et se parlent tout bas…
6 — Et mes désirs brutaux s'accrochent à leurs lèvres.

Les Effarés

Noirs dans la neige et dans la brume,
Au grand soupirail qui s'allume,
Leurs culs en rond,

A genoux, cinq petits — misère ! —
5 Regardent le boulanger faire
Le lourd pain blond...

Ils voient le fort bras blanc qui tourne
La pâte grise, et qui l'enfourne
Dans un trou clair.

10 Ils écoutent le bon pain cuire.
Le boulanger au gras sourire
Chante un vieil air.

Ils sont blottis, pas un ne bouge,
Au souffle du soupirail rouge,
15 Chaud comme un sein.

Et quand pendant que minuit sonne,
Façonné, pétillant et jaune,
On sort le pain,

Quand, sous les poutres enfumées,
20 Chantent les croûtes parfumées,
Et les grillons,

Quand ce trou chaud souffle la vie,
Ils ont leur âme si ravie
Sous leurs haillons,

25 Ils se ressentent si bien vivre,
Les pauvres petits pleins de givre !
— Qu'ils sont là, tous,

Collant leurs petits museaux roses
Au grillage, chantant des choses,
30 Entre les trous,

Mais bien bas, — comme une prière...
Repliés vers cette lumière
Du ciel rouvert,

— Si fort, qu'ils crèvent leur culotte,
35 — Et que leur lange blanc tremblote
Au vent d'hiver...

20 sept. 70.

Roman

I

On n'est pas sérieux, quand on a dix-sept ans.
— Un beau soir, foin des bocks et de la limonade,
Des cafés tapageurs aux lustres éclatants !
4 — On va sous les tilleuls verts de la promenade.

Les tilleuls sentent bon dans les bons soirs de juin !
L'air est parfois si doux, qu'on ferme la paupière ;
Le vent chargé de bruits, — la ville n'est pas loin, —
8 A des parfums de vigne et des parfums de bière...

II

— Voilà qu'on aperçoit un tout petit chiffon
D'azur sombre, encadré d'une petite branche,
Piqué d'une mauvaise étoile, qui se fond
12 Avec de doux frissons, petite et toute blanche...

Nuit de juin ! Dix-sept ans ! — On se laisse griser.
La sève est du champagne et vous monte à la tête..
On divague ; on se sent aux lèvres un baiser
16 Qui palpite là, comme une petite bête...

III

Le cœur fou Robinsonne à travers les romans,
— Lorsque, dans la clarté d'un pâle réverbère,

Passe une demoiselle aux petits airs charmants,
Sous l'ombre du faux-col effrayant de son père...

Et, comme elle vous trouve immensément naïf,
Tout en faisant trotter ses petites bottines,
Elle se tourne, alerte et d'un mouvement vif...
— Sur vos lèvres alors meurent les cavatines...

IV

Vous êtes amoureux. Loué jusqu'au mois d'août.
Vous êtes amoureux. — Vos sonnets La font rire.
Tous vos amis s'en vont, vous êtes *mauvais goût.*
— Puis l'adorée, un soir, a daigné vous écrire... !

— Ce soir-là,... — vous rentrez aux cafés éclatants,
Vous demandez des bocks ou de la limonade...
— On n'est pas sérieux, quand on a dix-sept ans
Et qu'on a des tilleuls verts sur la promenade.

29 sept. 70.

« ... Français de soixante-dix, bonapartistes, républicains, souvenez-vous de vos pères en 92, etc. »

....

— Paul de Cassagnac
— Le Pays —

Morts de Quatre-vingt-douze et de Quatre-vingt-treize,
Qui, pâles du baiser fort de la liberté,
Calmes, sous vos sabots, brisiez le joug qui pèse
Sur l'âme et sur le front de toute humanité ;

Hommes extasiés et grands dans la tourmente,
Vous dont les cœurs sautaient d'amour sous les haillons,
Ô Soldats que la Mort a semés, noble Amante,
Pour les régénérer, dans tous les vieux sillons ;

Vous dont le sang lavait toute grandeur salie,
Morts de Valmy, Morts de Fleurus, Morts d'Italie,
Ô million de Christs aux yeux sombres et doux ;

Nous vous laissions dormir avec la République,
Nous, courbés sous les rois comme sous une trique.
— Messieurs de Cassagnac nous reparlent de vous !

fait à Mazas, 3 septembre 1870.

Le Mal

Tandis que les crachats rouges de la mitraille
Sifflent tout le jour par l'infini du ciel bleu ;
Qu'écarlates ou verts, près du Roi qui les raille,
Croulent les bataillons en masse dans le feu ;

Tandis qu'une folie épouvantable, broie
Et fait de cent milliers d'hommes un tas fumant ;
— Pauvres morts ! dans l'été, dans l'herbe, dans ta joie,
Nature ! ô toi qui fis ces hommes saintement !... —

— Il est un Dieu, qui rit aux nappes damassées
Des autels, à l'encens, aux grands calices d'or ;
Qui dans le bercement des hosannah s'endort,

Et se réveille, quand des mères, ramassées
Dans l'angoisse, et pleurant sous leur vieux bonnet noir,
Lui donnent un gros sou lié dans leur mouchoir !

Rages de Césars

L'Homme pâle, le long des pelouses fleuries,
Chemine, en habit noir, et le cigare aux dents :
L'Homme pâle repense aux fleurs des Tuileries
— Et parfois son œil terne a des regards ardents...

Car l'Empereur est soûl de ses vingt ans d'orgie !
Il s'était dit : « Je vais souffler la Liberté
Bien délicatement, ainsi qu'une bougie ! »
La Liberté revit ! Il se sent éreinté !

Il est pris. — Oh ! quel nom sur ses lèvres muettes
Tressaille ? Quel regret implacable le mord ?
On ne le saura pas. L'Empereur a l'œil mort.

Il repense peut-être au Compère en lunettes...
— Et regarde filer de son cigare en feu,
Comme aux soirs de Saint-Cloud, un fin nuage bleu.

A *** Elle

Rêvé Pour l'hiver

L'hiver, nous irons dans un petit wagon rose
Avec des coussins bleus.
Nous serons bien. Un nid de baisers fous repose
Dans chaque coin moelleux.

Tu fermeras l'œil, pour ne point voir, par la glace,
Grimacer les ombres des soirs,
Ces monstruosités hargneuses, populace
De démons noirs et de loups noirs.

Puis tu te sentiras la joue égratignée...
Un petit baiser, comme une folle araignée,
Te courra par le cou...

Et tu me diras : « Cherche ! » en inclinant la tête,
— Et nous prendrons du temps à trouver cette bête
— Qui voyage beaucoup...

En wagon, le 7 octobre 70.

Le Dormeur du Val

C'est un trou de verdure où chante une rivière
Accrochant follement aux herbes des haillons
D'argent ; où le soleil, de la montagne fière,
Luit : c'est un petit val qui mousse de rayons.

Un soldat jeune, bouche ouverte, tête nue,
Et la nuque baignant dans le frais cresson bleu,
Dort ; il est étendu dans l'herbe, sous la nue,
Pâle dans son lit vert où la lumière pleut.

Les pieds dans les glaïeuls, il dort. Souriant comme
Sourirait un enfant malade, il fait un somme :
Nature, berce-le chaudement : il a froid.

Les parfums ne font pas frissonner sa narine ;
Il dort dans le soleil, la main sur sa poitrine
Tranquille. Il a deux trous rouges au côté droit.

Octobre 1870.

Au Cabaret-Vert, cinq heures du soir

Depuis huit jours, j'avais déchiré mes bottines
Aux cailloux des chemins. J'entrais à Charleroi.
— *Au Cabaret-Vert :* je demandai des tartines
De beurre et du jambon qui fût à moitié froid.

Bienheureux, j'allongeai les jambes sous la table
Verte : je contemplai les sujets très naïfs
De la tapisserie. — Et ce fut adorable,
Quand la fille aux tétons énormes, aux yeux vifs,

— Celle-là, ce n'est pas un baiser qui l'épeure ! —
Rieuse, m'apporta des tartines de beurre,
Du jambon tiède, dans un plat colorié,

Du jambon rose et blanc parfumé d'une gousse
D'ail, — et m'emplit la chope immense, avec sa mousse,
Que dorait un rayon de soleil arriéré.

Octobre 70.

La Maline

Dans la salle à manger brune, que parfumait
Une odeur de vernis et de fruits, à mon aise
Je ramassais un plat de je ne sais quel met
Belge, et je m'épatais dans mon immense chaise.

En mangeant, j'écoutais l'horloge, — heureux et coi.
La cuisine s'ouvrit avec une bouffée
— Et la servante vint, je ne sais pas pourquoi,
Fichu moitié défait, malinement coiffée

Et, tout en promenant son petit doigt tremblant
Sur sa joue, un velours de pêche rose et blanc,
En faisant, de sa lèvre enfantine, une moue,

Elle arrangeait les plats, près de moi, pour m'aiser ;
— Puis, comme ça, — bien sûr pour avoir un baiser, —
Tout bas : « Sens donc : j'ai pris *une* froid sur la joue... »

Charleroi, octobre 70.

— L'éclatante victoire de Sarrebrück, —
remportée aux cris de vive l'Empereur !
Gravure belge brillamment coloriée,
se vend à Charleroi, 35 centimes.

Au milieu, l'Empereur, dans une apothéose
Bleue et jaune, s'en va, raide, sur son dada
Flamboyant ; très heureux, — car il voit tout en rose,
Féroce comme Zeus et doux comme un papa ;

En bas, les bons Pioupious qui faisaient la sieste
Près des tambours dorés et des rouges canons,
Se lèvent gentiment. Pitou remet sa veste,
Et, tourné vers le Chef, s'étourdit de grands noms !

A droite, Dumanet, appuyé sur la crosse
De son chassepot, sent frémir sa nuque en brosse,
Et : « Vive l'Empereur ! ! » — Son voisin reste coi...

Un schako surgit, comme un soleil noir... Au centre,
Boquillon rouge et bleu, très naïf, sur son ventre
Se dresse, et,—présentant ses derrières — : « De quoi?... »

Octobre 70.

Le buffet

C'est un large buffet sculpté ; le chêne sombre,
Très vieux, a pris cet air si bon des vieilles gens ;
Le buffet est ouvert, et verse dans son ombre
Comme un flot de vin vieux, des parfums engageants ;

Tout plein, c'est un fouillis de vieilles vieilleries,
De linges odorants et jaunes, de chiffons
De femmes ou d'enfants, de dentelles flétries,
De fichus de grand-mère où sont peints des griffons ;

— C'est là qu'on trouverait les médaillons, les mèches
De cheveux blancs ou blonds, les portraits, les fleurs sèches
Dont le parfum se mêle à des parfums de fruits.

— Ô buffet du vieux temps, tu sais bien des histoires,
Et tu voudrais conter tes contes, et tu bruis
Quand s'ouvrent lentement tes grandes portes noires.

Octobre 70.

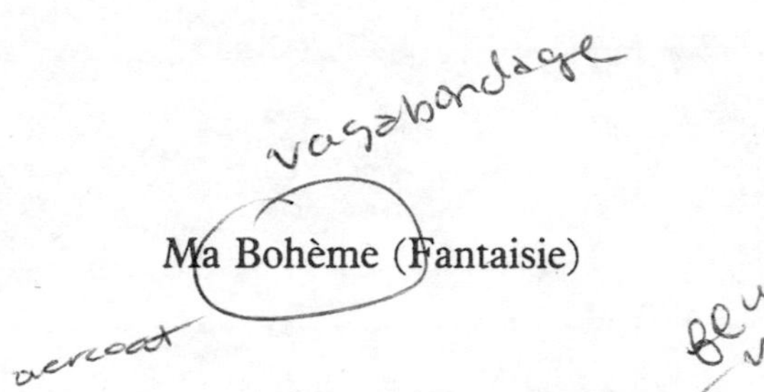

Ma Bohème (Fantaisie)

Je m'en allais, les poings dans mes poches crevées ;
Mon paletot aussi devenait idéal ;
J'allais sous le ciel, Muse ! et j'étais ton féal ;
Oh ! là là ! que d'amours splendides j'ai rêvées !

Mon unique culotte avait un large trou.
— Petit-Poucet rêveur, j'égrenais dans ma course
Des rimes. Mon auberge était à la Grande-Ourse.
Mes étoiles au ciel avaient un doux frou-frou

Et je les écoutais, assis au bord des routes,
Ces bons soirs de septembre où je sentais des gouttes
De rosée à mon front, comme un vin de vigueur ;

Où, rimant au milieu des ombres fantastiques,
Comme des lyres, je tirais les élastiques
De mes souliers blessés, un pied près de mon cœur !

UN CŒUR SOUS UNE SOUTANE

NOTICE

*Le manuscrit d'*Un cœur sous une soutane *appartenait à Georges Izambard qui l'aurait reçu, en 1870, des mains de Rimbaud. Verlaine en connaissait l'existence, puisqu'il le mentionne dans une lettre à l'éditeur Léon Vanier, mais il ne l'a jamais cité dans ses textes consacrés à Rimbaud. Quand Paterne Berrichon fit paraître sa vie de Rimbaud aux éditions du Mercure de France, Henri Saffrey lui adressa (le 28 mai 1912) une lettre lui signalant qu'il avait « un récit assez long (25 pages) intitulé* Un cœur sous une soutane *(prose) ». Berrichon prit copie du texte, mais ne le publia pas. Ce n'est qu'en juin 1924 que la revue surréaliste* Littérature *(nouvelle série) en présenta dans sa treizième livraison un important fragment. La même année, le texte intégral, préfacé par Louis Aragon et André Breton, paraissait aux éditions Ronald Davis*[1].

Souvent négligé par les éditeurs de Rimbaud, Un cœur sous une soutane *correspond fort bien toutefois à l'état d'esprit du poète durant ses années de révolte. Il est inspiré par une réalité : depuis 1868, en effet, le collège de Charleville était fréquenté par les jeunes gens du séminaire proche. On avait inauguré un régime de cours mixtes donnés par des professeurs de l'un et l'autre établissement.*

1. Voir André Breton, *Œuvres complètes*, Bibliothèque de la Pléiade, 1988, t. I, p. 475-477. En le publiant, Aragon et Breton voulaient faire « chavirer la légende de *Rimbaud catholique* ».

Rimbaud voyait d'un mauvais œil cette promiscuité. Il s'était donc empressé de faire la charge d'un de ces condisciples imposés, tout en se souvenant — comme le montre une lecture attentive du texte — du Jocelyn *de Lamartine, journal d'un prêtre racontant un amour de jeunesse.* Un cœur sous une soutane *entre en résonance avec plusieurs textes rimbaldiens, soit de 1870, comme* Le Châtiment de Tartufe, *soit de 1871, comme* Accroupissements *ou* Les Premières Communions. *Il témoigne de l'humour de Rimbaud, constante de l'œuvre, depuis le premier texte des dix ans jusqu'aux dernières lettres. André Breton, à juste titre, lui a réservé une place dans son* Anthologie de l'humour noir *(1940).* Un cœur sous une soutane *a été réestimé et commenté avec soin par Marc Ascione et Jean-Pierre Chambon dans « Les " zolismes " de Rimbaud »,* Europe, *mai-juin 1973, p. 118-123 et par Marc Ascione dans « Naissance d'une vocation »,* Arthur Rimbaud : Poesia e avventura, *collectif, Pise, Pacini Editore, 1987, p. 209-222.*

UN CŒUR SOUS UNE SOUTANE

— *Intimités d'un séminariste.* —

... Ô Thimothina Labinette ! Aujourd'hui que j'ai revêtu la robe sacrée, je puis rappeler la passion, maintenant refroidie et dormant sous la soutane, qui l'an passé, fit battre mon cœur de jeune homme sous ma capote de séminariste !...

1er mai 18...

... Voici le printemps. Le plant de vigne de l'abbé*** bourgeonne dans son pot de terre : l'arbre de la cour a de petites pousses tendres comme des gouttes vertes sur ses branches ; l'autre jour, en sortant de l'étude, j'ai vu à la fenêtre du second quelque chose comme le champignon nasal du sup***[1]. Les souliers de J*** sentent un peu ; et j'ai remarqué que les élèves sortent fort souvent pour... dans la cour ; eux qui vivaient à l'étude comme des taupes, rentassés, enfoncés dans leur ventre, tendant leur face rouge vers le poêle, avec une haleine épaisse et chaude comme celle des vaches ! Ils restent fort longtemps à l'air, maintenant, et, quand ils reviennent, ricanent, et referment l'isthme de leur pantalon fort minutieusement, — non, je me trompe, fort lentement, — avec des manières, en semblant se complaire, machinalement, à cette opération qui n'a rien en soi que de très futile...

2 mai.

Le sup*** est descendu hier de sa chambre, et, en fermant les yeux, les mains cachées, craintif et frileux, il a traîné à quatre pas dans la cour ses pantoufles de chanoine !...

Voici mon cœur qui bat la mesure dans ma poitrine, et ma poitrine qui bat contre mon pupitre crasseux ! Oh ! je déteste maintenant le temps où les élèves étaient comme de grosses brebis suant dans leurs habits sales, et dormaient dans l'atmosphère empuantie de l'étude, sous la lumière du gaz, dans la chaleur fade du poêle !... J'étends mes bras ! je soupire, j'étends mes jambes... je sens des choses dans ma tête, oh ! des choses...

4 mai...

... Tenez, hier, je n'y tenais plus : j'ai étendu, comme l'ange Gabriel, les ailes de mon cœur. Le souffle de l'esprit sacré a parcouru mon être ! J'ai pris ma lyre, et j'ai chanté :

Approchez-vous,
Grande Marie !
Mère chérie !
Du doux Jhésus !
Sanctus Christus !
Ô vierge enceinte
Ô mère sainte
Exaucez-nous !

Ô ! si vous saviez les effluves mystérieuses qui secouaient mon âme pendant que j'effeuillais cette rose poétique ! Je pris ma cithare, et comme le Psalmiste [2], j'élevai ma voix innocente et pure dans les célestes altitudes !!! *O altitudo altitudinum !* [3]...

....

7 mai...

Hélas ! Ma poésie a replié ses ailes, mais, comme Galilée, je dirai, accablé par l'outrage et le supplice :

Et pourtant elle se meut ![4] — Lisez : elles se meuvent ! — J'avais commis l'imprudence de laisser tomber la précédente confidence... J*** l'a ramassée, J***, le plus féroce des jansénistes, le plus rigoureux des séides du sup***, et l'a portée à son maître, en secret ; mais le monstre, pour me faire sombrer sous l'insulte universelle, avait fait passer ma poésie dans les mains de tous ses amis !

Hier, le sup*** me mande : j'entre dans son appartement, je suis debout devant lui, fort de mon intérieur[5]. Sur son front chauve frissonnait comme un éclair furtif son dernier cheveu roux : ses yeux émergeaient de sa graisse, mais calmes, paisibles ; son nez semblable à une batte était mû par son branle habituel : il chuchotait un *oremus :* il mouilla l'extrémité de son pouce, tourna quelques feuilles de livre, et sortit un petit papier crasseux, plié...

Grananande Maaricic !...
Mèèèree Chéééricie !

Il ravalait ma poésie ! il crachait sur ma rose ! il faisait le Brid'oison, le Joseph[6], le bêtiot, pour salir, pour souiller ce chant virginal ; il bégayait et prolongeait chaque syllabe avec un ricanement de haine concentré : et quand il fut arrivé au cinquième vers, ... *Vierge enceininte !* il s'arrêta, contourna sa nasale, et ! il éclata ! *Vierge enceinte ! Vierge enceinte !* il disait cela avec un ton, en fronçant avec un frisson son abdomen proéminent, avec un ton si affreux, qu'une pudique rougeur couvrit mon front. Je tombai à genoux, les bras vers le plafond, et je m'écriai : Ô mon père !...

. . . .

— Votre lyyyre ! votre cithâre ! jeune homme ! votre cithâre ! des effluves mystérieuses[7] ! qui vous secouaient l'âme ! J'aurais voulu voir ! Jeune âme, je remarque là dedans, dans cette confession impie, quelque chose de mondain, un abandon dangereux, de l'entraînement, enfin ! —

Il se tut, fit frissonner de haut en bas son abdomen : puis, solennel :

— Jeune homme, avez-vous la foi ?...

— Mon père, pourquoi cette parole ? Vos lèvres plaisantent-elles ?... Oui, je crois à tout ce que dit ma mère... la Sainte Église !

— Mais... Vierge enceinte !... C'est la conception, ça, jeune homme ; c'est la conception !...

— Mon père ! je crois à la conception !...

— Vous avez raison ! jeune homme ! C'est une chose...

... Il se tut... — Puis : Le jeune J*** m'a fait un rapport où il constate chez vous un écartement des jambes, de jour en jour plus notoire, dans votre tenue à l'étude ; il affirme vous avoir vu vous étendre de tout votre long sous la table, à la façon d'un jeune homme... dégingandé. Ce sont des faits auxquels vous n'avez rien à répondre... Approchez vous, à genoux, tout près de moi ; je veux vous interroger avec douceur ; répondez : vous écartez beaucoup vos jambes, à l'étude ?

Puis il me mettait la main sur l'épaule, autour du cou, et ses yeux devenaient clairs, et il me faisait dire des choses sur cet écartement des jambes... Tenez, j'aime mieux vous dire que ce fut dégoûtant, moi qui sais ce que cela veut dire, ces scènes-là !... Ainsi, on m'avait mouchardé, on avait calomnié mon cœur et ma pudeur, — et je ne pouvais rien dire à cela, les rapports, les lettres anonymes des élèves les uns contre les autres, au sup***, étant autorisées, et commandées, — et je venais dans cette chambre, me f... sous la main de ce gros !... Oh ! le séminaire !...

....

10 mai —

Oh ! mes condisciples sont effroyablement méchants et effroyablement lascifs ! A l'étude, ils savent tous, ces profanes, l'histoire de mes vers, et, aussitôt que je tourne la tête, je rencontre la face du poussif D***, qui me chuchote : Et ta cithare, et ta cithare ? et ton journal ? Puis l'idiot L*** reprend : Et ta lyre ? et ta cithare ? Puis trois ou quatre chuchotent en chœur :

Grande Marie...
Mère chérie !

Moi, je suis un grand benêt : — Jésus, je ne me donne pas de coups de pied ! — Mais enfin, je ne moucharde pas, je n'écris pas d'ânonymes [8], et j'ai pour moi ma sainte poésie et ma pudeur !...

12 mai...

Ne devinez-vous pas pourquoi je meurs d'amour ?
La fleur me dit : salut : l'oiseau me dit bonjour :
Salut ; c'est le printemps ! c'est l'ange de tendresse !
Ne devinez-vous pas pourquoi je bous d'ivresse ?
Ange de ma grand'mère, ange de mon berceau,
Ne devinez-vous pas que je deviens oiseau,
Que ma lyre frissonne et que je bats de l'aile
Comme hirondelle ?...

J'ai fait ces vers là hier, pendant la récréation ; je suis entré dans la chapelle, je me suis enfermé dans un confessionnal, et là, ma jeune poésie a pu palpiter et s'envoler, dans le rêve et le silence, vers les sphères de l'amour. Puis, comme on vient m'enlever mes moindres papiers dans mes poches, la nuit et le jour, j'ai cousu ces vers en bas de mon dernier vêtement, celui qui touche immédiatement à ma peau, et, pendant l'étude, je tire, sous mes habits, ma poésie sur mon cœur, et je la presse longuement en rêvant...

15 mai. —

Les événements se sont bien pressés, depuis ma dernière confidence, et des événements bien solennels, des événements qui doivent influer sur ma vie future et intérieure d'une façon sans doute bien terrible !

Thimothina Labinette, je t'adore !

Thimothina Labinette, je t'adore ! je t'adore ! laisse-moi chanter sur mon luth, comme le divin Psalmiste sur son Psaltérion, comment je t'ai vue, et comment mon cœur a sauté sur le tien pour un éternel amour !

Jeudi, c'était jour de sortie : nous, nous sortons deux heures ; je suis sorti : ma mère, dans sa dernière lettre, m'avait dit : « ... tu iras, mon fils, occuper superficiellement ta sortie chez monsieur Césarin Labinette, un habitué à ton feu père, auquel il faut que tu sois présenté un jour ou l'autre avant ton ordination... »

... Je me présentai à monsieur Labinette, qui m'obligea beaucoup en me reléguant, sans mot dire, dans sa cuisine : sa fille, Thimothine, resta seule avec moi, saisit un linge, essuya un gros bol ventru en l'appuyant contre son cœur, et me dit tout à coup, après un long silence : Eh bien, monsieur Léonard ?...

Jusque-là, confondu de me voir avec cette jeune créature dans la solitude de cette cuisine, j'avais baissé les yeux et invoqué dans mon cœur le nom sacré de Marie : je relevai le front en rougissant, et, devant la beauté de mon interlocutrice, je ne pus que balbutier un faible : Mademoiselle ?...

Thimothine ! tu étais belle ! Si j'étais peintre, je reproduirais sur la toile tes traits sacrés sous ce titre : La Vierge au bol ! Mais je ne suis que poète, et ma langue ne peut te célébrer qu'incomplètement...

La cuisinière noire, avec ses trous où flamboyaient les braises comme des yeux rouges, laissait échapper, de ses casseroles à minces filets de fumée, une odeur céleste de soupe aux choux et de haricots ; et devant elle, aspirant avec ton doux nez l'odeur de ces légumes, regardant ton gros chat avec tes beaux yeux gris, ô Vierge au bol, tu essuyais ton vase ! les bandeaux plats et clairs de tes cheveux se collaient pudiquement sur ton front jaune comme le soleil ; de tes yeux courait un sillon bleuâtre jusqu'au milieu de ta joue, comme à Santa Teresa[9] ! ton nez, plein de l'odeur des haricots, soulevait ses narines délicates ;

un duvet léger, serpentant sur tes lèvres, ne contribuait pas peu à donner une belle énergie à ton visage ; et, à ton menton, brillait un beau signe brun où frissonnaient de beaux poils follets : tes cheveux étaient sagement retenus à ton occiput par des épingles ; mais une courte mèche s'en échappait... Je cherchai vainement tes seins ; tu n'en as pas : tu dédaignes ces ornements mondains : ton cœur est tes seins !... Quand tu te retournas pour frapper de ton pied large ton chat doré, je vis tes omoplates saillant et soulevant ta robe, et je fus percé d'amour, devant le tortillement gracieux des deux arcs prononcés de tes reins !...

Dès ce moment, je t'adorai : j'adorais, non pas tes cheveux, non pas tes omoplates, non pas ton tortillement inférieurement postérieur : ce que j'aime en une femme, en une vierge, c'est la modestie sainte ; ce qui me fait bondir d'amour, c'est la pudeur et la piété ; c'est ce que j'adorai en toi, jeune bergère !...

Je tâchais de lui faire voir ma passion ; et, du reste, mon cœur, mon cœur me trahissait ! Je ne répondais que par des paroles entrecoupées à ses interrogations ; plusieurs fois, je lui dis Madame, au lieu de Mademoiselle, dans mon trouble ! Peu à peu, aux accents magiques de sa voix, je me sentais succomber ; enfin je résolus de m'abandonner, de lâcher tout ; et, à je ne sais plus quelle question qu'elle m'adressa, je me renversai en arrière sur ma chaise, je mis une main sur mon cœur, de l'autre, je saisis dans ma poche un chapelet dont je laissai passer la croix blanche, et, un œil vers Thimothine, l'autre au ciel, je répondis douloureusement et tendrement, comme un cerf à une biche :

— Oh ! oui ! Mademoiselle... Thimothina !!!!

Miserere ! miserere ! — Dans mon œil ouvert délicieusement vers le plafond tombe tout à coup une goutte de saumure, dégouttant d'un jambon planant au-dessus de moi, et, lorsque, tout rouge de honte, réveillé dans ma passion, je baissai mon front, je m'aperçus que je n'avais dans ma main gauche, au lieu d'un chapelet, qu'un bibcron brun ; — ma mère me l'avait confié l'an passé pour le donner au petit de la mère chose ! — De l'œil que je tendais au plafond découla la saumure amère : — mais, de l'œil qui te regardait, ô Thimothina, une larme coula, larme d'amour, et larme de douleur !...

....

Quelque temps, une heure après, quand Thimothina m'annonça une collation composée de haricots et d'une omelette au lard, tout ému de ses charmes, je répondis à mi-voix : — J'ai le cœur si plein, voyez-vous, que cela me ruine l'estomac ! — Et je me mis à table ; oh ! je le sens encore, son cœur avait répondu au mien dans son appel : pendant la courte collation, elle ne mangea pas : — Ne trouves-tu pas qu'on sent un goût ? répétait-elle ; son père ne comprenait pas ; mais mon cœur le comprit : c'était la Rose de David, la Rose de Jessé, la Rose mystique de l'écriture ; c'était l'Amour !

Elle se leva brusquement, alla dans un coin de la cuisine, et, me montrant la double fleur de ses reins, elle plongea son bras dans un tas informe de bottes, de chaussures diverses, d'où s'élança son gros chat ; et jeta tout cela dans un vieux placard vide ; puis elle retourna à sa place, et interrogea l'atmosphère d'une façon inquiète ; tout à coup, elle fronça le front, et s'écria :

— Cela sent encore !...

— Oui, cela sent, répondit son père assez bêtement : (il ne pouvait comprendre, lui, le profane !)

Je m'aperçus bien que tout cela n'était dans ma chair vierge que les mouvements intérieurs de sa passion ! je l'adorais et je savourais avec amour l'omelette dorée, et mes mains battaient la mesure avec la fourchette, et, sous la table, mes pieds frissonnaient d'aise dans mes chaussures !...

Mais, ce qui me fut un trait de lumière, ce qui me fut comme un gage d'amour éternel, comme un diamant de tendresse de la part de Thimothina, ce fut l'adorable obligeance qu'elle eut, à mon départ, de m'offrir une paire de chaussettes blanches, avec un sourire et ces paroles :

— Voulez-vous cela pour vos pieds, Monsieur Léonard ?

....

16 mai —

Thimothina ! je t'adore, toi et ton père, toi et ton chat :

Thimothina : { ... Vas devotionis,
Rosa mystica,
Turris davidica,
Cœli porta,
Stella maris [10], } Ora pro nobis !

17 mai —

Que m'importent à présent les bruits du monde et les bruits de l'étude ? Que m'importent ceux que la paresse et la langueur courbent à mes côtés ? Ce matin, tous les fronts, appesantis par le sommeil, étaient collés aux tables ; un ronflement, pareil au cri du clairon du jugement dernier, un ronflement sourd et lent s'élevait de ce vaste Gethsémani. Moi, stoïque, serein, droit, et m'élevant au-dessus de tous ces morts comme un palmier au-dessus des ruines, méprisant les odeurs et les bruits incongrus, je portais ma tête dans ma main, j'écoutais battre mon cœur plein de Thimothina, et mes yeux se plongeaient dans l'azur du ciel, entrevu par la vitre supérieure de la fenêtre !...

— 18 mai :

Merci à l'Esprit Saint qui m'a inspiré ces vers charmants : ces vers, je vais les enchâsser dans mon cœur ; et, quand le ciel me donnera de revoir Thimothina, je les lui donnerai, en échange de ses chaussettes !...

Je l'ai intitulée *La Brise* :

Dans sa retraite de coton
Dort le zéphyr à douce haleine :

Dans son nid de soie et de laine
Dort le zéphyr au gai menton !

Quand le zéphyr lève son aile
Dans sa retraite de coton,
Quand il court où la fleur l'appelle,
Sa douce haleine sent bien bon !

Ô brise quintessenciée !
Ô quintessence de l'amour !
Quand la rosée est essuyée,
Comme ça sent bon dans le jour !

Jésus ! Joseph ! Jésus ! Marie !
C'est comme une aile de condor
Assoupissant celui qui prie !
Ça nous pénètre et nous endort !
....

La fin est trop intérieure et trop suave : je la conserve dans le tabernacle de mon âme. A la prochaine sortie, je lirai cela à ma divine et odorante Thimothina.

Attendons dans le calme et le recueillement.

....

Date incertaine. Attendons !...

16 juin ! —

Seigneur, que votre volonté se fasse : je n'y mettrai aucun obstacle ! Si vous voulez détourner de votre serviteur l'amour de Thimothina, libre à vous, sans doute : mais, Seigneur Jésus, n'avez-vous pas aimé vous-même, et la lance de l'amour [11] ne vous a-t-elle pas appris à condescendre aux souffrances des malheureux ! Priez pour moi !

Oh ! j'attendais depuis longtemps cette sortie de deux heures du 15 juin : j'avais contraint mon âme, en lui disant : Tu seras libre ce jour-là : le 15 juin, je m'étais peigné mes quelques cheveux modestes, et, usant d'une odorante pommade rose, je les avais collés sur mon front, comme les bandeaux de Thimothina ;

je m'étais pommadé les sourcils ; j'avais minutieusement brossé mes habits noirs, comblé adroitement certains déficits fâcheux dans ma toilette, et je me présentai à la sonnette espérée de monsieur Césarin Labinette. Il arriva, après un assez long temps, la calotte un peu crânement sur l'oreille, une mèche de cheveux raides et fort pommadés lui cinglant la face comme une balafre, une main dans la poche de sa robe de chambre à fleurs jaunes, l'autre sur le loquet... Il me jeta un bonjour sec, fronça le nez en jetant un coup d'œil sur mes souliers à cordons noirs, et s'en alla devant moi, les mains dans ses deux poches, ramenant en devant sa robe de chambre, comme fait l'abbé*** avec sa soutane, et modelant ainsi à mes regards sa partie inférieure.

Je le suivis.

Il traversa la cuisine, et j'entrai après lui dans son salon. Oh ! ce salon ! je l'ai fixé dans ma mémoire avec les épingles du souvenir ! La tapisserie était à fleurs brunes ; sur la cheminée, une énorme pendule en bois noir, à colonnes ; deux vases bleus avec des roses ; sur les murs, une peinture de la bataille d'Inkermann [12], et un dessin au crayon, d'un ami de Césarin, représentant un moulin avec sa meule souffletant un petit ruisseau semblable à un crachat, dessin que charbonnent tous ceux qui commencent à dessiner. La poésie est bien préférable !...

Au milieu du salon, une table à tapis vert, autour de laquelle mon cœur ne vit que Thimothina, quoiqu'il s'y trouvât un ami de monsieur Césarin, ancien exécuteur des œuvres sacristaines dans la paroisse de***, et son épouse madame de Riflandouille [13], et que monsieur Césarin lui-même vint s'y accouder de nouveau, aussitôt mon entrée.

Je pris une chaise rembourrée, songeant qu'une partie de moi-même allait s'appuyer sur une tapisserie faite sans doute par Thimothina, je saluai tout le monde, et, mon chapeau noir posé sur la table, devant moi, comme un rempart, j'écoutai...

Je ne parlais pas, mais mon cœur parlait ! Les

messieurs continuèrent la partie de cartes commencée : je remarquai qu'ils trichaient à qui mieux mieux, et cela me causa une surprise assez douloureuse. — La partie terminée, ces personnes s'assirent en cercle autour de la cheminée vide ; j'étais à un des coins, presque caché par l'énorme ami de Césarin, dont la chaise seule me séparait de Thimothina : je fus content en moi-même du peu d'attention que l'on faisait à ma personne ; relégué derrière la chaise du sacristain honoraire, je pouvais laisser voir sur mon visage les mouvements de mon cœur sans être remarqué de personne : je me livrai donc à un doux abandon ; et je laissai la conversation s'échauffer et s'engager entre ces trois personnes ; car Thimothina ne parlait que rarement ; elle jetait sur son séminariste des regards d'amour, et, n'osant le regarder en face, elle dirigeait ses yeux clairs vers mes souliers bien cirés !... Moi, derrière le gros sacristain, je me livrais à mon cœur.

Je commençai par me pencher du côté de Thimothina en levant les yeux au ciel. Elle était retournée. Je me relevai, et, la tête baissée vers ma poitrine, je poussai un soupir ; elle ne bougea pas. Je remis mes boutons, je fis aller mes lèvres, je fis un léger signe de croix ; elle ne vit rien. Alors, transporté, furieux d'amour, je me baissai très fort vers elle, en tenant mes mains comme à la communion, et en poussant un ah !... prolongé et douloureux ; *Miserere !* tandis que je gesticulais, que je priais, je tombai de ma chaise avec un bruit sourd, et le gros sacristain se retourna en ricanant, et Thimothina dit à son père :

— Tiens, monsieur Léonard qui coule par terre !

Son père ricana ! *Miserere !*

Le sacristain me repiqua, rouge de honte et faible d'amour, sur ma chaise rembourrée, et me fit une place. Mais je baissai les yeux, je voulus dormir ! Cette société m'était importune, elle ne devinait pas l'amour qui souffrait là dans l'ombre : je voulus dormir ! mais j'entendis la conversation se tourner sur moi !...

Je rouvris faiblement les yeux. .

Césarin et le sacristain fumaient chacun un cigare maigre, avec toutes les mignardises possibles, ce qui rendait leurs personnes effroyablement ridicules ; madame la sacristaine, sur le bord de sa chaise, sa poitrine cave penchée en avant, ayant derrière elle tous les flots de sa robe jaune qui lui bouffaient jusqu'au cou, et épanouissant autour d'elle son unique volant, effeuillait délicieusement une rose : un sourire affreux entr'ouvrait ses lèvres, et montrait à ses gencives maigres deux dents noires, jaunes, comme la faïence d'un vieux poêle. — Toi, Thimothina, tu étais belle, avec ta collerette blanche, tes yeux baissés, et tes bandeaux plats !

— C'est un jeune homme d'avenir : son présent inaugure son futur, disait en laissant aller un flot de fumée grise le sacristain…

— Oh ! monsieur Léonard illustrera la robe ! nasilla la sacristaine : les deux dents parurent !…

Moi je rougissais, à la façon d'un garçon de bien ; je vis que les chaises s'éloignaient de moi, et qu'on chuchotait sur mon compte…

Thimothina regardait toujours mes souliers ; les deux sales dents me menaçaient… le sacristain riait ironiquement : j'avais toujours la tête baissée !…

— Lamartine est mort… dit tout à coup Thimothina.

Chère Thimothine ! C'était pour ton adorateur, pour ton pauvre poète Léonard, que tu jetais dans la conversation ce nom de Lamartine[14] ; alors, je relevai le front, je sentis que la pensée seule de la poésie allait refaire une virginité à tous ces profanes, je sentais mes ailes palpiter, et je dis, rayonnant, l'œil sur Thimothina :

— Il avait de beaux fleurons à sa couronne, l'auteur des *Méditations poétiques* !

— Le cygne des vers est défunt ! dit la sacristaine !

— Oui, mais il a chanté son chant funèbre, repris-je enthousiasmé.

— Mais, s'écria la sacristaine, monsieur Léonard

est poète aussi ! Sa mère m'a montré l'an passé des essais de sa muse...

Je jouai d'audace :

— Oh ! Madame, je n'ai apporté ni ma lyre ni ma cithare ; mais...

— Oh ! votre cithare ! vous l'apporterez un autre jour...

— Mais, ce néanmoins, si cela ne déplaît pas à l'honorable, — et je tirai un morceau de papier de ma poche, — je vais vous lire quelques vers... Je les dédie à mademoiselle Thimothina.

— Oui ! oui ! jeune homme ! très bien ! récitez, récitez, mettez-vous au bout de la salle...

Je me reculai... Thimothina regardait mes souliers... La sacristaine faisait la Madone ; les deux messieurs se penchaient l'un vers l'autre... Je rougis, je toussai, et je dis en chantant tendrement

Dans sa retraite de coton
Dort le zéphyr à douce haleine...
Dans son nid de soie et de laine
Dort le zéphyr au gai menton.

Toute l'assistance pouffa de rire : les messieurs se penchaient l'un vers l'autre en faisant de grossiers calembours ; mais ce qui était surtout effroyable, c'était l'air de la sacristaine, qui, l'œil au ciel, faisait la mystique, et souriait avec ses dents affreuses ! Thimothina, Thimothina crevait de rire ! Cela me perça d'une atteinte mortelle, Thimothina se tenait les côtes !... — Un doux zéphyr dans du coton, c'est suave, c'est suave !... faisait en reniflant le père Césarin... Je crus m'apercevoir de quelque chose... mais cet éclat de rire ne dura qu'une seconde : tous essayèrent de reprendre leur sérieux, qui pétait encore de temps en temps...

— Continuez, jeune homme, c'est bien, c'est bien !

Quand le zéphyr lève son aile
Dans sa retraite de coton,...

Quand il court où la fleur l'appelle,
Sa douce haleine sent bien bon...

Cette fois, un gros rire secoua mon auditoire; Thimothina regarda mes souliers : j'avais chaud, mes pieds brûlaient sous son regard, et nageaient dans la sueur; car je me disais : ces chaussettes que je porte depuis un mois, c'est un don de son amour, ces regards qu'elle jette sur mes pieds, c'est un témoignage de son amour : elle m'adore!

Et voici que je ne sais quel petit goût me parut sortir de mes souliers : oh! je compris les rires horribles de l'assemblée! Je compris qu'égarée dans cette société méchante, Thimothina Labinette, Thimothina ne pourrait jamais donner un libre cours à sa passion! Je compris qu'il me fallait dévorer, à moi aussi, cet amour douloureux éclos dans son cœur une après-midi de mai, dans une cuisine des Labinette, devant le tortillement postérieur de la Vierge au bol!

— Quatre heures, l'heure de la rentrée, sonnaient à la pendule du salon; éperdu, brûlant d'amour et fou de douleur, je saisis mon chapeau, je m'enfuis en renversant une chaise, je traversai le corridor en murmurant : J'adore Thimothine, et je m'enfuis au séminaire sans m'arrêter...

Les basques de mon habit noir volaient derrière moi, dans le vent, comme des oiseaux sinistres!...

....

....

30 juin.

Désormais, je laisse à la muse divine le soin de bercer ma douleur; martyr d'amour à dix-huit ans, et, dans mon affliction, pensant à un autre martyr du sexe qui fait nos joies et nos bonheurs, n'ayant plus celle que j'aime, je vais aimer la foi! Que le Christ, que Marie me pressent sur leur sein : je les suis : je ne suis pas digne de dénouer les cordons des souliers de Jésus; mais ma douleur! mais mon supplice! Moi aussi, à dix-huit ans et sept mois, je porte une croix, une couronne d'épines ! mais, dans la main, au lieu d'un roseau, j'ai une cithare ! Là sera le dictame à ma plaie !...

....

— Un an après, 1er août —

Aujourd'hui, on m'a revêtu de la robe sacrée ; je vais servir Dieu ; j'aurai une cure et une modeste servante dans un riche village. J'ai la foi ; je ferai mon salut, et sans être dispendieux, je vivrai comme un bon serviteur de Dieu avec sa servante. Ma mère la sainte Église me réchauffera dans son sein : qu'elle soit bénie ! que Dieu soit béni !

... Quant à cette passion cruellement chérie que je renferme au fond de mon cœur, je saurai la supporter avec constance : sans la raviver précisément, je pourrai m'en rappeler quelquefois le souvenir : ces choses-là sont bien douces ! — Moi, du reste, j'étais né pour l'amour et pour la foi ! — Peut-être un jour, revenu dans cette ville, aurai-je le bonheur de confesser ma chère Thimothina ?... Puis, je conserve d'elle un doux souvenir : depuis un an, je n'ai pas défait les chaussettes qu'elle m'a données...

Ces chaussettes-là, mon Dieu ! je les garderai à mes pieds jusque dans votre saint Paradis !...

POÉSIES
(fin 1870-année 1871)

NOTICE

Le nouvel ensemble de poèmes que nous présentons aurait souhaité respecter un ordre chronologique. Mais si plusieurs textes de Rimbaud sont datés, si d'autres suggèrent par certaines expressions des repères temporels, il reste que de tels éléments ne donnent que des informations sujettes à caution, Rimbaud, par exemple, portant au bas de ses poèmes la date à laquelle il en faisait la copie et non pas celle où il les composait.

Le regroupement que nous proposons s'organise du moins autour de quatre lettres dont la date n'est pas contestable : celles que Rimbaud adressa, le 13 mai 1871 à Georges Izambard, le 15 mai à Paul Demeny, le 10 juin à ce même Demeny, enfin le 15 août à Théodore de Banville. Elles contiennent des poèmes notoires que nous n'avons pas voulu dissocier de leur contexte épistolaire (contrairement à la fâcheuse habitude de la plupart des éditeurs). Autour de ces pôles chronologiques fiables (de mai à août 1871), nous avons rassemblé plusieurs poèmes dont la date demeure discutée. En amont, donc avant mai 1871, Les Corbeaux, Les Assis, Les Douaniers. *En aval (autour et au-delà d'août 1871),* Les Premières Communions, Le Bateau ivre, Les Chercheuses de poux, Tête de faune, Oraison du soir, Voyelles[1].

1. *Les Chercheuses de poux* était récité dans le milieu des Zutistes que Rimbaud fréquentera à partir d'octobre 1871 (voir le roman *Dinah Samuel* de Félicien Champsaur, qui décrit ce milieu et cite pour la première fois des vers de ce poème). *Oraison du soir*, proche des parodies de l'*Album Zutique* et dont une copie fut donnée à

Enfin, dans une partie médiane, des textes d'inspiration insurrectionnelle, plus ou moins contemporains de la Commune de Paris, comme Paris se repeuple[2] *ou* Les Mains de Jeanne-Marie. *Tous ces textes présentent de nettes caractéristiques qui les apparentent et prouvent que leur auteur était entré dans une nouvelle phase de sa création — ce que confirme la recommandation qu'il adressera à Demeny le 28 août 1871 de brûler le « Cahier de Douai » considéré désormais comme une œuvre dépassée.*

Début septembre 1871, Rimbaud écrivant à Verlaine enverra à celui-ci, recopiés par E. Delahaye, Les Effarés, Accroupissements, Les Douaniers, Le Cœur volé, Les Assis, *puis, dans un second courrier,* Mes Petites amoureuses, Les Premières Communions, Paris se repeuple[3].

Par la suite, Verlaine constituera un recueil manuscrit des textes de Rimbaud. Ce cahier[4] *de douze feuillets paginés, auquel plusieurs pages manquent, comprend :* Les Assis, L'Homme juste, Tête de faune, Le Cœur volé, Les Mains de Jeanne-Marie, Les Effarés, Voyelles, « *L'étoile a pleuré rose au cœur de tes oreilles* », Les Douaniers, Oraison du soir, Les Sœurs de charité, Les Premières Communions. *Un tel ensemble ne reflète évidemment pas une évolution chronologique, puisqu'il présente, par exemple,* Les Mains de Jeanne-Marie, *poème communard, avant* Les Effarés *qui date du début de 1870.*

Valade, pourrait avoir été composé à cette époque également. Quant à *Voyelles*, un texte de Cabaner dans l'*Album Zutique* y fait aussi allusion. Ces raisons motivent la place que nous avons donnée à ces trois poèmes.

2. La discussion reste ouverte cependant, en ce qui concerne la date de *Paris se repeuple* (voir note p. 254).

3. Voir Ernest Delahaye, *Souvenirs familiers à propos de Rimbaud*, recueillis dans *Delahaye témoin de Rimbaud*, La Baconnière, 1974, p. 135-136.

4. Pour la description de ce cahier, ou plutôt dossier (les feuillets étant libres), voir Pierre Petitfils, « Les manuscrits de Rimbaud » dans *Études rimbaldiennes*, n° 2, 1969, Minard, 1970, p. 113-118, et Roger Pierrot, « Verlaine copiste de Rimbaud » dans la *Revue d'Histoire littéraire de la France*, avril-mai 1987, p. 213-220.

Les Corbeaux

Seigneur, quand froide est la prairie,
Quand dans les hameaux abattus,
Les longs angelus se sont tus...
Sur la nature défleurie
Faites s'abattre des grands cieux
Les chers corbeaux délicieux.

Armée étrange aux cris sévères,
Les vents froids attaquent vos nids !
Vous, le long des fleuves jaunis,
Sur les routes aux vieux calvaires,
Sur les fossés et sur les trous
Dispersez-vous, ralliez-vous !

Par milliers, sur les champs de France,
Où dorment des morts d'avant-hier,
Tournoyez, n'est-ce pas, l'hiver,
Pour que chaque passant repense !
Sois donc le crieur du devoir,
Ô notre funèbre oiseau noir !

Mais, saints du ciel, en haut du chêne,
Mât perdu dans le soir charmé,
Laissez les fauvettes de mai
Pour ceux qu'au fond du bois enchaîne,
Dans l'herbe d'où l'on ne peut fuir,
La défaite sans avenir.

Les Assis

Noirs de loupes, grêlés, les yeux cerclés de bagues
Vertes, leurs doigts boulus crispés à leurs fémurs
Le sinciput plaqué de hargnosités vagues
4 Comme les floraisons lépreuses des vieux murs ;

Ils ont greffé dans des amours épileptiques
Leur fantasque ossature aux grands squelettes noirs
De leurs chaises ; leurs pieds aux barreaux rachitiques
8 S'entrelacent pour les matins et pour les soirs !

Ces vieillards ont toujours fait tresse avec leurs sièges,
Sentant les soleils vifs percaliser leur peau,
Ou, les yeux à la vitre où se fanent les neiges,
12 Tremblant du tremblement douloureux du crapaud.

Et les Sièges leur ont des bontés : culottée
De brun, la paille cède aux angles de leurs reins ;
L'âme des vieux soleils s'allume emmaillotée
16 Dans ces tresses d'épis où fermentaient les grains.

Et les Assis, genoux aux dents, verts pianistes
Les dix doigts sous leur siège aux rumeurs de tambour
S'écoutent clapoter des barcarolles tristes,
20 Et leurs caboches vont dans des roulis d'amour.

— Oh ! ne les faites pas lever ! C'est le naufrage...
Ils surgissent, grondant comme des chats giflés,

Ouvrant lentement leurs omoplates, ô rage !
24 Tout leur pantalon bouffe à leurs reins boursouflés.

Et vous les écoutez, cognant leurs têtes chauves
Aux murs sombres, plaquant et plaquant leurs pieds
[tors.
Et leurs boutons d'habit sont des prunelles fauves
28 Qui vous accrochent l'œil du fond des corridors !

Puis ils ont une main invisible qui tue :
Au retour, leur regard filtre ce venin noir
Qui charge l'œil souffrant de la chienne battue
32 Et vous suez pris dans un atroce entonnoir.

Rassis, les poings noyés dans des manchettes sales
Ils songent à ceux-là qui les ont fait lever
Et, de l'aurore au soir, des grappes d'amygdales
36. Sour leurs mentons chétifs s'agitent à crever.

Quand l'austère sommeil a baissé leurs visières
Ils rêvent sur leur bras de sièges fécondés,
De vrais petits amours de chaises en lisière
0 Par lesquelles de fiers bureaux seront bordés ;

Des fleurs d'encre crachant des pollens en virgule
Les bercent, le long des calices accroupis
Tels qu'au fil des glaïeuls le vol des libellules
4 — Et leur membre s'agace à des barbes d'épis.

Les Douaniers

Ceux qui disent : Cré Nom, ceux qui disent macache,
Soldats, marins, débris d'Empire, retraités
Sont nuls, très nuls, devant les Soldats des Traités
Qui tailladent l'azur frontière à grands coups d'hache.

Pipe aux dents, lame en main, profonds, pas embêtés
Quand l'ombre bave aux bois comme un mufle de vache
Ils s'en vont, amenant leurs dogues à l'attache,
Exercer nuitamment leurs terribles gaîtés !

Ils signalent aux lois modernes les faunesses.
Ils empoignent les Fausts et les Diavolos.
« Pas de ça, les anciens ! Déposez les ballots ! »

Quand sa sérénité s'approche des jeunesses,
Le Douanier se tient aux appas contrôlés !
Enfer aux Délinquants que sa paume a frôlés !

LETTRES DITES « DU VOYANT »

1. Lettre à Georges Izambard du 13 mai 1871 comprenant *Le Cœur supplicié*.
2. Lettre à Paul Demeny du 15 mai 1871 comprenant *Chant de guerre Parisien*, *Mes Petites amoureuses*, *Accroupissements*.

NOTICE

Les lettres dites du « voyant » n'ont été révélées que tardivement. Toutes deux méritent ce titre qui insiste sur un mot que Rimbaud assimile à la fonction poétique et qu'il tente de définir aussi bien à la lumière des récents événements (la Commune de Paris) qu'à partir de l'histoire littéraire universelle.

Elles ont été commentées diversement. Si elles n'eurent aucun effet sur les correspondants de Rimbaud ou sur les hommes de son temps (Verlaine lui-même les connut-il ?), leur révélation plus tard provoqua l'intérêt admiratif des surréalistes. Rolland de Renéville, appartenant au groupe du Grand Jeu *(proche du surréalisme), s'en est fait l'exégète souvent partial dans son livre* Rimbaud le voyant *(Au Sans Pareil, 1929), montrant trop complaisamment Rimbaud inspiré par l'Orient et les sciences occultes.*

Nous avons tenu à les publier intégralement, ce qui n'existe pas actuellement dans des éditions courantes, voire savantes. Elles contiennent, en effet, plusieurs poèmes[1] *qui souhaitent illustrer leur propos. Lettres et poèmes demandent à être vus d'un même œil et s'éclairent mutuellement, même si les textes poétiques semblent alors en retrait des idées développées par Rimbaud. Mais une telle inadéquation demeure particulièrement significative.*

1. Les poèmes que contient la seconde avaient été publiés à part dans *Reliquaire*, 1891, puis dans les *Poésies complètes* (Vanier), 1895.

Elle transcrit un décalage entre la formulation à caractère théorique (l'essai de généralisation) et la pratique de la nouvelle poésie, qualifiée par Rimbaud d' « objective ». A ce moment de son histoire, Rimbaud annonce plus qu'il ne prouve.

Sur ces deux lettres, on consultera Lettres du voyant, *éditées et commentées par Gérald Schaeffer, précédées de « La Voyance avant Rimbaud » par Marc Eigeldinger, Genève-Paris, Droz-Minard, 1975.*

A GEORGES IZAMBARD

Charleville, [13] mai 1871.

Cher Monsieur !

Vous revoilà professeur. On se doit à la Société, m'avez-vous dit ; vous faites partie des corps enseignants : vous roulez dans la bonne ornière. — Moi aussi, je suis le principe[1] : je me fais cyniquement *entretenir* ; je déterre d'anciens imbéciles de collège : tout ce que je puis inventer de bête, de sale, de mauvais, en action et en parole, je le leur livre : on me paie en bocks et en filles[2] — Stat mater dolorosa, dum pendet filius[3], — Je me dois à la Société, c'est juste, — et j'ai raison. — Vous aussi, vous avez raison, pour aujourd'hui. Au fond, vous ne voyez en votre principe que poésie subjective : votre obstination à regagner le râtelier universitaire, — pardon ! — le prouve ! Mais vous finirez toujours comme un satisfait qui n'a rien fait, n'ayant rien voulu faire. Sans compter que votre poésie subjective sera toujours horriblement fadasse. Un jour, j'espère, — bien d'autres espèrent la même chose, — je verrai dans votre principe la poésie objective[4], je la verrai plus sincèrement que vous ne le feriez ! — Je serai un travailleur : c'est l'idée qui me retient, quand les colères folles me poussent vers la bataille de Paris, — où tant de travailleurs meurent pourtant encore tandis que je vous écris ! Travailler maintenant, jamais, jamais ; je suis en grève.

Maintenant je m'encrapule le plus possible. Pourquoi ? Je veux être poète, et je travaille à me rendre *voyant* : vous ne comprendrez pas du tout, et je ne saurais presque vous expliquer. Il s'agit d'arriver à l'inconnu par le dérèglement de *tous les sens*. Les souffrances sont énormes, mais il faut être fort, être né poète, et je me suis reconnu poète. Ce n'est pas du tout ma faute. C'est faux de dire : Je pense : on devrait dire : On me pense[5]. — Pardon du jeu de mots. —

Je est un autre[6]. Tant pis pour le bois qui se trouve violon, et Nargue aux inconscients, qui ergotent[7] sur ce qu'ils ignorent tout à fait !

Vous n'êtes pas Enseignant pour moi. Je vous donne ceci : est-ce de la satire, comme vous diriez ? Est-ce de la poésie ? C'est de la fantaisie[8], toujours. — Mais, je vous en supplie, ne soulignez ni du crayon, ni — trop — de la pensée :

Le Cœur supplicié

Mon triste cœur bave à la poupe...
Mon cœur est plein de caporal !
Ils y lancent des jets de soupe,
4 Mon triste cœur bave à la poupe...
Sous les quolibets de la troupe
Qui lance un rire général,
Mon triste cœur bave à la poupe,
8 Mon cœur est plein de caporal !

Ithyphalliques et pioupiesques
Leurs insultes l'ont dépravé ;
A la vesprée, ils font des fresques
12 Ithyphalliques et pioupiesques ;
Ô flots abracadabrantesques,
Prenez mon cœur, qu'il soit sauvé !
Ithyphalliques et pioupiesques
16 Leurs insultes l'ont dépravé !

Quand ils auront tari leurs chiques,
Comment agir, ô cœur volé ?
Ce seront des refrains bachiques
20 Quand ils auront tari leurs chiques !
J'aurai des sursauts stomachiques,
Si mon cœur triste est ravalé !
Quand ils auront tari leurs chiques
24 Comment agir, ô cœur volé ?

Ça ne veut pas rien dire. — RÉPONDEZ-MOI : chez Mr Deverrière, pour A. R.

Bonjour de cœur, Art. Rimbaud

A PAUL DEMENY
à Douai

Charleville, 15 mai 1871.

J'ai résolu de vous donner une heure de littérature nouvelle ; je commence de suite par un psaume d'actualité [1] :

Chant de guerre Parisien

Le Printemps est évident, car
Du cœur des Propriétés vertes,
Le vol de Thiers et de Picard
4 Tient ses splendeurs grandes ouvertes !

Ô Mai ! quels délirants cul-nus !
Sèvres, Meudon, Bagneux, Asnières,
Écoutez donc les bienvenus
8 Semer les choses printanières !

Ils ont schako, sabre et tam-tam
Non la vieille boîte à bougies
Et des yoles qui n'ont jam, jam...
12 Fendent le lac aux eaux rougies !

Plus que jamais nous bambochons
Quand arrivent sur nos tanières

Crouler les jaunes cabochons
16 Dans des aubes particulières !

———

Thiers et Picard sont des Éros,
Des enleveurs d'héliotropes,
Au pétrole ils font des Corots :
20 Voici hannetonner leurs tropes...

———

Ils sont familiers du Grand Truc !...
Et couché dans les glaïeuls, Favre
Fait son cillement aqueduc,
24 Et ses reniflements à poivre !

———

La Grand ville a le pavé chaud,
Malgré vos douches de pétrole,
Et décidément, il nous faut
28 Vous secouer dans votre rôle...

———

Et les Ruraux qui se prélassent
Dans de longs accroupissements,
Entendront des rameaux qui cassent
31 Parmi les rouges froissements !

A. Rimbaud.

— Voici de la prose sur l'avenir de la poésie —

Toute poésie antique aboutit à la poésie grecque ; Vie harmonieuse. — De la Grèce au mouvement romantique, — moyen âge, — il y a des lettrés, des versificateurs. D'Ennius [2] à Théroldus [3], de Théroldus à Casimir Delavigne [4], tout est prose rimée, un jeu, avachissement et gloire d'innombrables générations idiotes : Racine est le pur, le fort, le grand. — On eût soufflé sur ses rimes, brouillé ses hémistiches, que le Divin Sot [5] serait aujourd'hui aussi ignoré que le premier venu auteur d'Origines [6]. — Après Racine, le jeu moisit [6]. Il a duré deux mille ans !

Ni plaisanterie, ni paradoxe. La raison m'inspire

plus de certitudes sur le sujet que n'aurait jamais eu de colères un jeune-France[7]. Du reste, libre aux *nouveaux !* d'exécrer les ancêtres : on est chez soi et l'on a le temps.

On n'a jamais bien jugé le romantisme ; qui l'aurait jugé ? Les critiques ! ! Les romantiques, qui prouvent si bien que la chanson est si peu souvent l'œuvre, c'est-à-dire la pensée chantée *et comprise* du chanteur[8] ?

Car Je est un autre. Si le cuivre s'éveille clairon, il n'y a rien de sa faute. Cela m'est évident : j'assiste à l'éclosion de ma pensée : je la regarde, je l'écoute : je lance un coup d'archet[9] : la symphonie fait son remuement dans les profondeurs, ou vient d'un bond sur la scène.

Si les vieux imbéciles n'avaient pas trouvé du Moi que la signification fausse, nous n'aurions pas à balayer ces millions de squelettes qui, depuis un temps infini, ! ont accumulé les produits de leur intelligence borgnesse[10], en s'en clamant les auteurs !

En Grèce, ai-je dit, vers et lyres *rhythment l'Action*[11]. Après, musique et rimes sont jeux, délassements. L'étude de ce passé charme les curieux : plusieurs s'éjouissent à renouveler ces antiquités : — c'est pour eux. L'intelligence universelle a toujours jeté ses idées, naturellement ; les hommes ramassaient une partie de ces fruits du cerveau : on agissait par, on en écrivait des livres : telle allait la marche, l'homme ne se travaillant pas, n'étant pas encore éveillé, ou pas encore dans la plénitude du grand songe. Des fonctionnaires, des écrivains : auteur, créateur, poète, cet homme n'a jamais existé !

La première étude de l'homme qui veut être poète est sa propre connaissance, entière ; il cherche son âme, il l'inspecte, il la tente, l'apprend. Dès qu'il la sait, il doit la cultiver ; cela semble simple : en tout cerveau s'accomplit un développement naturel ; tant d'*égoïstes* se proclament auteurs ; il en est bien d'autres qui *s*'attribuent leur progrès intellectuel ! — Mais il s'agit de faire l'âme monstrueuse : à l'instar des comprachicos[12], quoi ! Imaginez un homme s'implantant et se cultivant des verrues sur le visage.

Je dis qu'il faut être *voyant*, se faire *voyant*[13].

Le Poète se fait *voyant* par un long, immense et raisonné *dérèglement* de *tous les sens*[14]. Toutes les formes d'amour, de souffrance, de folie ; il cherche lui-même, il épuise en lui tous les poisons, pour n'en garder que les quintessences. Ineffable torture où il a besoin de toute la foi, de toute la force surhumaine, où il devient entre tous le grand malade, le grand criminel, le grand maudit[15], — et le suprême Savant ! — Car il arrive à l'*inconnu !* Puisqu'il a cultivé son âme, déjà riche, plus qu'aucun ! Il arrive à l'*inconnu*[16], et quand, affolé, il finirait par perdre l'intelligence de ses visions, il les a vues ! Qu'il crève dans son bondissement par les choses inouïes et innommables : viendront d'autres horribles travailleurs ; ils commenceront par les horizons où l'autre s'est affaissé !

— La suite à six minutes —

Ici j'intercale un second psaume *hors du texte*[17] : veuillez tendre une oreille complaisante, — et tout le monde sera charmé. — J'ai l'archet en main, je commence :

Mes Petites amoureuses

Un hydrolat lacrymal lave
Les cieux vert-chou :
Sous l'arbre tendronnier qui bave,
4 Vos caoutchoucs

Blancs de lunes particulières
Aux pialats ronds,
Entrechoquez vos genouillères,
8 Mes laiderons !

Nous nous aimions à cette époque,
Bleu laideron !

On mangeait des œufs à la coque
12 Et du mouron !

———

Un soir, tu me sacras poète,
Blond laideron :
Descends ici, que je te fouette
16 En mon giron ;

———

J'ai dégueulé ta bandoline,
Noir laideron ;
Tu couperais ma mandoline
20 Au fil du front.

———

Pouah ! mes salives desséchées,
Roux laideron
Infectent encor les tranchées
24 De ton sein rond !

———

Ô mes petites amoureuses,
Que je vous hais !
Plaquez de fouffes douloureuses
28 Vos tétons laids !

———

Piétinez mes vieilles terrines
De sentiment ;
— Hop donc ! Soyez-moi ballerines
32 Pour un moment !...

———

Vos omoplates se déboîtent,
Ô mes amours !
Une étoile à vos reins qui boitent,
36 Tournez vos tours !

———

Et c'est pourtant pour ces éclanches
Que j'ai rimé !
Je voudrais vous casser les hanches
40 D'avoir aimé !

———

Fade amas d'étoiles ratées,
Comblez les coins !

— Vous crèverez en Dieu, bâtées
44 D'ignobles soins !

Sous les lunes particulières
Aux pialats ronds,
Entrechoquez vos genouillères,
48 Mes laiderons !

A. R.

Voilà. Et remarquez bien que, si je ne craignais de vous faire débourser plus de 60 c. de port, — moi pauvre effaré qui, depuis sept mois, n'ai pas tenu un seul rond de bronze ! — je vous livrerais encore mes *Amants de Paris*[18], cent hexamètres, Monsieur, et ma *Mort de Paris*, deux cents hexamètres ! —

Je reprends : —

Donc le poète est vraiment voleur de feu[19].

Il est chargé de l'humanité, des *animaux* même ; il devra faire sentir, palper, écouter ses inventions ; si ce qu'il rapporte *de là-bas* a forme, il donne forme ; si c'est informe, il donne de l'informe. Trouver une langue ;

— Du reste, toute parole étant idée, le temps d'un langage universel[20] viendra ! Il faut être académicien, — plus mort qu'un fossile, — pour parfaire un dictionnaire, de quelque langue que ce soit. Des faibles se mettraient *à penser* sur la première lettre de l'alphabet[21], qui pourraient vite ruer dans la folie ! —

Cette langue sera de l'âme pour l'âme, résumant tout, parfums, sons, couleurs[22], de la pensée accrochant la pensée et tirant. Le poète définirait la quantité d'inconnu s'éveillant en son temps dans l'âme universelle : il donnerait plus — que la formule de sa pensée, que la notation *de sa marche au* Progrès[23]. Énormité devenant norme, absorbée par tous, il serait vraiment *un multiplicateur de progrès !*

Cet avenir sera matérialiste, vous le voyez. —

Toujours pleins du *Nombre* et de l'*Harmonie*[24], ces poèmes seront faits pour rester. — Au fond, ce serait encore un peu la Poésie grecque.

L'art éternel aurait ses fonctions ; comme les poètes sont citoyens. La Poésie ne rhythmera plus l'action ; elle *sera en avant*[25].

Ces poètes seront ! Quand sera brisé l'infini servage de la femme[26], quand elle vivra pour elle et par elle, l'homme, — jusqu'ici abominable, — lui ayant donné son renvoi, elle sera poète, elle aussi ! La femme trouvera de l'inconnu ! Ses mondes d'idées différeront-ils des nôtres ? — Elle trouvera des choses étranges, insondables, repoussantes, délicieuses ; nous les prendrons, nous les comprendrons.

En attendant, demandons aux *poètes* du *nouveau*, — idées et formes. Tous les habiles croiraient bientôt avoir satisfait à cette demande. — Ce n'est pas cela !

Les premiers romantiques ont été *voyants* sans trop bien s'en rendre compte ; la culture de leurs âmes s'est commencée aux accidents : locomotives abandonnées, mais brûlantes, que prennent quelque temps les rails. — Lamartine est quelquefois voyant, mais étranglé par la forme vieille[27]. — Hugo, *trop cabochard*, a bien du *vu* dans les derniers volumes ; *Les Misérables* sont un vrai *poème*. J'ai *Les Châtiments* sous la main ; *Stella* donne à peu près la mesure de la *vue* de Hugo[28]. Trop de Belmontet[29] et de Lamennais, de Jéhovahs et de colonnes, vieilles énormités crevées.

Musset[30] est quatorze fois exécrable pour nous, générations douloureuses et prises de visions, — que sa paresse d'ange a insultées ! Ô ! les contes et les proverbes fadasses ! ô les nuits ! ô Rolla, ô Namouna, ô la Coupe ! tout est français, c'est-à-dire haïssable au suprême degré ; français, pas parisien ! Encore une œuvre de cet odieux génie qui a inspiré Rabelais, Voltaire, Jean La Fontaine, commenté par M. Taine[31] ! Printanier, l'esprit de Musset ! Charmant, son amour ! En voilà, de la peinture à l'émail, de la poésie solide ! On savourera longtemps la poésie *française*, mais en France. Tout garçon épicier est en mesure de débobiner une apostrophe Rollaque, tout séminariste[32] en porte les cinq cents rimes dans le secret d'un carnet. A quinze ans, ces élans de passion mettent les jeunes en rut ; à seize ans, ils se contentent déjà de les réciter avec *cœur* ; à dix-huit ans, à dix-sept même, tout collégien qui a le moyen, fait le Rolla, écrit un Rolla ! Quelques-uns en meurent peut-être encore. Musset n'a rien su faire : il y avait des visions derrière la gaze des rideaux : il a fermé les yeux. Français, Panadif[33], traîné de l'estaminet au pupitre de collège, le beau mort est mort, et, désormais, ne nous donnons même plus la peine de le réveiller par nos abominations !

Les seconds romantiques sont très *voyants* : Th. Gautier, Lec[onte] de Lisle, Th. de Banville. Mais inspecter l'invisible et entendre l'inouï étant autre chose que reprendre l'esprit des choses mortes[34], Baudelaire est le premier voyant, roi des poètes, *un vrai Dieu*. Encore a-t-il vécu dans un milieu trop artiste ; et la forme si vantée en lui est mesquine : les inventions d'inconnu réclament des formes nouvelles[35].

Rompue aux formes vieilles, parmi les innocents, A. Renaud, — a fait son Rolla ; — L. Grandet, — a fait son Rolla ; — les gaulois et les Musset, G. Lafenestre, Coran, Cl. Popelin, Soulary, L. Salles ; Les écoliers, Marc, Aicard, Theuriet ; les morts et les imbéciles, Autran, Barbier, L. Pichat, Lemoyne, les Deschamps, les Desessarts ; les journalistes, L. Cladel, Robert Luzarches, X. de Ricard ; les fantaisistes, C. Mendès ; les bohêmes ; les femmes ; les talents, Léon Dierx et Sully-Prudhomme, Coppée ; — la nouvelle école, dite parnassienne, a deux voyants, Albert Mérat et Paul Verlaine, un vrai poète. — Voilà[36]. — Ainsi je travaille à me rendre *voyant*. — Et finissons par un chant pieux.

Accroupissements

Bien tard, quand il se sent l'estomac écœuré,
Le frère Milotus, un œil à la lucarne
D'où le soleil, clair comme un chaudron récuré,
Lui darde une migraine et fait son regard darne,
5 Déplace dans les draps son ventre de curé.

Il se démène sous sa couverture grise
Et descend, ses genoux à son ventre tremblant,
Effaré comme un vieux qui mangerait sa prise,
Car il lui faut, le poing à l'anse d'un pot blanc,
10 A ses reins largement retrousser sa chemise !

Or, il s'est accroupi, frileux, les doigts de pied
Repliés, grelottant au clair soleil qui plaque
Des jaunes de brioche aux vitres de papier ;
Et le nez du bonhomme où s'allume la laque
15 Renifle aux rayons, tel qu'un charnel polypier.

....

Le bonhomme mijote au feu, bras tordus, lippe
Au ventre : il sent glisser ses cuisses dans le feu,
Et ses chausses roussir, et s'éteindre sa pipe ;
Quelque chose comme un oiseau remue un peu
20 A son ventre serein comme un monceau de tripe !

Autour, dort un fouillis de meubles abrutis
Dans des haillons de crasse et sur de sales ventres ;
Des escabeaux, crapauds étranges, sont blottis
Aux coins noirs : des buffets ont des gueules de [chantres
25 Qu'entrouvre un sommeil plein d'horribles appétits.

L'écœurante chaleur gorge la chambre étroite ;
Le cerveau du bonhomme est bourré de chiffons.

Il écoute les poils pousser dans sa peau moite,
Et, parfois, en hoquets fort gravement bouffons
30 S'échappe, secouant son escabeau qui boite...

....

Et le soir, aux rayons de lune, qui lui font
Aux contours du cul des bavures de lumière,
Une ombre avec détails s'accroupit, sur un fond
De neige rose ainsi qu'une rose trémière...
35 Fantasque, un nez poursuit Vénus au ciel profond.

Vous seriez exécrable de ne pas répondrc : vite car dans huit jours, je serai à Paris, peut-être.

Au revoir. A. Rimbaud.

L'Orgie parisienne
ou
Paris se repeuple

Ô lâches, la voilà ! dégorgez dans les gares !
Le soleil expia de ses poumons ardents
Les boulevards qu'un soir comblèrent les Barbares.
4 Voilà la Cité belle, assise à l'occident !

Allez ! on préviendra les reflux d'incendie,
Voilà les quais ! voilà les boulevards ! voilà,
Sur les maisons, l'azur léger qui s'irradie,
8 Et qu'un soir la rougeur des bombes étoila.

Cachez les palais morts dans des niches de planches !
L'ancien jour effaré rafraîchit vos regards.
Voici le troupeau roux des tordeuses de hanches,
12 Soyez fous, vous serez drôles, étant hagards !

Tas de chiennes en rut mangeant des cataplasmes.
Le cri des maisons d'or vous réclame. Volez !
Mangez ! voici la nuit de joie aux profonds spasmes
16 Qui descend dans la rue, ô buveurs désolés,

Buvez ! Quand la lumière arrive intense et folle,
Fouillant à vos côtés les luxes ruisselants,
Vous n'allez pas baver, sans geste, sans parole,
20 Dans vos verres, les yeux perdus aux lointains blancs,

Avalez, pour la Reine aux fesses cascadantes !
Écoutez l'action des stupides hoquets

Déchirants. Écoutez sauter aux nuits ardentes
24 Les idiots râleux, vieillards, pantins, laquais !

Ô cœurs de saleté, bouches épouvantables,
Fonctionnez plus fort, bouches de puanteurs !
Un vin pour ces torpeurs ignobles, sur ces tables...
28 Vos ventres sont fondus de hontes, ô Vainqueurs !

Ouvrez votre narine aux superbes nausées !
Trempez de poisons forts les cordes de vos cous !
Sur vos nuques d'enfants baissant ses mains croisées
32 Le Poète vous dit : ô lâches, soyez fous !

Parce que vous fouillez le ventre de la Femme
Vous craignez d'elle encore une convulsion
Qui crie, asphyxiant votre nichée infâme
36 Sur sa poitrine, en une horrible pression.

Syphilitiques, fous, rois, pantins, ventriloques,
Qu'est-ce que ça peut faire à la putain Paris,
Vos âmes et vos corps, vos poisons et vos loques ?
40 Elle se secouera de vous, hargneux pourris !

Et quand vous serez bas, geignant sur vos entrailles,
Les flancs morts, réclamant votre argent, éperdus,
La rouge courtisane aux seins gros de batailles
44 Loin de votre stupeur tordra ses poings ardus !

Quand tes pieds ont dansé si fort dans les colères,
Paris ! quand tu reçus tant de coups de couteau,
Quand tu gis, retenant dans tes prunelles claires
48 Un peu de la bonté du fauve renouveau,

Ô cité douloureuse, ô cité quasi morte,
La tête et les deux seins jetés vers l'Avenir
Ouvrant sur ta pâleur ses milliards de portes,
52 Cité que le Passé sombre pourrait bénir :

Corps remagnétisé pour les énormes peines,
Tu rebois donc la vie effroyable ! tu sens

Sourdre le flux des vers livides en tes veines,
56 Et sur ton clair amour rôder les doigts glaçants !

Et ce n'est pas mauvais. Tes vers, tes vers livides
Ne gêneront pas plus ton souffle de Progrès
Que les Stryx n'éteignaient l'œil des Cariatides
60 Où des pleurs d'or astral tombaient des bleus
[degrés.

Quoique ce soit affreux de te revoir couverte
Ainsi ; quoiqu'on n'ait fait jamais d'une cité
Ulcère plus puant à la Nature verte,
64 Le Poète te dit : « Splendide est ta Beauté ! »

L'orage t'a sacrée suprême poésie ;
L'immense remuement des forces te secourt ;
Ton œuvre bout, la mort gronde, Cité choisie !
68 Amasse les strideurs au cœur du clairon lourd.

Le Poète prendra le sanglot des Infâmes,
La haine des Forçats, la clameur des maudits ;
Et ses rayons d'amour flagelleront les Femmes.
72 Ses strophes bondiront : voilà ! voilà ! bandits !

— Société, tout est rétabli : — les orgies
Pleurent leur ancien râle aux anciens lupanars :
Et les gaz en délire, aux murailles rougies,
76 Flambent sinistrement vers les azurs blafards !

Mai 1871.

Les Mains de Jeanne-Marie

Jeanne-Marie a des mains fortes,
Mains sombres que l'été tanna,
Mains pâles comme des mains mortes.
4 — Sont-ce des mains de Juana ?

Ont-elles pris les crèmes brunes
Sur les mares des voluptés ?
Ont-elles trempé dans des lunes
8 Aux étangs de sérénités ?

Ont-elles bu des cieux barbares,
Calmes sur les genoux charmants ?
Ont-elles roulé des cigares
12 Ou trafiqué des diamants ?

Sur les pieds ardents des Madones
Ont-elles fané des fleurs d'or ?
C'est le sang noir des belladones
16 Qui dans leur paume éclate et dort.

Mains chasseresses des diptères
Dont bombinent les bleuisons
Aurorales, vers les nectaires ?
20 Mains décanteuses de poisons ?

Oh ! quel Rêve les a saisies
Dans les pandiculations ?

Un rêve inouï des Asies,
24 Des Khenghavars ou des Sions ?

— Ces mains n'ont pas vendu d'oranges,
Ni bruni sur les pieds des dieux :
Ces mains n'ont pas lavé les langes
28 Des lourds petits enfants sans yeux.

Ce ne sont pas mains de cousine
Ni d'ouvrières aux gros fronts
Que brûle, aux bois puant l'usine,
32 Un soleil ivre de goudrons.

Ce sont des ployeuses d'échines,
Des mains qui ne font jamais mal,
Plus fatales que des machines,
36 Plus fortes que tout un cheval !

Remuant comme des fournaises,
Et secouant tous ses frissons,
Leur chair chante des Marseillaises
40 Et jamais les Eleisons !

Ça serrerait vos cous, ô femmes
Mauvaises, ça broierait vos mains,
Femmes nobles, vos mains infâmes
44 Pleines de blancs et de carmins.

L'éclat de ces mains amoureuses
Tourne le crâne des brebis !
Dans leurs phalanges savoureuses
48 Le grand soleil met un rubis !

Une tache de populace
Les brunit comme un sein d'hier ;
Le dos de ces Mains est la place
52 Qu'en baisa tout Révolté fier !

Elles ont pâli, merveilleuses,
Au grand soleil d'amour chargé,

Sur le bronze des mitrailleuses
56 A travers Paris insurgé !

Ah ! quelquefois, ô Mains sacrées,
A vos poings, Mains où tremblent nos
Lèvres jamais désenivrées,
60 Crie une chaîne aux clairs anneaux !

Et c'est un soubresaut étrange
Dans nos êtres, quand, quelquefois,
On veut vous déhâler, Mains d'ange,
64 En vous faisant saigner les doigts !

Les Sœurs de charité

Le jeune homme dont l'œil est brillant, la peau brune,
Le beau corps de vingt ans qui devrait aller nu,
Et qu'eût, le front cerclé de cuivre, sous la lune
4 Adoré, dans la Perse un Génie inconnu,

Impétueux avec des douceurs virginales
Et noires, fier de ses premiers entêtements,
Pareils aux jeunes mers, pleurs de nuits estivales
8 Qui se retournent sur des lits de diamants ;

Le jeune homme, devant les laideurs de ce monde
Tressaille dans son cœur largement irrité
Et plein de la blessure éternelle et profonde,
12 Se prend à désirer sa sœur de charité.

Mais, ô Femme, monceau d'entrailles, pitié douce,
Tu n'es jamais la Sœur de charité, jamais,
Ni regard noir, ni ventre où dort une ombre rousse
16 Ni doigts légers, ni seins splendidement formés.

Aveugle irréveillée aux immenses prunelles
Tout notre embrassement n'est qu'une question :
C'est toi qui pends à nous, porteuse de mamelles ;
20 Nous te berçons, charmante et grave Passion.

Tes haines, tes torpeurs fixes, tes défaillances
Et les brutalités souffertes autrefois

Tu nous rends tout, ô Nuit pourtant sans malveil-
[lances,
24 Comme un excès de sang épanché tous les mois.

— Quand la femme, portée un instant, l'épouvante,
Amour, appel de vie et chanson d'action
Viennent la Muse verte et la Justice ardente
28 Le déchirer de leur auguste obsession.

Ah ! sans cesse altéré des splendeurs et des calmes,
Délaissé des deux Sœurs implacables, geignant
Avec tendresse après la science aux bras almes
32 Il porte à la nature en fleur son front saignant.

Mais la noire alchimie et les saintes études
Répugnent au blessé, sombre savant d'orgueil ;
Il sent marcher sur lui d'atroces solitudes.
36 Alors, et toujours beau, sans dégoût du cercueil,

Qu'il croie aux vastes fins, Rêves ou Promenades
Immenses, à travers les nuits de Vérité
Et t'appelle en son âme et ses membres malades
40 Ô Mort mystérieuse, ô Sœur de charité.

Juin 1871.

L'Homme juste

[....]

Le Juste restait droit sur ses hanches solides :
Un rayon lui dorait l'épaule ; des sueurs
Me prirent : « Tu veux voir rutiler les bolides ?
Et, debout, écouter bourdonner les flueurs
D'astres lactés, et les essaims d'astéroïdes ?

« Par des farces de nuit ton front est épié,
Ô Juste ! Il faut gagner un toit. Dis ta prière,
La bouche dans ton drap doucement expié ;
Et si quelque égaré choque ton ostiaire,
Dis : Frère, va plus loin, je suis estropié ! »

Et le Juste restait debout, dans l'épouvante
Bleuâtre des gazons après le soleil mort :
« Alors, mettrais-tu tes genouillères en vente,
Ô vieillard ? Pèlerin sacré ! Barde d'Armor !
Pleureur des Oliviers ! Main que la pitié gante !

« Barbe de la famille et poing de la cité,
Croyant très doux : ô cœur tombé dans les calices,
Majestés et vertus, amour et cécité,
Juste ! plus bête et plus dégoûtant que les lices !
Je suis celui qui souffre et qui s'est révolté !

« Et ça me fait pleurer sur mon ventre, ô stupide,
Et bien rire, l'espoir fameux de ton pardon !

Je suis maudit, tu sais ! Je suis soûl, fou, livide,
Ce que tu veux ! Mais va te coucher, voyons donc,
25 Juste ! Je ne veux rien à ton cerveau torpide !

« C'est toi le Juste, enfin, le Juste ! C'est assez !
C'est vrai que ta tendresse et ta raison sereines
Reniflent dans la nuit comme des cétacés !
Que tu te fais proscrire, et dégoises des thrènes
30 Sur d'effroyables becs de canne fracassés !

« Et c'est toi l'œil de Dieu ! le lâche ! Quand les [plantes
Froides des pieds divins passeraient sur mon cou,
Tu es lâche ! Ô ton front qui fourmille de lentes !
Socrates et Jésus, Saints et Justes, dégoût !
35 Respectez le Maudit suprême aux nuits sanglantes ! »

J'avais crié cela sur la terre, et la nuit
Calme et blanche occupait les Cieux pendant ma [fièvre.
Je relevai mon front : le fantôme avait fui,
Emportant l'ironie atroce de ma lèvre...
40 — Vents nocturnes ! venez au Maudit ! Parlez-lui !

Cependant que, silencieux sous les pilastres
D'azur, allongeant les comètes et les nœuds
D'univers, remuement énorme sans désastres,
L'ordre, éternel veilleur, rame aux cieux lumineux
45 Et de sa drague en feu laisse filer des astres !

Ah qu'il s'en aille, lui, la gorge cravatée
De honte, ruminant toujours mon ennui, doux
Comme le sucre sur la denture gâtée
— Tel que la chienne après l'assaut des fiers toutous,
50 Léchant son flanc d'où pend une entraille emportée

Qu'il dise charités crasseuses et progrès...
— J'exècre tous ces yeux de Chinois [...] daines,
Mais qui chante : nana, comme un tas d'enfants près
De mourir, idiots doux aux chansons soudaines :
55 Ô Justes, nous chierons dans vos ventres de grès.

LETTRE A PAUL DEMENY
du 10 juin 1871
comprenant
Les Poètes de sept ans
Les Pauvres à l'église
Le Cœur du pitre

Charleville, 10 juin 1871.

Les Poètes de sept ans

A M. P. Demeny.

Et la Mère, fermant le livre du devoir,
S'en allait satisfaite et très fière, sans voir,
Dans les yeux bleus et sous le front plein d'éminences,
L'âme de son enfant livrée aux répugnances.

5 Tout le jour il suait d'obéissance ; très
Intelligent ; pourtant des tics noirs, quelques traits,
Semblaient prouver en lui d'âcres hypocrisies.
Dans l'ombre des couloirs aux tentures moisies,
En passant il tirait la langue, les deux poings
10 A l'aine, et dans ses yeux fermés voyait des points.
Une porte s'ouvrait sur le soir : à la lampe
On le voyait, là-haut, qui râlait sur la rampe,
Sous un golfe de jour pendant du toit. L'été
Surtout, vaincu, stupide, il était entêté
15 A se renfermer dans la fraîcheur des latrines :
Il pensait là, tranquille et livrant ses narines.

Quand, lavé des odeurs du jour, le jardinet
Derrière la maison, en hiver, s'illunait,
Gisant au pied d'un mur, enterré dans la marne
20 Et pour des visions écrasant son œil darne,
Il écoutait grouiller les galeux espaliers.
Pitié ! Ces enfants seuls étaient ses familiers

Qui, chétifs, fronts nus, œil déteignant sur la joue,
Cachant de maigres doigts jaunes et noirs de boue
25 Sous des habits puant la foire et tout vieillots,
Conversaient avec la douceur des idiots !
Et si, l'ayant surpris à des pitiés immondes,
Sa mère s'effrayait ; les tendresses, profondes,
De l'enfant se jetaient sur cet étonnement.
30 C'était bon. Elle avait le bleu regard, — qui ment !

A sept ans, il faisait des romans, sur la vie
Du grand désert, où luit la Liberté ravie,
Forêts, soleils, rives, savanes ! — Il s'aidait
De journaux illustrés où, rouge, il regardait
35 Des Espagnoles rire et des Italiennes.
Quand venait, l'œil brun, folle, en robes d'indiennes,
— Huit ans, — la fille des ouvriers d'à côté,
La petite brutale, et qu'elle avait sauté,
Dans un coin, sur son dos, en secouant ses tresses,
40 Et qu'il était sous elle, il lui mordait les fesses,
Car elle ne portait jamais de pantalons ;
— Et, par elle meurtri des poings et des talons
Remportait les saveurs de sa peau dans sa chambre.

Il craignait les blafards dimanches de décembre,
45 Où, pommadé, sur un guéridon d'acajou,
Il lisait une Bible à la tranche vert-chou ;
Des rêves l'oppressaient chaque nuit dans l'alcôve.
Il n'aimait pas Dieu ; mais les hommes, qu'au soir [fauve,
Noirs, en blouse, il voyait rentrer dans le faubourg
50 Où les crieurs, en trois roulements de tambour,
Font autour des édits rire et gronder les foules
— Il rêvait la prairie amoureuse, où des houles
Lumineuses, parfums sains, pubescences d'or,
Font leur remuement calme et prennent leur essor !

55 Et comme il savourait surtout les sombres choses,
Quand, dans la chambre nue aux persiennes closes,
Haute et bleue, âcrement prise d'humidité,
Il lisait son roman sans cesse médité,

Plein de lourds ciels ocreux et de forêts noy
60 De fleurs de chair aux bois sidérals déployées,
Vertige, écroulements, déroutes et pitié !
— Tandis que se faisait la rumeur du quartier,
En bas, — seul, et couché sur des pièces de toile
Écrue, et pressentant violemment la voile !

A. R.
26 mai 1871

Les Pauvres à l'église

Parqués entre des bancs de chêne, aux coins d'église
Qu'attiédit puamment leur souffle, tous leurs yeux
Vers le chœur ruisselant d'orrie et la maîtrise
4 Aux vingt gueules gueulant les cantiques pieux ;

Comme un parfum de pain humant l'odeur de cire,
Heureux, humiliés comme des chiens battus,
Les Pauvres au bon Dieu, le patron et le sire,
8 Tendent leurs oremus risibles et têtus.

Aux femmes, c'est bien bon de faire des bancs lisses,
Après les six jours noirs où Dieu les fait souffrir !
Elles bercent, tordus dans d'étranges pelisses,
12 Des espèces d'enfants qui pleurent à mourir.

Leurs seins crasseux dehors, ces mangeuses de soupe,
Une prière aux yeux et ne priant jamais,
Regardent parader mauvaisement un groupe
16 De gamines avec leurs chapeaux déformés.

Dehors, le froid, la faim, l'homme en ribote :
C'est bon. Encore une heure ; après, les maux sans
[noms !
— Cependant, alentour, geint, nasille, chuchote
20 Une collection de vieilles à fanons :

Ces effarés y sont et ces épileptiques
Dont on se détournait hier aux carrefours ;
Et, fringalant du nez dans des missels antiques,
24 Ces aveugles qu'un chien introduit dans les cours.

Et tous, bavant la foi mendiante et stupide,
Récitent la complainte infinie à Jésus
Qui rêve en haut, jauni par le vitrail livide,
28 Loin des maigres mauvais et des méchants pansus,

Loin des senteurs de viande et d'étoffes moisies,
Farce prostrée et sombre aux gestes repoussants ;
— Et l'oraison fleurit d'expressions choisies,
32 Et les mysticités prennent des tons pressants,

Quand, des nefs où périt le soleil, plis de soie
Banals, sourires verts, les Dames des quartiers
Distingués, — ô Jésus ! — les malades du foie
36 Font baiser leurs longs doigts jaunes aux bénitiers.

A. Rimbaud
1871

Voici, — ne vous fâchez pas, — un motif à dessins drôles : c'est une antithèse [1] aux douces vignettes pérennelles où batifolent les cupidons, où s'essorent les cœurs panachés de flammes, fleurs vertes, oiseaux mouillés, promontoires de Leucade, etc... — Ces triolets, eux aussi, au reste, iront

Où les vignettes pérennelles,
Où les doux vers.

Voici : — ne vous fâchez pas —

Le Cœur du pitre

Mon triste cœur bave à la poupe,
Mon cœur est plein de caporal :
Ils y lancent des jets de soupe,
Mon triste cœur bave à la poupe :
Sous les quolibets de la troupe
Qui pousse un rire général,
Mon triste cœur bave à la poupe,
Mon cœur est plein de caporal !

Ithyphalliques et pioupiesques
Leurs insultes l'ont dépravé !
A la vesprée, ils font des fresques
Ithyphalliques et pioupiesques.
Ô flots abracadabrantesques,
Prenez mon cœur, qu'il soit sauvé :
Ithyphalliques et pioupiesques
Leurs insultes l'ont dépravé !

Quand ils auront tari leurs chiques,
Comment agir, ô cœur volé ?
Ce seront des refrains bachiques
Quand ils auront tari leurs chiques :
J'aurai des sursauts stomachiques
Si mon cœur triste est ravalé :
Quand ils auront tari leurs chiques,
Comment agir, ô cœur volé ?

A. R.
Juin 1871.

Voilà ce que je fais.

J'ai trois prières à vous adresser

brûlez, *je le veux,* et je crois que vous respecterez ma volonté comme celle d'un mort, brûlez *tous les vers* [2] *que je fus assez sot* pour vous donner lors de mon séjour à Douai : ayez la bonté de m'envoyer, s'il vous est possible et s'il vous plaît, un exemplaire de vos *Glaneuses*[3], que je voudrais relire et qu'il m'est impossible d'acheter, ma mère ne m'ayant gratifié d'aucun rond de bronze depuis six mois, — pitié ! enfin, veuillez bien me répondre, quoi que ce soit, pour cet envoi et pour le précédent[4].

Je vous souhaite un bon jour, ce qui est bien bon.

Écrivez à : M. Deverrière, 95, sous les Allées, pour

A. Rimbaud.

Monsieur Paul Demeny,
A Paris.

LETTRE A THÉODORE DE BANVILLE
du 15 août 1871
comprenant
Ce qu'on dit au Poète à propos de fleurs

Charleville, Ardennes, 15 août 1871

A Monsieur Théodore de Banville

Ce qu'on dit au Poète
à propos de fleurs

I

Ainsi, toujours, vers l'azur noir
Où tremble la mer des topazes,
Fonctionneront dans ton soir
4 Les Lys, ces clystères d'extases !

A notre époque de sagous,
Quand les Plantes sont travailleuses,
Le Lys boira les bleus dégoûts
8 Dans tes Proses religieuses !

— Le lys de monsieur de Kerdrel,
Le Sonnet de mil huit cent trente,
Le Lys qu'on donne au Ménestrel
12 Avec l'œillet et l'amarante !

Des lys ! Des lys ! On n'en voit pas !
Et dans ton Vers, tel que les manches
Des Pécheresses aux doux pas,
16 Toujours frissonnent ces fleurs blanches !

Toujours, Cher, quand tu prends un bain,
Ta Chemise aux aisselles blondes
Se gonfle aux brises du matin
20 Sur les myosotis immondes !

L'amour ne passe à tes octrois
Que les Lilas, — ô balançoires !
Et les Violettes du Bois,
24 Crachats sucrés des Nymphes noires !...

II

Ô Poètes, quand vous auriez
Les Roses, les Roses soufflées,
Rouges sur tiges de lauriers,
28 Et de mille octaves enflées !

Quand BANVILLE en ferait neiger,
Sanguinolentes, tournoyantes,
Pochant l'œil fou de l'étranger
32 Aux lectures mal bienveillantes !

De vos forêts et de vos prés,
Ô très paisibles photographes !
La Flore est diverse à peu près
36 Comme des bouchons de carafes !

Toujours les végétaux Français,
Hargneux, phtisiques, ridicules,
Où le ventre des chiens bassets
40 Navigue en paix, aux crépuscules ;

Toujours, après d'affreux dessins
De Lotos bleus ou d'Hélianthes,
Estampes roses, sujets saints
44 Pour de jeunes communiantes !

L'Ode Açoka cadre avec la
Strophe en fenêtre de lorette ;
Et de lourds papillons d'éclat
48 Fientent sur la Pâquerette.

Vieilles verdures, vieux galons !
Ô croquignoles végétales !
Fleurs fantasques des vieux Salons !
52 — Aux hannetons, pas aux crotales,

Ces poupards végétaux en pleurs
Que Grandville eût mis aux lisières,
Et qu'allaitèrent de couleurs
56 De méchants astres à visières !

Oui, vos bavures de pipeaux
Font de précieuses glucoses !
— Tas d'œufs frits dans de vieux chapeaux,
60 Lys, Açokas, Lilas et Roses !...

III

Ô blanc Chasseur, qui cours sans bas
A travers le Pâtis panique,
Ne peux-tu pas, ne dois-tu pas
64 Connaître un peu ta botanique ?

Tu ferais succéder, je crains,
Aux Grillons roux les Cantharides,
L'or des Rios au bleu des Rhins,
68 Bref, aux Norwèges les Florides :

Mais, Cher, l'Art n'est plus, maintenant,
— C'est la vérité, — de permettre
A l'Eucalyptus étonnant
72 Des constrictors d'un hexamètre ;

Là !... Comme si les Acajous
Ne servaient, même en nos Guyanes,
Qu'aux cascades des sapajous,
76 Au lourd délire des lianes !

— En somme, une Fleur, Romarin
Ou Lys, vive ou morte, vaut-elle
Un excrément d'oiseau marin ?
80 Vaut-elle un seul pleur de chandelle ?

— Et j'ai dit ce que je voulais !
Toi, même assis là-bas, dans une
Cabane de bambous, — volets
84 Clos, tentures de perse brune, —

Tu torcherais des floraisons
Dignes d'Oises extravagantes !...
— Poète ! ce sont des raisons
88 Non moins risibles qu'arrogantes !...

IV

Dis, non les pampas printaniers
Noirs d'épouvantables révoltes,
Mais les tabacs, les cotonniers !
92 Dis les exotiques récoltes !

Dis, front blanc que Phébus tanna,
De combien de dollars se rente
Pedro Velasquez, Habana ;
96 Incague la mer de Sorrente

Où vont les Cygnes par milliers ;
Que tes strophes soient des réclames
Pour l'abatis des mangliers
100 Fouillés des hydres et des lames !

Ton quatrain plonge aux bois sanglants
Et revient proposer aux Hommes
Divers sujets de sucres blancs,
104 De pectoraires et de gommes !

Sachons par Toi si les blondeurs
Des Pics neigeux, vers les Tropiques,
Sont ou des insectes pondeurs
108 Ou des lichens microscopiques !

Trouve, ô Chasseur, nous le voulons,
Quelques garances parfumées
Que la Nature en pantalons
112 Fasse éclore ! — pour nos Armées !

Trouve, aux abords du Bois qui dort,
Les fleurs, pareilles à des mufles,
D'où bavent des pommades d'or
116 Sur les cheveux sombres des Buffles !

Trouve, aux prés fous, où sur le Bleu
Tremble l'argent des pubescences,
Des Calices pleins d'Œufs de feu
120 Qui cuisent parmi les essences !

Trouve des Chardons cotonneux
Dont dix ânes aux yeux de braises
Travaillent à filer les nœuds !
124 Trouve des Fleurs qui soient des chaises !

Oui, trouve au cœur des noirs filons
Des fleurs presque pierres, — fameuses ! —
Qui vers leurs durs ovaires blonds
128 Aient des amygdales gemmeuses !

Sers-nous, ô Farceur, tu le peux,
Sur un plat de vermeil splendide
Des ragoûts de Lys sirupeux
132 Mordant nos cuillers Alfénide !

V

Quelqu'un dira le grand Amour,
Voleur des Sombres Indulgences :
Mais ni Renan, ni le chat Murr
136 N'ont vu les Bleus Thyrses immenses !

Toi, fais jouer dans nos torpeurs,
Par les parfums les hystéries ;
Exalte-nous vers des candeurs
140 Plus candides que les Maries...

Commerçant ! colon ! médium !
Ta Rime sourdra, rose ou blanche,
Comme un rayon de sodium,
144 Comme un caoutchouc qui s'épanche !

De tes noirs Poèmes, — Jongleur !
Blancs, verts, et rouges dioptriques,
Que s'évadent d'étranges fleurs
148 Et des papillons électriques !

Voilà ! c'est le Siècle d'enfer !
Et les poteaux télégraphiques
Vont orner, — lyre aux chants de fer,
152 Tes omoplates magnifiques !

Surtout, rime une version
Sur le mal des pommes de terre !
— Et, pour la composition
156 De Poèmes pleins de mystère

Qu'on doive lire de Tréguier
A Paramaribo, rachète
Des Tomes de Monsieur Figuier,
160 — Illustrés ! — chez Monsieur Hachette !

Alcide Bava [1].

14 juillet 1871 A. R.

Monsieur et Cher Maître,

Vous rappelez-vous avoir reçu de province, en juin 1870, cent ou cent cinquante hexamètres mythologiques intitulés *Credo in unam* ? Vous fûtes assez bon pour répondre [2] !

C'est le même imbécile qui vous envoie les vers ci-dessus, signés Alcide Bava. — Pardon.

J'ai dix-huit ans. — J'aimerai toujours les vers de Banville [3].

L'an passé je n'avais que dix-sept ans !

Ai-je progressé ?

Alcide Bava.
A. R.

Mon adresse :

M. Charles Bretagne[4],
Avenue de Mézières, à Charleville,
pour
A. Rimbaud.

Monsieur Th. de Banville,
A Paris.

Les Premières Communions

I

Vraiment, c'est bête, ces églises des villages
Où quinze laids marmots encrassant les piliers
Écoutent, grasseyant les divins babillages,
Un noir grotesque dont fermentent les souliers :
5 Mais le soleil éveille à travers des feuillages
Les vieilles couleurs des vitraux irréguliers.

La pierre sent toujours la terre maternelle.
Vous verrez des monceaux de ces cailloux terreux
Dans la campagne en rut qui frémit solennelle
10 Portant près des blés lourds, dans les sentiers ocreux,
Ces arbrisseaux brûlés où bleuit la prunelle,
Des nœuds de mûriers noirs et de rosiers fuireux.

Tous les cent ans on rend ces granges respectables
Par un badigeon d'eau bleue et de lait caillé :
15 Si des mysticités grotesques sont notables
Près de la Notre-Dame ou du Saint empaillé,
Des mouches sentant bon l'auberge et les étables
Se gorgent de cire au plancher ensoleillé.

L'enfant se doit surtout à la maison, famille
20 Des soins naïfs, des bons travaux abrutissants ;
Ils sortent, oubliant que la peau leur fourmille
Où le Prêtre du Christ plaqua ses doigts puissants.
On paie au Prêtre un toit ombré d'une charmille
Pour qu'il laisse au soleil tous ces fronts brunissants.

25 Le premier habit noir, le plus beau jour de tartes,
Sous le Napoléon ou le Petit Tambour
Quelque enluminure où les Josephs et les Marthes
Tirent la langue avec un excessif amour
Et que joindront, au jour de science, deux cartes,
30 Ces seuls doux souvenirs lui restent du grand Jour.

Les filles vont toujours à l'église, contentes
De s'entendre appeler garces par les garçons
Qui font du genre après messe ou vêpres chantantes.
Eux qui sont destinés au chic des garnisons
35 Ils narguent au café les maisons importantes
Blousés neuf, et gueulant d'effroyables chansons.

Cependant le Curé choisit pour les enfances
Des dessins ; dans son clos, les vêpres dites, quand
L'air s'emplit du lointain nasillement des danses
40 Il se sent, en dépit des célestes défenses,
Les doigts de pied ravis et le mollet marquant...

— La Nuit vient, noir pirate aux cieux d'or débar-
[quant.

II

Le Prêtre a distingué parmi les catéchistes,
Congrégés des Faubourgs ou des Riches Quartiers,
45 Cette petite fille inconnue, aux yeux tristes,
Front jaune. Les parents semblent de doux portiers.
« Au grand Jour, le marquant parmi les Catéchistes,
Dieu fera sur ce front neiger ses bénitiers. »

III

La veille du grand Jour, l'enfant se fait malade.
50 Mieux qu'à l'Église haute aux funèbres rumeurs,
D'abord le frisson vient, — le lit n'étant pas fade —
Un frisson surhumain qui retourne : « Je meurs... »

Et, comme un vol d'amour fait à ses sœurs stupides,
Elle compte, abattue et les mains sur son cœur,

55 Les Anges, les Jésus et ses Vierges nitides
Et, calmement, son âme a bu tout son vainqueur.

Adonaï !... — Dans les terminaisons latines,
Des cieux moirés de vert baignent les Fronts vermeils
Et tachés du sang pur des célestes poitrines
60 De grands linges neigeux tombent sur les soleils !

— Pour ses virginités présentes et futures
Elle mord aux fraîcheurs de ta Rémission,
Mais plus que les lys d'eau, plus que les confitures
Tes pardons sont glacés, ô Reine de Sion !

IV

65 Puis la Vierge n'est plus que la vierge du livre.
Les mystiques élans se cassent quelquefois...
Et vient la pauvreté des images, que cuivre
L'ennui, l'enluminure atroce et les vieux bois ;

Des curiosités vaguement impudiques
70 Épouvantent le rêve aux chastes bleuités
Qui s'est surpris autour des célestes tuniques,
Du linge dont Jésus voile ses nudités.

Elle veut, elle veut, pourtant, l'âme en détresse,
Le front dans l'oreiller creusé par les cris sourds
75 Prolonger les éclairs suprêmes de tendresse,
Et bave... — L'ombre emplit les maisons et les cours.

Et l'enfant ne peut plus. Elle s'agite, cambre
Les reins et d'une main ouvre le rideau bleu
Pour amener un peu la fraîcheur de la chambre
80 Sous le drap, vers son ventre et sa poitrine en feu...

V

A son réveil, — minuit, — la fenêtre était blanche.
Devant le sommeil bleu des rideaux illunés,
La vision la prit des candeurs du dimanche ;
Elle avait rêvé rouge. Elle saigna du nez,

85 Et se sentant bien chaste et pleine de faiblesse
Pour savourer en Dieu son amour revenant
Elle eut soif de la nuit où s'exalte et s'abaisse
Le cœur, sous l'œil des cieux doux, en les devinant ;

De la nuit, Vierge-Mère impalpable, qui baigne
90 Tous les jeunes émois de ses silences gris ;
Elle eut soif de la nuit forte où le cœur qui saigne
Écoule sans témoin sa révolte sans cris.

Et faisant la Victime et la petite épouse,
Son étoile la vit, une chandelle aux doigts
95 Descendre dans la cour où séchait une blouse,
Spectre blanc, et lever les spectres noirs des toits.

VI

Elle passa sa nuit sainte dans des latrines.
Vers la chandelle, aux trous du toit coulait l'air blanc,
Et quelque vigne folle aux noirceurs purpurines,
00 En deçà d'une cour voisine s'écroulant.

La lucarne faisait un cœur de lueur vive
Dans la cour où les cieux bas plaquaient d'ors vermeils
Les vitres ; les pavés puant l'eau de lessive
Souffraient l'ombre des murs bondés de noirs som-
[meils.

. . . .

VII

05 Qui dira ces langueurs et ces pitiés immondes,
Et ce qu'il lui viendra de haine, ô sales fous,
Dont le travail divin déforme encor les mondes,
Quand la lèpre à la fin mangera ce corps doux ?

. . . .

VIII

Et quand, ayant rentré tous ses nœuds d'hystéries
110 Elle verra, sous les tristesses du bonheur,

L'amant rêver au blanc million des Maries,
Au matin de la nuit d'amour, avec douleur :

« Sais-tu que je t'ai fait mourir ? J'ai pris ta bouche,
Ton cœur, tout ce qu'on a, tout ce que vous avez ;
115 Et moi, je suis malade : Oh ! je veux qu'on me couche
Parmi les Morts des eaux nocturnes abreuvés !

« J'étais bien jeune, et Christ a souillé mes haleines.
Il me bonda jusqu'à la gorge de dégoûts !
Tu baisais mes cheveux profonds comme les laines
120 Et je me laissais faire... ah ! va, c'est bon pour vous,

« Hommes ! qui songez peu que la plus amoureuse
Est, sous sa conscience aux ignobles terreurs,
La plus prostituée et la plus douloureuse,
Et que tous nos élans vers vous sont des erreurs !

125 « Car ma Communion première est bien passée.
Tes baisers, je ne puis jamais les avoir sus :
Et mon cœur et ma chair par ta chair embrassée
Fourmillent du baiser putride de Jésus ! »

IX

Alors l'âme pourrie et l'âme désolée
130 Sentiront ruisseler tes malédictions.
— Ils auront couché sur ta Haine inviolée,
Échappés, pour la mort, des justes passions.

Christ ! ô Christ, éternel voleur des énergies
Dieu qui pour deux mille ans vouas à ta pâleur
135 Cloués au sol, de honte et de céphalalgies
Ou renversés les fronts des femmes de douleur.

Juillet 1871

Le Bateau ivre

Comme je descendais des Fleuves impassibles,
Je ne me sentis plus guidé par les haleurs :
Des Peaux-rouges criards les avaient pris pour cibles
4 Les ayant cloués nus aux poteaux de couleurs.

J'étais insoucieux de tous les équipages,
Porteur de blés flamands ou de cotons anglais.
Quand avec mes haleurs ont fini ces tapages
8 Les Fleuves m'ont laissé descendre où je voulais.

Dans les clapotements furieux des marées
Moi l'autre hiver plus sourd que les cerveaux d'en-[fants,
Je courus ! Et les Péninsules démarrées
12 N'ont pas subi tohu-bohus plus triomphants.

La tempête a béni mes éveils maritimes.
Plus léger qu'un bouchon j'ai dansé sur les flots
Qu'on appelle rouleurs éternels de victimes,
16 Dix nuits, sans regretter l'œil niais des falots !

Plus douce qu'aux enfants la chair des pommes sures
L'eau verte pénétra ma coque de sapin
Et des taches de vins bleus et des vomissures
20 Me lava, dispersant gouvernail et grappin.

Et dès lors, je me suis baigné dans le Poème
De la Mer, infusé d'astres, et lactescent,

Dévorant les azurs verts ; où, flottaison blême
24 Et ravie, un noyé pensif parfois descend ;

Où, teignant tout à coup les bleuités, délires
Et rhythmes lents sous les rutilements du jour,
Plus fortes que l'alcool, plus vastes que nos lyres
28 Fermentent les rousseurs amères de l'amour !

Je sais les cieux crevant en éclairs, et les trombes
Et les ressacs et les courants : je sais le soir,
L'Aube exaltée ainsi qu'un peuple de colombes
32 Et j'ai vu quelquefois ce que l'homme a cru voir !

J'ai vu le soleil bas, taché d'horreurs mystiques,
Illuminant de longs figements violets,
Pareils à des acteurs de drames très-antiques
36 Les flots roulant au loin leurs frissons de volets !

J'ai rêvé la nuit verte aux neiges éblouies
Baiser montant aux yeux des mers avec lenteurs,
La circulation des sèves inouïes,
40 Et l'éveil jaune et bleu des phosphores chanteurs !

J'ai suivi, des mois pleins, pareille aux vacheries
Hystériques, la houle à l'assaut des récifs,
Sans songer que les pieds lumineux des Maries
44 Pussent forcer le mufle aux Océans poussifs !

J'ai heurté, savez-vous, d'incroyables Florides
Mêlant aux fleurs des yeux de panthères à peaux
D'hommes ! Des arcs-en-ciel tendus comme des
[brides
48 Sous l'horizon des mers, à de glauques troupeaux !

J'ai vu fermenter les marais énormes, nasses
Où pourrit dans les joncs tout un Léviathan !
Des écroulements d'eaux au milieu des bonaces
52 Et les lointains vers les gouffres cataractant !

Glaciers, soleil d'argent, flots nacreux, cieux de
[braises !
Échouages hideux au fond des golfes bruns
Où les serpents géants dévorés des punaises
56 Choient, des arbres tordus, avec de noirs parfums !

J'aurais voulu montrer aux enfants ces dorades
Du flot bleu, ces poissons d'or, ces poissons chan-
[tants
— Des écumes de fleurs ont bercé mes dérades
60 Et d'ineffables vents m'ont ailé par instants.

Parfois, martyr lassé des pôles et des zones,
La mer dont le sanglot faisait mon roulis doux
Montait vers moi ses fleurs d'ombre aux ventouses
[jaunes
64 Et je restais, ainsi qu'une femme à genoux...

Presque île, ballottant sur mes bords les querelles
Et les fientes d'oiseaux clabaudeurs aux yeux blonds
Et je voguais, lorsqu'à travers mes liens frêles
68 Des noyés descendaient dormir, à reculons !

Or moi, bateau perdu sous les cheveux des anses,
Jeté par l'ouragan dans l'éther sans oiseau
Moi dont les Monitors et les voiliers des Hanses
72 N'auraient pas repêché la carcasse ivre d'eau ;

Libre, fumant, monté de brumes violettes,
Moi qui trouais le ciel rougeoyant comme un mur,
Qui porte, confiture exquise aux bons poètes
76 Des lichens de soleil et des morves d'azur ;

Qui courais, taché de lunules électriques,
Planche folle, escorté des hippocampes noirs,
Quand les juillets faisaient crouler à coups de triques
80 Les cieux ultramarins aux ardents entonnoirs ;

Moi qui tremblais, sentant geindre à cinquante lieues
Le rut des Béhémots et les Maelstroms épais

Fileur éternel des immobilités bleues
Je regrette l'Europe aux anciens parapets !

J'ai vu des archipels sidéraux ! et des îles
Dont les cieux délirants sont ouverts au vogueur :
— Est-ce en ces nuits sans fonds que tu dors et
[t'exiles,
Million d'oiseaux d'or, ô future Vigueur ? —

Mais, vrai, j'ai trop pleuré ! Les Aubes sont navrantes,
Toute lune est atroce et tout soleil amer :
L'âcre amour m'a gonflé de torpeurs enivrantes.
Ô que ma quille éclate ! O que j'aille à la mer !

Si je désire une eau d'Europe, c'est la flache
Noire et froide où vers le crépuscule embaumé
Un enfant accroupi plein de tristesses, lâche
Un bateau frêle comme un papillon de mai.

Je ne puis plus, baigné de vos langueurs, ô lames,
Enlever leur sillage aux porteurs de cotons,
Ni traverser l'orgueil des drapeaux et des flammes,
Ni nager sous les yeux horribles des pontons.

Les Chercheuses de poux

Quand le front de l'enfant, plein de rouges tourmentes,
Implore l'essaim blanc des rêves indistincts,
Il vient près de son lit deux grandes sœurs charmantes
Avec de frêles doigts aux ongles argentins.

Elles asseoient l'enfant devant une croisée
Grande ouverte où l'air bleu baigne un fouillis de fleurs.
Et dans ses lourds cheveux où tombe la rosée
Promènent leurs doigts fins, terribles et charmeurs.

Il écoute chanter leurs haleines craintives
Qui fleurent de longs miels végétaux et rosés
Et qu'interrompt parfois un sifflement, salives
Reprises sur la lèvre ou désirs de baisers.

Il entend leurs cils noirs battant sous les silences
Parfumés ; et leurs doigts électriques et doux
Font crépiter parmi ses grises indolences
Sous leurs ongles royaux la mort des petits poux.

Voilà que monte en lui le vin de la Paresse,
Soupir d'harmonica qui pourrait délirer ;
L'enfant se sent, selon la lenteur des caresses,
Sourdre et mourir sans cesse un désir de pleurer.

Tête de faune

Dans la feuillée, écrin vert taché d'or,
Dans la feuillée incertaine et fleurie
De fleurs splendides où le baiser dort,
Vif et crevant l'exquise broderie,

Un faune effaré montre ses deux yeux
Et mord les fleurs rouges de ses dents blanches.
Brunie et sanglante ainsi qu'un vin vieux
Sa lèvre éclate en rires sous les branches.

Et quand il a fui — tel qu'un écureuil —
Son rire tremble encore à chaque feuille
Et l'on voit épeuré par un bouvreuil
Le Baiser d'or du Bois, qui se recueille.

Oraison du soir

Je vis assis, tel qu'un ange aux mains d'un barbier,
Empoignant une chope à fortes cannelures,
L'hypogastre et le col cambrés, une Gambier
Aux dents, sous l'air gonflé d'impalpables voilures.

Tels que les excréments chauds d'un vieux colombier,
Mille Rêves en moi font de douces brûlures :
Puis par instants mon cœur triste est comme un aubier
Qu'ensanglante l'or jeune et sombre des coulures.

Puis, quand j'ai ravalé mes rêves avec soin,
Je me tourne, ayant bu trente ou quarante chopes,
Et me recueille, pour lâcher l'âcre besoin :

Doux comme le Seigneur du cèdre et des hysopes,
Je pisse vers les cieux bruns, très haut et très loin,
Avec l'assentiment des grands héliotropes.

Voyelles

A noir, E blanc, I rouge, U vert, O bleu : voyelles,
Je dirai quelque jour vos naissances latentes :
A, noir corset velu des mouches éclatantes
Qui bombinent autour des puanteurs cruelles,

Golfes d'ombre ; E, candeurs des vapeurs et des tentes,
Lances des glaciers fiers, rois blancs, frissons d'ombelles ;
I, pourpres, sang craché, rire des lèvres belles
Dans la colère ou les ivresses pénitentes ;

U, cycles, vibrements divins des mers virides,
Paix des pâtis semés d'animaux, paix des rides
Que l'alchimie imprime aux grands fronts studieux ;

Ô, Suprême Clairon plein des strideurs étranges,
Silences traversés des Mondes et des Anges :
—Ô l'Oméga, rayon violet de Ses Yeux ! —

L'étoile a pleuré rose au cœur de tes oreilles,
L'infini roulé blanc de ta nuque à tes reins
La mer a perlé rousse à tes mammes vermeilles
Et l'Homme saigné noir à ton flanc souverain.

POÈMES DE L'*ALBUM ZUTIQUE*

NOTICE

Les poèmes de Rimbaud écrits dans l'Album Zutique *ont été, pour la plupart, tardivement découverts. En raison de leur caractère libre et parfois pornographique, ils ont souvent été exclus des éditions des œuvres de Rimbaud, comme si l'éditeur souhaitait éviter leur lecture désobligeante. Nous avons cru devoir leur rendre leur place, puisqu'ils sont les seules traces avérées du Rimbaud écrivain des premiers mois passés à Paris en 1871. Nous indiquons dans le précis biographique et dans la préface en quelles circonstances fut créé le Cercle Zutique. L'activité parodique de ce petit groupe de poètes se matérialisa durant l'hiver 1871 sous la forme d'un album dit* Album Zutique *(27 × 17,5) composé de vingt-neuf feuillets numérotés de 2 a 29 et non paginés, en tout quarante-huit pages écrites. Les frères Cros, Albert Mérat, Léon Valade, Verlaine et Rimbaud y collaborèrent. Rimbaud y est représenté par vingt textes. Certains, comme* Les Remembrances du vieillard idiot, *ont un intérêt qui dépasse de loin le cadre de la facétie grivoise. En ce sens, ils doivent être connus et non pas remisés dans un quelconque musée des horreurs.*

*L'*Album Zutique, *longtemps entre les mains de particuliers (Charles Cros, Coquelin Cadet, le libraire Enlart, le libraire Auguste Blaizot), a d'abord été publié en 1943, à Lyon, par Marc Barbezat (éditions de l'Arbalète)*[1], *puis aux éditions Tchou, coll. « Cercle du*

1. Il s'agissait alors uniquement des poésies de Rimbaud contenues dans l'*Album*.

Livre précieux » en 1962, en deux volumes. La présentation est de Pascal Pia. Le premier volume reproduit l'album en fac-similé. Sur cette publication, on consultera le compte rendu de Michael Pakenham, Revue d'Histoire littéraire de la France, *janvier-mars 1964, p. 135-137, et la thèse de Louis Forestier,* Charles Cros, l'homme et l'œuvre, *Minard, 1969, p. 103-107.*

L'Idole. Voir p. 211.

Lys

Ô balançoirs ! ô lys ! clysopompes d'argent !
Dédaigneux des travaux, dédaigneux des famines !
L'Aurore vous emplit d'un amour détergent !
Une douceur de ciel beurre vos étamines !

Armand Silvestre.
A. R.

Les lèvres closes
Vu à Rome

Il est, à Rome, à la Sixtine,
Couverte d'emblèmes chrétiens,
Une cassette écarlatine
Où sèchent des nez fort anciens :

Nez d'ascètes de Thébaïde,
Nez de chanoines du Saint Graal
Où se figea la nuit livide,
Et l'ancien plain-chant sépulcral.

Dans leur sécheresse mystique,
Tous les matins, on introduit
De l'immondice schismatique
Qu'en poudre fine on a réduit.

Léon Dierx.
A. R.

Fête galante

Rêveur, Scapin
Gratte un lapin
Sous sa capote.

Colombina,
— Que l'on pina ! —
— Do, mi, — tapote

L'œil du lapin
Qui tôt, tapin,
Est en ribote…

Paul Verlaine.
A. R.

J'occupais un wagon de troisième : un vieux prêtre
Sortit un brûle-gueule et mit à la fenêtre,

Vers les brises, son front très calme aux poils pâlis.
Puis ce chrétien, bravant les brocarts impolis,
S'étant tourné, me fit la demande énergique
Et triste en même temps d'une petite chique
De caporal, — ayant été l'aumônier chef
D'un rejeton royal condamné derechef ; —
Pour malaxer l'ennui d'un tunnel, sombre veine
Qui s'offre aux voyageurs, près Soissons, ville
[d'Aisne.

☆

Je préfère sans doute, au printemps, la guinguette
Où des marronniers nains bourgeonne la baguette,
Vers la prairie étroite et communale, au mois
De mai. Des jeunes chiens rabroués bien des fois
Viennent près des Buveurs triturer des jacinthes
De plate-bande. Et c'est, jusqu'aux soirs d'hyacinthe,
Sur la table d'ardoise où, l'an dix-sept cent vingt,
Un diacre grava son sobriquet latin
Maigre comme une prose à des vitraux d'église,
La toux des flacons noirs qui jamais ne les grise.

François Coppée.
A. R.

L'Humanité chaussait le vaste enfant Progrès.

Louis-Xavier de Ricard
A. Rimbaud

☆

Conneries

I

Jeune goinfre

Casquette
De moire,
Quéquette
D'ivoire,

Toilette
Très noire,
Paul guette
L'armoire,

Projette
Languette
Sur poire,

S'apprête
Baguette,
Et foire.

A. R.

II

Paris

Al. Godillot, Gambier,
Galopeau, Volf-Pleyel,
— Ô Robinets ! — Menier,
— Ô Christs ! — Leperdriel !

Kinck, Jacob, Bonbonnel !
Veuillot, Tropmann, Augier !

Gill, Mendès, Manuel,
Guido Gonin ! — Panier

Des Grâces ! L'Hérissé !
Cirages onctueux !
Pains vieux, spiritueux !

Aveugles ! — puis, qui sait ? —
Sergents de ville, Enghiens
Chez soi ! — Soyons chrétiens !

A. R.

Conneries 2e série

I

Cocher ivre

Pouacre
Boit :
Nacre
Voit :

Âcre
Loi,
Fiacre
Choit !

Femme
Tombe :
Lombe

Saigne :
— Clame !
Geigne.

A. R.

☆

Vieux de la vieille !

Aux paysans de l'empereur !
A l'empereur des paysans !
Au fils de Mars,
Au glorieux 18 Mars !
Où le ciel d'Eugénie a béni les entrailles !

☆

État de siège ?

Le pauvre postillon, sous le dais de fer blanc,
Chauffant une engelure énorme sous son gant,
Suit son lourd omnibus parmi la rive gauche,
Et de son aine en flamme écarte la sacoche.
Et tandis que, douce ombre où des gendarmes sont,
L'honnête intérieur regarde au ciel profond
La lune se bercer parmi la verte ouate,
Malgré l'édit et l'heure encore délicate,
Et que l'omnibus rentre à l'Odéon, impur
Le débauché glapit au carrefour obscur !

François Coppée.
A. R.

☆

Le balai

C'est un humble balai de chiendent, trop dur
Pour une chambre ou pour la peinture d'un mur.
L'usage en est navrant et ne vaut pas qu'on rie.

Racine prise à quelque ancienne prairie
Son crin inerte sèche : et son manche a blanchi,
Tel un bois d'île à la canicule rougi.
La cordelette semble une tresse gelée.
J'aime de cet objet la saveur désolée
Et j'en voudrais laver tes larges bords de lait,
Ô Lune où l'esprit de nos Sœurs mortes se plaît.

F. C.

Exils

. . . .

Que l'on s'intéressa souvent, mon cher Conneau !...
Plus qu'à l'Oncle Vainqueur, au Petit Rampon-
[neau !...
Que tout honnête instinct sort du Peuple débile !...
Hélas ! ! Et qui a fait tourner mal notre bile !...
Et qu'il nous sied déjà de pousser le verrou
Au Vent que les enfants nomment Bari-barou !...

. . . .

Fragment d'une épitre en vers de Napoléon III, 1871.

L'Angelot maudit

Toits bleuâtres et portes blanches
Comme en de nocturnes dimanches,

Au bout de la ville sans bruit
La Rue est blanche, et c'est la nuit.

La Rue a des maisons étranges
Avec des persiennes d'Anges.

Mais, vers une borne, voici
Accourir, mauvais et transi,

Un noir Angelot qui titube,
Ayant trop mangé de jujube.

Il fait caca : puis disparaît :
Mais son caca maudit paraît,

Sous la lune sainte qui vaque,
De sang sale un léger cloaque !

Louis Ratisbonne.
A. Rimbaud.

Les soirs d'été, sous l'œil ardent des devantures,
Quand la sève frémit sous les grilles obscures
Irradiant au pied des grêles marronniers,
Hors de ces groupes noirs, joyeux ou casaniers,
Suceurs du brûle-gueule ou baiseurs du cigare,
Dans le kiosque mi-pierre étroit où je m'égare,
— Tandis qu'en haut rougoie une annonce d'*Ibled*, —
Je songe que l'hiver figera le Filet
D'eau propre qui bruit, apaisant l'onde humaine,
— Et que l'âpre aquilon n'épargne aucune veine.

François Coppée.
A. Rimbaud.

Aux livres de chevet, livres de l'art serein,
Obermann et Genlis, Vert-Vert et Le Lutrin,

Blasé de nouveauté grisâtre et saugrenue,
J'espère, la vieillesse étant enfin venue,
Ajouter le Traité du Docteur Venetti.
Je saurai, revenu du public abêti,
Goûter le charme ancien des dessins nécessaires.
Écrivain et graveur ont doré les misères
Sexuelles : et c'est, n'est-ce pas, cordial :
Dr Venetti, Traité de l'Amour conjugal.

F. Coppée.
A. R.

Hypotyposes saturniennes,
ex Belmontet

Quel est donc ce mystère impénétrable et sombre ?
Pourquoi, sans projeter leur voile blanche, sombre
Tout jeune esquif royal gréé ?

Renversons la douleur de nos lacrymatoires.

. . . .

L'amour veut vivre aux dépens de sa sœur,
L'amitié vit aux dépens de son frère.

. . . .

Le sceptre, qu'à peine on révère,
N'est que la croix d'un grand calvaire
Sur le volcan des nations !

. . . .

Oh ! l'honneur ruisselait sur ta mâle moustache.

Belmontet,
archétype Parnassien.

☆

Les Remembrances du vieillard idiot

Pardon, mon père !
Jeune, aux foires de campagne,
Je cherchais, non le tir banal où tout coup gagne,
Mais l'endroit plein de cris où les ânes, le flanc
Fatigué, déployaient ce long tube sanglant
5 Que je ne comprends pas encore !...
Et puis ma mère,
Dont la chemise avait une senteur amère
Quoique fripée au bas et jaune comme un fruit,
Ma mère qui montait au lit avec un bruit
— Fils du travail pourtant, — ma mère, avec sa cuisse
10 De femme mûre, avec ses reins très gros où plisse
Le linge, me donna ces chaleurs que l'on tait !...

Une honte plus crue et plus calme, c'était
Quand ma petite sœur au retour de la classe,
Ayant usé longtemps ses sabots sur la glace,
15 Pissait, et regardait s'échapper de sa lèvre
D'en bas serrée et rose, un fil d'urine mièvre !...

Ô pardon !
Je songeais à mon père parfois :
Le soir, le jeu de carte et les mots plus grivois,
Le voisin, et moi qu'on écartait, choses vues...
20 — Car un père est troublant ! — et les choses
[conçues !...
Son genou, câlineur parfois ; son pantalon
Dont mon doigt désirait ouvrir la fente,... — oh !
[non ! —
Pour avoir le bout, gros, noir et dur, de mon père,
Dont la pileuse main me berçait !...
Je veux taire
25 Le pot, l'assiette à manche, entrevue au grenier,
Les almanachs couverts en rouge, et le panier

De charpie, et la Bible, et les lieux, et la bonne,
La Sainte-Vierge et le crucifix...
Oh ! personne
Ne fut si fréquemment troublé, comme étonné !
30 Et maintenant, que le pardon me soit donné :
Puisque les sens infects m'ont mis de leurs victimes,
Je me confesse de l'aveu des jeunes crimes !...

. . . .

Puis ! — qu'il me soit permis de parler au Seigneur !
Pourquoi la puberté tardive et le malheur
35 Du gland tenace et trop consulté ? Pourquoi l'ombre
Si lente au bas du ventre ? et ces terreurs sans nombre
Comblant toujours la joie ainsi qu'un gravier noir ?

— Moi j'ai toujours été stupéfait ! Quoi savoir ?

. . . .

Pardonné ?...
Reprenez la chancelière bleue,
Mon père.
Ô cette enfance ! . . . .
. . . .
40 . . . . — et tirons-nous la queue !

François Coppée.
A. R.

Ressouvenir

Cette année où naquit le Prince impérial
Me laisse un souvenir largement cordial
D'un Paris limpide où des N d'or et de neige
Aux grilles du palais, aux gradins du manège,
Éclatent, tricolorement enrubannés.
Dans le remous public des grands chapeaux fanés,
Des chauds gilets à fleurs, des vieilles redingotes,
Et des chants d'ouvriers anciens dans les gargotes,

Sur des châles jonchés l'Empereur marche, noir
Et propre, avec la Sainte Espagnole, le soir.

François Coppée.

[autre Vieux Coppée — *Album F. Régamey*]

L'enfant qui ramassa les balles, le Pubère
Où circule le sang de l'exil et d'un Père
Illustre, entend germer sa vie avec l'espoir
De sa figure et de sa stature et veut voir
Des rideaux autres que ceux du Trône et des Crèches.
Aussi son buste exquis n'aspire pas aux brèches
De l'Avenir ! — Il a laissé l'ancien jouet. —
Ô son doux rêve ô son bel Enghien* ! Son œil est
Approfondi par quelque immense solitude ;
« Pauvre jeune homme, il a sans doute l'Habitude ! »

François Coppée.

* Parce que « Enghien chez soi » !

LES STUPRA

L'Idole
Sonnet du Trou du Cul

Obscur et froncé comme un œillet violet
Il respire, humblement tapi parmi la mousse
Humide encor d'amour qui suit la fuite douce
Des Fesses blanches jusqu'au cœur de son ourlet.

Des filaments pareils à des larmes de lait
Ont pleuré sous le vent cruel qui les repousse,
A travers de petits caillots de marne rousse
Pour s'aller perdre où la pente les appelait.

Mon Rêve s'aboucha souvent à sa ventouse ;
Mon âme, du coït matériel jalouse,
En fit son larmier fauve et son nid de sanglots.

C'est l'olive pâmée, et la flûte câline,
C'est le tube où descend la céleste praline :
Chanaan féminin dans les moiteurs enclos !

Albert Mérat.
P.V.-A.R.

☆

Nos fesses ne sont pas les leurs. Souvent j'ai vu
Des gens déboutonnés derrière quelque haie,

Et, dans ces bains sans gêne où l'enfance s'égaie,
J'observais le plan et l'effet de notre cul.

Plus ferme, blême en bien des cas, il est pourvu
De méplats évidents que tapisse la claie
Des poils ; pour elles, c'est seulement dans la raie
Charmante que fleurit le long satin touffu.

Une ingéniosité touchante et merveilleuse
Comme l'on ne voit qu'aux anges des saints tableaux
Imite la joue où le sourire se creuse.

Oh ! de même être nus, chercher joie et repos,
Le front tourné vers sa portion glorieuse,
Et libres tous les deux murmurer des sanglots ?

☆

Les anciens animaux saillissaient, même en course,
Avec des glands bardés de sang et d'excrément.
Nos pères étalaient leur membre fièrement
Par le pli de la gaine et le grain de la bourse.

Au moyen âge pour la femelle, ange ou pource,
Il fallait un gaillard de solide grément ;
Même un Kléber, d'après la culotte qui ment
Peut-être un peu, n'a pas dû manquer de ressource.

D'ailleurs l'homme au plus fier mammifère est égal ;
L'énormité de leur membre à tort nous étonne ;
Mais une heure stérile a sonné : le cheval

Et le bœuf ont bridé leurs ardeurs, et personne
N'osera plus dresser son orgueil génital
Dans les bosquets où grouille une enfance bouffonne.

CORRESPONDANCE

Lettres choisies
(1870-1871)

RIMBAUD A GEORGE IZAMBARD

Charleville, 25 août [18]70.

Monsieur,

Vous êtes heureux, vous, de ne plus habiter Charleville ! — Ma ville natale est supérieurement idiote entre les petites villes de province. Sur cela, voyez-vous, je n'ai plus d'illusions. Parce qu'elle est à côté de Mézières, — une ville qu'on ne trouve pas, — parce qu'elle voit pérégriner dans ses rues deux ou trois cents de pioupious, cette benoîte population gesticule, prudhommesquement [1] spadassine, bien autrement que les assiégés de Metz et de Strasbourg ! C'est effrayant, les épiciers retraités qui revêtent l'uniforme ! C'est épatant, comme ça a du chien, les notaires, les vitriers, les percepteurs, les menuisiers, et tous les ventres, qui, chassepot au cœur, font du patrouillotisme aux portes de Mézières ; ma patrie se lève !... Moi, j'aime mieux la voir assise ; ne remuez pas les bottes ! c'est mon principe.

Je suis dépaysé, malade, furieux, bête, renversé ; j'espérais des bains de soleil, des promenades infinies, du repos, des voyages, des aventures, des bohémienneries enfin ; j'espérais surtout des journaux, des livres... Rien ! Rien ! Le courrier n'envoie plus rien aux libraires ; Paris se moque de nous joliment ; pas un seul livre nouveau ! c'est la mort ! Me voilà réduit, en fait de journaux, à l'honorable *Courrier des Ardennes* [2], propriétaire, gérant, directeur, rédacteur en chef et rédacteur unique : A. Pouillard ! Ce journal résume les aspirations, les vœux et les opinions de la population : ainsi jugez ! c'est du propre !... — On est exilé dans sa patrie !!!

Heureusement, j'ai votre chambre : — Vous vous rappelez la permission que vous m'avez donnée. — J'ai emporté la moitié de vos livres ! J'ai pris le *Diable à Paris*[3]. Dites-moi un peu s'il y a jamais eu quelque chose de plus idiot que les dessins de *Grandville* ? — J'ai *Costal l'Indien*, j'ai la *Robe de Nessus*, deux romans intéressants[4]. Puis, que vous dire ?... J'ai lu tous vos livres, tous ; il y a trois jours, je suis descendu aux *Épreuves*[5], puis aux *Glaneuses*[6], — oui ! j'ai relu ce volume ! — puis ce fut tout !... Plus rien ; votre bibliothèque, ma dernière planche de salut, était épuisée !... Le *Don Quichotte* m'apparut ; hier, j'ai passé, deux heures durant, la revue des bois de Doré : maintenant, je n'ai plus rien !

Je vous envoie des vers ; lisez cela un matin, au soleil, comme je les ai faits : vous n'êtes plus professeur, maintenant, j'espère !...

[Vous aviez] l'air de vouloir connaître Louisa Siefert[7], quand je vous ai prêté ses derniers vers ; je viens de me procurer des parties de son premier volume de poésies, les *Rayons perdus*, 4e édition. J'ai là une pièce très émue et fort belle, *Marguerite* ;

....

Moi, j'étais à l'écart, tenant sur mes genoux
Ma petite cousine aux grands yeux bleus si doux ;
C'est une ravissante enfant que Marguerite
Avec ses cheveux blonds, sa bouche si petite
Et son teint transparent...............

....

Marguerite est trop jeune. Oh ! si c'était ma fille,
Si j'avais une enfant, tête blonde et gentille,

Fragile créature en qui je revivrais,
Rose et candide avec de grands yeux indiscrets !
Des larmes sourdent presque au bord de ma paupière
Quand je pense à l'enfant qui me rendrait si fière,
Et que je n'aurai pas, que je n'aurai jamais ;
Car l'avenir, cruel en celui que j'aimais,
De cette enfant aussi veut que je désespère...

....

Jamais on ne dira de moi : c'est une mère !
Et jamais un enfant ne me dira : Maman !
C'en est fini pour moi du céleste roman
Que toute jeune fille à mon âge imagine...

....

Ma vie, à dix-huit ans, compte tout un passé.

— C'est aussi beau que les plaintes d'Antigone ἀνύμφη, dans Sophocle[8].

J'ai les *Fêtes galantes* de Paul Verlaine, un joli in-12 écu. C'est fort bizarre, très drôle ; mais vraiment, c'est adorable. Parfois de fortes licences : ainsi,

Et la tigresse épou/vantable d'Hyrcanie

est un vers de ce volume[9]. Achetez, je vous le conseille, *la Bonne Chanson*[10], un petit volume de vers du même poète : ça vient de paraître chez Lemerre ; je ne l'ai pas lu ; rien n'arrive ici ; mais plusieurs journaux en disent beaucoup de bien.

Au revoir, envoyez-moi une lettre de 25 pages. — poste restante, — et bien vite !

A. RIMBAUD.

P.-S. — A bientôt, des révélations sur la vie que je vais mener après... les vacances...

Monsieur Georges Izambard,
29, rue de l'Abbaye-des-Prés,
Douai (Nord).
Très pressé.

RIMBAUD A GEORGES IZAMBARD

Paris, 5 septembre 1870.

Cher Monsieur,

Ce que vous me conseilliez de ne pas faire, je l'ai fait : je suis allé à Paris, quittant la maison maternelle ! J'ai fait ce tour le 29 août.

Arrêté en descendant de wagon pour n'avoir pas un sou et devoir treize francs de chemin de fer, je fus conduit à la préfecture, et, aujourd'hui, j'attends mon jugement à Mazas [1] ! oh ! — *J'espère en vous* comme en ma mère ; vous m'avez toujours été comme un frère ; je vous demande instamment cette aide que vous m'offrîtes. J'ai écrit à ma mère, au procureur impérial, au commissaire de police de Charleville ; si vous ne recevez de moi aucune nouvelle mercredi, avant le train qui conduit de Douai à Paris, *prenez ce train, venez ici me réclamer par lettre, ou en vous présentant au procureur*, en priant, en *répondant de moi*, en *payant ma dette ! Faites tout ce que vous pourrez*, et, quand vous recevrez cette lettre, écrivez, vous aussi, *je vous l'ordonne*, oui, *écrivez à ma pauvre mère* (Quai de la Madeleine, 5, Charlev[ille]) *pour la consoler. Écrivez-moi* aussi ; faites tout ! Je vous aime comme un frère, je vous aimerai comme un père.

Je vous serre la main

Votre pauvre

Arthur Rimbaud

[détenu] à Mazas.

(et si vous parvenez à me libérer, vous m'emmènerez à Douai avec [vous].)

Monsieur Georges Izambard,
A Douai.

RIMBAUD A GEORGES IZAMBARD

Charleville, le 2 novembre 1870.

Monsieur,

— A vous seul ceci. —

Je suis rentré à Charleville un jour après vous avoir quitté. Ma mère m'a reçu, et je — suis là... tout à fait oisif. Ma mère ne me mettrait en pension qu'en janvier 71.

Eh bien ! j'ai tenu ma promesse.

Je meurs, je me décompose dans la platitude, dans la mauvaiseté, dans la grisaille. Que voulez-vous, je m'entête affreusement à adorer la liberté libre, et... un tas de choses que « ça fait pitié », n'est-ce pas ? — Je devais repartir aujourd'hui même ; je le pouvais : j'étais vêtu de neuf, j'aurais vendu ma montre, et vive la liberté ! — Donc je suis resté ! je suis resté ! — et je voudrai repartir encore bien des fois. — Allons, chapeau, capote, les deux poings dans les poches, et sortons ! — Mais je resterai, je resterai. Je n'ai pas promis cela. Mais je le ferai pour mériter votre affection : vous me l'avez dit. Je la mériterai.

La reconnaissance que je vous ai, je ne saurais pas vous l'exprimer aujourd'hui plus que l'autre jour. Je vous la prouverai. Il s'agirait de faire quelque chose pour vous, que je mourrais pour le faire, — je vous en donne ma parole. — J'ai encore un tas de choses à dire...

Ce « sans-cœur » de
A. Rimbaud.

Guerre : — Pas de siège de Mézières. Pour quand ? On n'en parle pas. — J'ai fait votre commission à M. Deverrière [1], et, s'il faut faire plus, je ferai. — Par ci par là, des franc-tirades. — Abominable prurigo d'idiotisme, tel est l'esprit de la population. On en entend de belles, allez. C'est dissolvant.

Monsieur Georges Izambard,
A Douai.

RIMBAUD A PAUL DEMENY

Charleville, 17 avril 1871.

Votre lettre est arrivée hier 16. Je vous remercie. — Quant à ce que je vous demandais, étais-je sot ! Ne sachant rien de ce qu'il faut savoir, résolu à ne faire rien de ce qu'il faut faire, je suis condamné, dès toujours, pour jamais. Vive aujourd'hui, vive demain !

Depuis le 12, je dépouille la correspondance au *Progrès des Ardennes*[1] : aujourd'hui, il est vrai, le journal est suspendu. Mais j'ai apaisé la bouche d'ombre[2] pour un temps.

Oui, vous êtes heureux, vous. Je vous dis cela, — et qu'il est des misérables qui, femme ou idée, ne trouveront pas la *Sœur de charité*[3].

Pour le reste, pour aujourd'hui, je vous conseillerais bien de vous pénétrer de ces versets d'Ecclésiaste, chap. 11-12, aussi sapients que romantiques : « Celui-là aurait sept replis de folie en l'âme, qui, ayant pendu ses habits au soleil, geindrait à l'heure de la pluie », mais foin de la sapience et de 1830 : causons Paris.

J'ai vu quelques nouveautés chez Lemerre[4] : deux poèmes de Leconte de Lisle, *Le Sacre de Paris, Le Soir d'une bataille*. — De F. Coppée : *Lettre d'un Mobile breton*. — Mendès : *Colère d'un Franc-tireur*. — A. Theuriet : *L'Invasion*. A. Lacaussade : *Væ victoribus*. — Des poèmes de Félix Franck, d'Émile Bergerat. — Un *Siège de Paris*, fort volume, de Claretie.

J'ai lu là-bas *Le Fer rouge, Nouveaux châtiments*, de Glatigny, dédié à Vacquerie[5] ; — en vente chez Lacroix, Paris et Bruxelles, probablement.

A la Librairie Artistique[6], — je cherchais l'adresse de Vermersch, — on m'a demandé de vos nouvelles. Je vous savais alors à Abbeville.

Que chaque libraire ait son *Siège*, son *Journal de Siège*, — Le *Siège* de Sarcey[7] en est à sa 14e éd[ition] ; — que j'aie vu des ruissellements fastidieux de photographies et de dessins relatifs au Siège, — vous ne douterez jamais. On s'arrêtait aux gravures de A. Marie[8], *Les Vengeurs, Les Faucheurs de la Mort* ; surtout aux dessins comiques de Dräner[9] et de Faustin[10]. — Pour les théâtres, abomination de la désolation. — Les choses du jour étaient *Le Mot d'ordre*[11] et les fantaisies, admirables, de Vallès et de Vermersch au *Cri du Peuple*[12].

Telle était la littérature, — du 25 février au 10 mars. — Du reste, je ne vous apprends peut-être rien de nouveau.

En ce cas, tendons le front aux lances des averses[13], l'âme à la sapience antique.

Et que la littérature belge nous emporte sous son aisselle.

Au revoir,

A. Rimbaud.

Monsieur Paul Demeny,
Rue Jean-de-Bologne,
Douai.

RIMBAUD A PAUL DEMENY

Charleville (Ardennes), [28] août 1871.

Monsieur,

Vous me faites recommencer ma prière : soit. Voici la complainte complète. Je cherche des paroles calmes : mais ma science de l'art n'est pas bien profonde. Enfin, voici :

Situation du prévenu : j'ai quitté depuis plus d'un an la vie ordinaire, pour ce que vous savez. Enfermé sans cesse dans cette inqualifiable contrée ardennaise, ne fréquentant pas un homme, recueilli dans un travail infâme, inepte, obstiné, mystérieux, ne répondant que par le silence aux questions, aux apostrophes grossières et méchantes, me montrant digne dans ma position extra-légale, j'ai fini par provoquer d'atroces résolutions d'une mère aussi inflexible que soixante-treize administrations à casquettes de plomb.

Elle a voulu m'imposer le travail, — perpétuel, à Charleville (Ardennes) ! Une place pour tel jour, disait-elle, ou la porte.

Je refusais cette vie ; sans donner mes raisons : c'eût été pitoyable. Jusqu'aujourd'hui, j'ai pu tourner ces échéances. Elle, en est venue à ceci ; souhaiter sans cesse mon départ inconsidéré, ma fuite ! Indigent, inexpérimenté, je finirais par entrer aux établissements de correction. Et, dès ce moment, silence sur moi !

Voilà le mouchoir de dégoût qu'on m'a enfoncé dans la bouche. C'est bien simple.

Je ne demande rien, je demande un renseignement. Je veux travailler libre : mais à Paris, que j'aime. Tenez : je suis un piéton, rien de plus ; j'arrive dans la ville immense sans aucune ressource matérielle : mais vous m'avez dit : Celui qui désire être ouvrier à quinze sous par jour s'adresse là, fait cela, vit comme cela. Je m'adresse là, je fais cela, je vis comme cela. Je vous ai prié d'indiquer des occupations peu absorbantes, parce que la pensée réclame de larges tranches de temps. Absolvant le poète, ces balançoires matérielles se font aimer. Je suis à Paris : il me faut une *économie* positive ! Vous ne trouvez pas cela sincère ? Moi, ça me semble si étrange, qu'il me faille vous protester de mon sérieux !

J'avais eu l'idée ci-dessus : la seule qui me parût raisonnable : je vous la rends sous d'autres termes. J'ai bonne volonté, je fais ce que je puis, je parle aussi compréhensiblement qu'un malheureux ! Pourquoi tancer l'enfant qui, non doué de principes zoologiques, désirerait un oiseau à cinq ailes ? On le ferait croire aux oiseaux à six queues, ou à trois becs ! On lui prêterait un Buffon des familles : ça le déleurre[rait].

Donc, ignorant de quoi vous pourriez m'écrire, je coupe les explications et continue à me fier à vos expériences, à votre obligeance que j'ai bien bénie, en recevant votre lettre, et je vous engage un peu à partir de mes idées, — s'il vous plaît...

Recevriez-vous sans trop d'ennui des échantillons de mon travail [1] ?

A. Rimbaud.

Monsieur Paul Demeny,
15, place S[ain]t-Jacques,
A Douai (Nord).

NOTES

[RÉCIT] p. 39

Nous avons décidé de ne pas publier les vers latins écrits par Rimbaud (la plupart du temps, sur un canevas) et imprimés dans les bulletins de l'Académie de Douai. En revanche, nous avons retenu ce « récit », copié par Rimbaud sur ce que l'on a coutume d'appeler le *Cahier des dix ans*. Il a été donné par Suzanne Briet dans son livre *Rimbaud notre prochain*, Nouvelles Éditions latines, 1956, p. 41-45 (Paterne Berrichon l'avait publié pour la première fois sous le titre injustifié de « Narration » dans son livre, *La Vie de Jean-Arthur Rimbaud*, Mercure de France, 1897). Le cahier lui-même, de format 14,5 cm × 20 cm, comporte huit feuillets. Il contient des textes en latin, des textes en français, de faux devoirs d'écolier, des problèmes de calcul et quelques dessins. Certains textes sont signés. Parmi les dessins, signalons celui qui a pour titre « Navigation » et que Suzanne Briet décrit ainsi : « On y voit deux collégiens renversés dans une barque plate. Tous deux lèvent les bras au ciel, et le plus petit crie : “ Au secours ! ” »

Le récit occupe les pages 10 et 11 du cahier. Une première partie, pompeusement intitulée « Prologue », laisse prévoir un texte narratif d'une certaine ampleur. Rimbaud se sert là d'éléments de sa vie ; il les transforme et oppose à la réalité « rugueuse » (le père parti, la mère sévère et renfermée) les bonheurs de la fiction. Peu à peu, la narration dérive vers une satire du milieu scolaire (alors que Rimbaud s'y montrait un élève appliqué) et la décision comique d'être un oisif, résolution qui marquera encore son projet de « dérèglement des sens » (il se dira « plus oisif que le crapaud »), mais que démentira dramatiquement le reste de son existence dévorée par un labeur triste et harassant.

1. *L'an 1503 :* l'action se situe donc sous le règne de Louis XII.

2. *peau de même couleur :* Cette description ne correspond en rien à l'aspect du capitaine Frédéric Rimbaud, blond aux yeux bleus (voir Paterne Berrichon, *Jean-Arthur Rimbaud, le poète,* Paris,

Mercure de France, 1912). Mais en 1864, époque où fut probablement rédigée cette prose, il était âgé lui aussi de cinquante ans. Il vivait d'ailleurs séparé de sa femme depuis 1860. Il mourra à Dijon en 1878.

LES ÉTRENNES DES ORPHELINS p. 42

Texte publié dans la *Revue pour tous*, 2 janvier 1870, p. 489-491. Pas de manuscrit connu.

Les Étrennes des Orphelins est le premier poème de Rimbaud que nous connaissions. Courant décembre 1869, Rimbaud avait dû en envoyer une première version, puisque le numéro de la *Revue pour tous* du 26 décembre indique dans la rubrique « correspondance » : « M. Rim. à Charleville — La pièce de vers que vous nous adressez n'est pas sans mérite et nous nous déciderions sans doute à l'imprimer si, par d'habiles coupures, elle était réduite d'un tiers. » Rimbaud se résolut probablement à suivre ce conseil, ce qu'indiquent la ligne de points de suspension terminant la quatrième partie et peut-être la ligne de points de suspension finale. De multiples influences sont repérables : *Les Enfants trouvés* de François Coppée (dans son recueil *Les Poèmes modernes*, 1869), mais surtout *Les Pauvres Gens* de Victor Hugo et *L'Ange et l'Enfant* de Jean Reboul. Rimbaud, en effet, avait composé un thème en vers latin à partir du poème de Reboul et son devoir avait été publié dans le *Bulletin de l'Académie de Douai* (1er juin).

Intention ou hasard, Rimbaud, se conformant à un tel sujet motivé par l'époque de l'année où il fut composé (les étrennes de nouvel an), semble avouer ainsi sa propre condition d'enfant sans père (« le père est bien loin ») et pour qui la vraie mère compte aussi peu qu'une morte.

Verlaine, dans sa préface aux *Poésies complètes*, Vanier, 1895, remarquera à propos de ce poème : « une facture solide, même un peu trop, qui dit l'extrême jeunesse de l'auteur quand il s'en servit d'après la formule parnassienne exagérée ».

Commentaire : J. F. Massol, « Pratiques scolaires, visées littéraires : *Les Étrennes des orphelins* », dans « *Minute d'éveil* ». *Colloque Rimbaud de 1984*, Paris, SEDES, 1984, p.5-20.

v. 63 — *L'armoire était sans clefs !... :* Cette précision surprend, mais on comprend vite que le meuble est ainsi fermé pour que les enfants ne puissent pas toucher aux « surprises ».

v. 81 — *l'ange des berceaux :* Souvenir du poème de Reboul : « Un ange au radieux visage/Penché sur le bord d'un berceau [...]. »

v. 102 — *de la nacre et du jais :* Rimbaud décrit ici presque dans les termes d'un poète de l'art pour l'art la verroterie funéraire.

CHARLES D'ORLÉANS A LOUIS XI p. 45

Texte de l'autographe de l'ancienne collection Alfred Saffrey.

Il est bon de voir dans quel cadre se forma l'œuvre de Rimbaud, quels modèles il eut d'abord. Si l'on doit évoquer les versions et thèmes latins où il excellait, il faut encore plus considérer les narrations auxquelles il prenait un évident plaisir, surtout à partir du moment où Georges Izambard devint son professeur (début 1870). Une grande complicité s'établit vite entre l'élève et le maître. Izambard raconte qu'à l'occasion du devoir que nous présentons ici et dont il avait proposé le sujet : « Lettre de Charles d'Orléans pour solliciter la grâce de Villon menacé par la potence », il prêta à Rimbaud non seulement les œuvres de Villon (constamment démarquées dans ce texte et dont Rimbaud s'inspirera bientôt pour composer son *Bal des pendus*), mais encore la *Notre-Dame de Paris* de Victor Hugo — ce qui fâcha fort Mme Rimbaud — et la belle pièce poétique de Théodore de Banville, *Gringoire*.

LETTRE A THÉODORE DE BANVILLE DU 24 MAI 1870 p. 49

Bibliothèque Jacques Doucet. Cette lettre a été publiée pour la première fois par Marcel Coulon dans *Les Nouvelles littéraires*, 17 octobre 1927.

Comme plusieurs autres lettres de Rimbaud, nous avons décidé de publier celle qu'il adressa à Théodore de Banville en mai 1870, non pas dans la partie « Correspondance », mais dans celle qui contient les œuvres elles-mêmes. En effet, trois poèmes s'y trouvent présentés. Ces textes, copiés ici par Rimbaud pour la première fois, offrent des différences notables avec la version qu'il en donnera dans le « Cahier de Douai ». « Par les beaux soirs d'été... » (plus tard intitulé *Sensation*), *Ophélie* et *Credo in unam*... manifestent en outre les voies dans lesquelles il se cherchait — qu'il exprime une simple impression, reconstitue une scène dramatique ou compose en réaction contre le catéchisme de son enfance un Credo parnassien aux effets médités et souvent un peu forcés.

Théodore de Banville, 1823-1891, était un des plus illustres représentants de l'école poétique des Parnassiens caractérisée par la rigueur de la forme, l'impersonnalité des sujets choisis, le recours fréquent, voire abusif, à la mythologie. Il avait publié plusieurs recueils remarquables par la versification fort travaillée et parfois la fantaisie : *Les Cariatides* (1842), *Les Stalactites* (1846), les *Odes funambulesques* (1857), etc. Son avis comptait beaucoup dans le choix des textes retenus pour publication dans le *Parnasse contemporain*, ouvrage anthologique publié par séries et où Rimbaud souhaitait figurer. Particulièrement attentif aux poètes de son temps, il encouragera les premiers essais de Mallarmé.

1. *j'ai dix-sept ans :* Rimbaud ne comptait pas encore seize ans à l'époque.

2. *un descendant de Ronsard :* Banville, en effet, avait publié en 1856 un recueil se réclamant de l'inspiration des poètes de la Pléiade et intitulé *Les Odelettes*.

3. *un frère de nos maîtres de 1830 :* Rimbaud désigne bien évidemment la deuxième vague du romantisme et les poètes groupés dans le cénacle hugolien. Ces poètes avaient parfois été inspirés par Ronsard, Du Bellay, etc., et ils en avaient publié des anthologies. Ce fut le cas de Sainte-Beuve, puis de Nerval.

4. *Anch'io :* « Et moi aussi » en italien. Citation incomplète de l'exclamation du Corrège devant un tableau de Raphaël : *Anch' io son' pittore* (Et moi aussi je suis peintre), passée à l'état de proverbe.

5. *la dernière série du Parnasse :* le premier *Parnasse contemporain* avait été publié en 1866. Depuis 1869, il paraissait sous forme de séries mensuelles et l'éditeur Alphonse Lemerre avait l'intention de les regrouper pour en former un deuxième volume qui, retardé, ne vit le jour qu'en 1871. Le texte de Rimbaud ne fut pas retenu.

[PAR LES BEAUX SOIRS D'ÉTÉ, J'IRAI DANS LES SENTIERS] p. 52

Ces deux quatrains ne portent pas encore le titre *Sensation* qu'ils auront dans le « Cahier de Douai » (voir p. 65).

Dans ce poème, simple d'apparence, Rimbaud échappe déjà aux lourdeurs de la rhétorique. Certains thèmes essentiels sont posés. Le futur, unique temps des nombreux verbes, indique la décision d'une aventure. L'expérience prend ainsi date.

Commentaire : Marc Eigeldinger, « *Sensation*, poème inaugural » dans *Berenice*, n° consacré à Rimbaud, Rome, mars 1981, p. 53-58.

OPHÉLIE p. 52

D'après Georges Izambard, *Ophélie* fut le premier poème que Rimbaud soumit à son attention. Il est inspiré par le drame *Hamlet* (acte IV, scène 7) de Shakespeare et reprend certaines expressions de poèmes de Banville (*La Voix lactée* et « *A Henry Murger* ») parus dans *Les Cariatides*.

v. 7 — Banville avait écrit dans *La Voix lactée :*
« Qui, répétant tout bas la chanson d'Ophélie,
Ne retrouve des pleurs pour sa douce folie ? »

v. 27 — Ce « beau cavalier pâle » est évidemment Hamlet, évoqué déjà sous cet aspect par Banville dans « *A Henry Murger* » (« Caprices en dixains à la manière de Marot »).

v. 34 — C'est, en effet, couronnée de fleurs, qu'Ophélie décide de mourir en se noyant.

CREDO IN UNAM... p. 53

Ce titre (que Rimbaud ne conservera pas dans le Cahier de Douai) est évidemment un Credo à l'égard de la nouvelle poésie, et notamment de la beauté représentée traditionnellement par Vénus. Izambard assure que *Credo in unam* fut écrit après la lecture du *Satyre* de Hugo (dans *La Légende des siècles*) et de *L'Exil des dieux,* pièce placée en tête du recueil *Les Exilés* (1866) de Banville. Rimbaud avait également, à l'occasion d'une version latine, traduit en vers le début de l'Invocation à Vénus qui ouvre le *De natura rerum* de Lucrèce. Il s'était d'ailleurs contenté de recopier, en y apportant quelques corrections de style, la traduction versifiée qu'en avait donnée Sully Prudhomme en 1869. La sienne, dont les examinateurs n'eurent pas l'astuce de soupçonner la véritable origine, fut publiée dans le *Bulletin de l'Académie de Douai* du 11 avril 1870. On retrouve ici un éloge du paganisme bien dans la manière des Parnassiens. Rimbaud, même lorsqu'il abandonnera une telle esthétique, continuera d'utiliser de nombreuses références mythologiques. Superbe ou dérisoire, la figure de Vénus apparaît jusque dans ses derniers textes.

v. 18 — *le syrinx :* Ce mot, habituellement féminin, désigne une flûte de roseau.

v. 25 — *Cybèle :* Déesse de la terre et des travaux champêtres, dans la mythologie latine. On la représentait traditionnellement sur son char, parcourant les cités. Voir Virgile, *Énéide,* VI, 785, et Lucrèce, *De natura rerum,* II, 624 : « Magnas invecta per urbes. » Du Bellay a repris cette image : « Telle que dans son char la Bérécynthienne [...] »

v. 39 — *Astarté :* Astarté était la déesse du ciel chez les peuples sémitiques, et Jacques Gengoux eut raison, à propos de ce vers, de noter une confusion faite par Rimbaud avec la Vénus anadyomène, plus bas nommée « l'Aphrodité marine ». Cette confusion avait déjà été faite par Musset (« Où Vénus Astarté, fille de l'onde amère ») dans son poème *Rolla,* dont Rimbaud se souvient évidemment ici, même si, un an plus tard, dans ses lettres de mai 1871, il n'a qu'exécration pour ce genre de poésie.

v. 86 — *la cavale :* Référence au mythe d'Athéna (la déesse de l'intelligence chez les Grecs) sortant tout armée du front de Zeus. Il est possible aussi que Rimbaud évoque le *Phèdre* de Platon où l'âme est comparée à un char tiré par deux chevaux de nature contradictoire.

v. 120 — *Kallipyge :* qui a de belles fesses, épithète à caractère homérique pour qualifier Aphrodite, et plus particulièrement une statue qui fut trouvée à Rome dans la Maison dorée de Néron.

v. 123 — *Ariadné :* Ariane, fille de Minos, permit à Thésée de sortir du labyrinthe où il avait été enfermé. L'ayant suivi dans sa fuite, elle fut abandonnée par le héros dans l'île de Naxos où elle se donna la mort (voir *Le Triomphe de Bacchos* dans *Les Stalactites* de Banville).

v. 128 — *Lysios :* Le Libérateur. Autre nom de Bacchus.

v. 132 — *Europé :* Europe avait été enlevée par Zeus métamorphosé en taureau. André Chénier, notamment, avait décrit cette scène dans l'une de ses *Bucoliques*.

v. 141 — *Léda* avait été séduite par Zeus métamorphosé en cygne.

v. 146 — *comme d'une gloire :* Dans l'iconographie chrétienne, la gloire est un nuage lumineux qui entoure les représentations des figures saintes.

v. 153 — *la Dryade :* Nymphe des forêts.

v. 154-155 — *Séléné :* La Lune (Séléné en grec) avait séduit le chasseur Endymion et s'était unie à lui dans un rayon. Le vers 155 renvoie aux vers 2 et 3 d'*Ophélie*.

v. 162 — *les sombres marbres :* Les statues des Dieux abandonnées, mais qui, cette fois, semblent douées de vie.

[CAHIER DE DOUAI]

PREMIÈRE SOIRÉE p. 63

Cahier de Douai, f° 1 r° v°.

Il existe un manuscrit de ce poème, alors intitulé *Comédie en trois baisers* et donné à Izambard. *Première soirée* sous le titre *Trois Baisers* avait été publié dans *La Charge*, hebdomadaire satirique de quatre pages paraissant à Paris, dans le numéro du 13 août 1870. Cette publication donne sans doute la raison pour laquelle Rimbaud plaça ce texte en tête de son recueil manuscrit.

v. 4 — *Malinement :* Rimbaud écrit *malinement* et *maline* (voir le poème portant ce titre, p. 100) selon une prononciation répandue dans le nord de la France et en Belgique.

SENSATION p. 65

Cahier de Douai, f° 1 v°.

Pour le commentaire, voir p. 230.

LE FORGERON p. 66

Cahier de Douai, f° 2 r° v°, f° 3 v° r°, f° 4 r° v°, f° 5 r°.

Il existe un autre manuscrit de ce texte, donné par Rimbaud à Izambard. Sur celui-ci, la date placée en épigraphe est « vers le 20 juin 1792 ». L'argument du *Forgeron* fut sans doute inspiré à Rimbaud par une gravure de l'*Histoire de la Révolution française* d'Auguste Thiers, gravure montrant Louis XVI pris à partie par le boucher Legendre et coiffant le bonnet rouge des révolutionnaires. De ce boucher, Rimbaud a fait un forgeron, tâche plus riche de signification mythique (les Titans en lutte contre les Dieux de l'Olympe). Ce poème est très marqué par l'influence du Victor Hugo de *La Légende des siècles* et des *Châtiments*. Rimbaud lui emprunte son emphase, la tendance à l'agrandissement épique et jusqu'à certains tics de langage. Verlaine, présentant *Le Forgeron* dans sa préface aux *Poésies complètes* de 1895, estimera ce poème « par trop démocsoc ». On y voit cependant s'exprimer la pensée politique du jeune Rimbaud, sa haine du tyran (Louis XVI, ici, n'est qu'un substitut de l'empereur Napoléon III) et son amour du peuple.

v. 50 — *palsembleu :* Ce mot s'écrit normalement avec un a. On l'utilise comme adverbe à valeur de juron. Substantif, il n'est pas attesté. Mais Rimbaud songe à l'étymologie de ce terme : « par le sang bleu » et désigne ainsi les nobles. L'épithète qui suit, « bâtards », justifie cette interprétation.

v. 52 — *petits billets :* Désigne par euphémisme les lettres de cachet par lesquelles, sous l'ancien régime, on envoyait en prison.

v. 75 — Suzanne Bernard note dans son édition (p. 371) que Camille Desmoulins, le 11 juillet 1789, avait invité le peuple à prendre des cocardes vertes « couleur de l'espérance ». Ceux qui n'avaient pas de cocardes mirent des feuilles vertes à leurs chapeaux.

v. 91 — *droguailles :* Espèces de drogues, boniments pour capter l'attention des passants, comme en faisaient sur les foires les marchands de drogues et d'onguents.

v. 111 — Le mot « crapule » va être obstinément répété par Rimbaud. Un an plus tard, pendant la Commune, lui-même prendra la décision de « s'encrapuler » (voir p. 137).

v. 130 — *leur* manque dans le Cahier de Douai. Il est restitué par le ms. Izambard.

v. 138 — On voit par ce vers et les suivants l'importance du forgeron qui prend ainsi valeur allégorique. Il construit les temps nouveaux. Rimbaud retrouve le mythe de Prométhée et celui d'Adoniram, le grand architecte du Temple de Jérusalem, maître des arts du feu, que Nerval avait présenté dans son *Voyage en Orient* (1851).

SOLEIL ET CHAIR p. 72

Cahier de Douai, f° 6 r°, f° 7, f° 8.

Rimbaud a donné à *Credo in unam* ce nouveau titre moins compromettant. La version qu'il propose ici est très écourtée. On ne peut savoir si c'est oubli ou volonté de sa part. Je croirais assez que Banville, dans la réponse qu'il donna (voir p. 176) à la lettre de Rimbaud du 24 mai 1870, avait particulièrement critiqué les vers 81 à 116 de *Credo in unam* où dominait la réflexion philosophique. Rimbaud par la suite aurait alors tenu compte de ses conseils. Il est possible aussi que ces trente-six vers correspondent à une page manquante (recto verso).

Pour le commentaire, voir p. 231.

OPHÉLIE p. 77

Cahier de Douai, f° 9, r° v°.

Pour le commentaire, voir p. 230.

BAL DES PENDUS p. 79

Cahier de Douai, f° 10 r° v°.

Comme *Ophélie* et *Première Soirée, Bal des pendus* est encadré par une strophe identique qui prend ainsi valeur d'incipit et de clausule finale. Izambard assure dans *Rimbaud tel que je l'ai connu,* Mercure de France, 1946, que ce poème aurait une origine scolaire. Izambard avait donné, en effet, en février-avril 1870, un sujet de devoir français : « lettre de Charles d'Orléans à Louis XI pour demander la grâce de Villon menacé de la potence » (voir la narration de Rimbaud, p. 45). A cette occasion, il aurait prêté à Rimbaud plusieurs livres, notamment les *Poésies* de Villon où se trouve la célèbre *Ballade des pendus, Notre-Dame de Paris* de Victor Hugo et la pièce de Théodore de Banville, *Gringoire*. Ce n'est plus une ballade, cependant, que compose Rimbaud, mais un bal où il donne libre cours à son imagination sarcastique. L'inspiration est ici plus proche du Baudelaire macabre et des romantiques frénétiques que des Parnassiens. Ces pendus-pantins deviendront bientôt les caricatures de *A la Musique* et surtout des *Assis*.

v. 4 — *Saladin :* Sultan d'Égypte (1137-1193) célèbre par sa vaillance, adversaire de Frédéric Barberousse, Richard Cœur de Lion et Philippe Auguste, lors de la 3e croisade. Dante le place parmi les « esprits magnes » dans son *Enfer* (v. 129). Les « paladins du diable » sont ici les Infidèles pendus par les Croisés.

v. 27 — *répondant des forêts violettes :* Je suggère de comprendre que les loups, par leurs hurlements, répondent au bruit du vent dans les arbres de la forêt. La construction du participe équivaut à la forme progressive anglaise.

v. 32 — *moustier :* Forme ancienne pour monastère.

LE CHÂTIMENT DE TARTUFE p. 81

Cahier de Douai, f° 11 r°.

Il est possible que ce sonnet résulte d'une étude scolaire du *Tartuffe* de Molière. Le dernier vers y fait référence. Mais l'anticléricalisme de Rimbaud venait aussi de la présence au collège de Charleville de certains séminaristes qu'il ne se privera pas de caricaturer dans d'autres textes, notamment *Un cœur sous une soutane* (voir p. 109).

v. 13 — *rabats :* Morceaux d'étoffe, de batiste ou de dentelle que portaient au cou les gens de robe et d'église.

v. 14 — Ce dernier vers fait écho à la réplique que la servante Dorine adresse au Tartuffe de Molière : « Et je vous verrais nu du haut jusques en bas/Que toute votre peau ne me tenterait pas. »

VÉNUS ANADYOMÈNE p. 82

Cahier de Douai, f° 12 r°.

Rimbaud trouve dans ce sonnet sa manière, d'autant plus qu'il se libère violemment non pas encore des contraintes prosodiques, mais de l'univers dit poétique. Celle qu'il célébrait dans *Credo in unam,* il la tourne maintenant en dérision. La description n'est pas simplement réaliste. Elle détruit l'image convenue de la femme et, partant, de la Muse, inspiratrice de « la belle poésie ». Rimbaud, cependant, s'était donné un modèle ; il avait emprunté certains éléments de son « tableau » au poème d'Albert Glatigny : *Les Antres malsains* (appartenant au recueil *Les Vignes folles,* 1857). Décrivant les pensionnaires de ces « antres », Glatigny parlait d'une fille « aux énormes appas » et portant un tatouage au bras avec ces « mots au poinçon gravés : PIERRE ET LOLOTTE ».

Anadyomène — Du grec *anaduoméné :* qui sort de la mer. Surnom donné à Vénus née de l'écume.

v. 2 — Réminiscence d'un vers de Glatigny : « Qui baise ses cheveux fortement pommadés. »

v. 4 — *des déficits :* Au sens de défauts.

v. 12 — *Clara Venus :* Illustre Vénus. Ces mots latins rendent cette femme d'autant plus dérisoire et forment légende au tableau.

LES REPARTIES DE NINA p. 83

Cahier de Douai, f° 13, f° 14.

On a cependant ajouté en leur place les deux quatrains supplémentaires que contient le manuscrit donné à Izambard par Rimbaud. Ces quatrains sont mis entre crochets dans notre édition. Sur le manuscrit Izambard, la pièce est intitulée *Ce qui retient Nina* et datée du 15 août 1870. Elle fut donc vraisemblablement jointe à la lettre que Rimbaud envoya le 25 août à son professeur (voir p. 215).

Sur un ton frivole, Rimbaud conte une promenade imaginaire (le mode dominant des verbes est le conditionnel éventuel). Sa description réaliste de la campagne ne convainc pas. Si Verlaine n'était pas insensible à cette pièce « avec des gentillesses à tout bout de champ », Yves Bonnefoy, en revanche, y voit une concession à une « tradition certes fort ancienne [...] où printemps et désir d'amour sont des " thèmes " qui permettent surtout l'idéalisation mensongère. Précisément ce que dénoncera en juillet 1871 *Ce qu'on dit au Poète à propos de fleurs* ».

Commentaire : Yves Bonnefoy, « *Les Reparties de Nina* » dans le volume collectif *Le Lieu et la Formule,* hommage à Marc Eigeldinger, Neuchâtel, La Baconnière, 1978, p. 88-110.

v. 48 — *Au Noisetier :* L'expression étant soulignée sur le manuscrit, elle indique sans doute le titre réel d'un andante. Le manuscrit Izambard donne à la place : « Joli portier » qui se rapporte au mot « oiseau » et semble de moins bonne venue.

v. 91 — *le feu qui claire :* Le feu qui éclaire. *Clairer* semble un néologisme, peut-être un ardennisme.

v. 116 — *Et mon bureau?* (Le ms. Izambard donne « Mais le bureau ? »). C'est la seule réplique de Nina dans le poème. Ironique, de quelque façon qu'on l'entende, elle signifie soit que Nina pense à son travail d'employée de bureau, soit qu'elle s'inquiète de son amant en titre, un « bureau », un employé. Dans *A la Musique,* Rimbaud donne au mot ce dernier sens.

A LA MUSIQUE p. 88

Cahier de Douai, f° 15.
Il existe aussi un manuscrit donné à Izambard.

Cette poésie correspond assurément à une « chose vue ». Rimbaud, cependant, s'est inspiré également d'un poème d'Albert Glatigny, *Promenades d'hiver* (dans *Les Flèches d'or,* 1864), où celui-ci décrivait des bourgeois autour d'un kiosque à musique. L'épigraphe du manuscrit Izambard précise : « Place de la gare, tous les jeudis soirs, à Charleville ». Le programme du concert du 10 juillet 1870 comportait une *Polka-mazurka des fifres* qui est sans doute devenue sous la plume de Rimbaud la *Valse des fifres* du septième vers. Rimbaud trouve dans cette musique sotte et dans son auditoire (où lui-même apparaît sous les traits d'un « étudiant » amoureux) une matière rêvée pour son talent satirique.

v. 6 — *schakos :* Coiffure militaire remplacée depuis par le képi.

v. 8 — *breloques à chiffres :* Cachets et bijoux de petite valeur que l'on attachait aux chaînes de montre. Elles portaient souvent le chiffre, c'est-à-dire les initiales gravées, de celui qui les possédait.

v. 10 — *bureaux :* Employés de bureau.

v. 11-12 — Vers peu clairs. L'apposition « officieux cornacs » (c'est-à-dire conducteurs d'éléphants !), puis la périphrase suivante désignent peut-être les dames de compagnie de ces « grosses dames ». A. Glatigny avait écrit : « Dont les vastes chapeaux ont des couleurs infâmes. »

v. 15 — *les traités :* Sans doute les traités de 1815 qui avaient sacrifié le principe des nationalités et que Napoléon III n'eut de cesse qu'il ne les remit en cause.

v. 16 — *prisent en argent :* Prisent dans des tabatières d'argent. Mais le verbe « priser » signifie aussi estimer le prix d'un objet.

v. 19 — *son onnaing :* Sorte de pipe fabriquée à Onnaing, près de Valenciennes.

v. 23 — *fumant des roses :* D'après Delahaye, les roses désigneraient des cigarettes dont le paquet était de couleur rose et qui étaient moins fortes et moins chères que les cigarettes des paquets bleus.

v. 25 — Glatigny avait écrit : « Moi, je suis doucement les filles aux yeux doux » (qualifiées plus loin, par lui, d' « alertes et discrètes »).

v. 36 — Sur la suggestion d'Izambard, Rimbaud aurait modifié ce vers trop violent et le Cahier de Douai porte : « — Et je sens les baisers qui me viennent aux lèvres. » Nous avons rétabli le vers original donné par le ms.Izambard.

LES EFFARÉS p. 90

Cahier de Douai, f° 16.

On connaît deux autres manuscrits de ce texte. L'un est dédicacé « à Monsieur Jean Aicard » et porte l'indication « Juin 1871 — Arthur Rimbaud, 5 bis quai de la Madeleine — Charleville, Ardennes. Un ex. des *Rêbellions,* s'il plait à l'auteur. A.R. » Le cachet de la poste porte la date du 20 juin 1871. L'envoi est adressé à A. Lemerre, 47, passage Choiseul (voir fac-similé publié dans *La Grive,* juillet-décembre 1963 et présenté par M. Pakenham, et *Les Nouvelles littéraires,* 26 septembre 1963). L'autre est une copie faite par Verlaine (noté ici *ms.V.*) qui servit à établir le texte du poème publié dans *Lutèce,* 19 octobre 1883. Cette dernière version est améliorée quand on la compare avec le texte original. C'est pourquoi, exceptionnellement, nous indiquerons les variantes qu'elle présente.

Il est remarquable que, parmi tous les poèmes du Cahier de Douai, Rimbaud n'ait retenu que celui-là dans l'envoi qu'il fit à Verlaine de ses textes en septembre 1871.

Signalons enfin que *Les Effarés* fut publié une première fois en Angleterre, sous le titre *Petits pauvres,* dans *The Gentleman's Magazine* de janvier 1878. Cette publication semble due à Verlaine, ou à C. Barrère, qui participait à la revue (voir E.W.H. Meyerstein, *Times Literary Supplement,* 11 avril 1935). La publication des *Effarés* dans *Lutèce,* puis dans le volume *Les Poètes maudits* (1884) de Verlaine groupe les vers en sizains.

Le titre de cette poésie est typiquement rimbaldien, même si les effarés sont frères des misérables de Hugo. L'effarement, forme de vision étonnée, voire émerveillée, caractérisait déjà le regard d'Ophélie. La scène de rue que trace Rimbaud montre — le fait est rare — la pitié dont était capable celui qui bientôt se voulut crapule et voyou. L'enfance demeure l'un des maîtres mots de son univers affectif.

v. 12 — Grogne un vieil air (*ms.V.*)
v. 16-17 — Quand pour quelque médianoche
Façonné comme une brioche (*ms.V.*)

Le *médianoche* est un repas qui se fait, minuit sonné, après un jour maigre.

v. 22 — Quand, sous les poutres enfumées (*ms.V.*)
v. 26 — Les pauvres Jésus pleins de givre (*ms.V.*)
v. 29 — Au treillage, grognant des choses (*ms.V.*)
v. 31-32 — Tout bêtes, faisant leurs prières
Et repliés vers ces lumières (*ms.V.*)
v. 35 — Et que leur chemise tremblote (*ms.V.*)

Dans la copie faite par Verlaine, *Les Effarés* porte la date du « 20 sept. 70 ».

ROMAN p. 92

Cahier de Douai, f° 17.

Ce « roman » (Rimbaud se moque ainsi de ses aventures) est composé de quatre parties parfaitement équilibrées. Les indications de mois ont troublé certains commentateurs. C. A. Hackett (*Œuvres poétiques*, p. 295) n'hésite pas à dater *Roman* de juin 1870 (voir v. 5). Mais Rimbaud écrit au vers 25 : « Vous êtes amoureux. Loué jusqu'au mois d'août. » A moins de croire qu'il s'agit d'une location (!), on pensera que le poète évoque ici, sur la fin de l'été, une aventure en cours. Toutefois, le « vous » utilisé dans le texte rend ce roman applicable à tout lecteur. Ce n'est pas un poème de la rencontre unique, mais une sorte de « diagnostic » porté sur les rêves d'amour à dix-sept ans.

v. 13 — *dix-sept ans :* A l'époque, Rimbaud avait moins de seize ans. Dans sa lettre à Banville écrite en mai, la même année, il prétendait avoir « presque dix-sept ans » déjà.

v. 17 — *Robinsonne :* Rimbaud a gardé la majuscule pour ce verbe formé à partir du nom propre du *Robinson* de Daniel Defoe et signifiant vagabonder.

v. 20 — La description du père pourrait être inspirée, comme le note Marcel Ruff, du poème de Verlaine *Monsieur Prudhomme* (dans les *Poèmes saturniens*). « Son faux col engloutit son oreille [...] »

v. 24 — *cavatines :* Airs courts d'opéra chantés à une seule voix.

[MORTS DE QUATRE-VINGT-DOUZE] p. 94

Cahier de Douai, f° 18 r°.

Malgré l'indication finale, ce sonnet daterait, selon G. Izambard, du dimanche 17 juillet 1870. Il était alors intitulé *Aux morts de Valmy*. Le prétexte en était un article publié dans *Le Pays* (journal bonapartiste) du 16 juillet et signé Paul de Cassagnac. Cassagnac défendait la guerre contre la Prusse en invoquant le courage des sans-culottes. Mais les causes n'étaient pas les mêmes. Rimbaud montre son sincère républicanisme et sa haine du Second Empire (assimilé ici au régime royaliste). L'indication finale ne donnerait qu'une date de transcription.

v. 14 — *Messieurs de Cassagnac :* Paul, l'auteur de l'article du *Pays*, et son père, Adolphe Granier de Cassagnac, défenseur de l'Empire autoritaire, également journaliste dans *Le Pays*.

LE MAL p. 95

Cahier de Douai, f° 19 r°.

Ce sonnet a certainement été écrit durant l'été 1870. Il constitue l'un des poèmes de guerre de Rimbaud. Qu'est-ce que le Mal? « L'alliance de Dieu et de César », répondent Étiemble et Yassu Gauclère dans leur *Rimbaud* (Gallimard, 1950, p. 111).

v. 3 — *écarlates ou verts :* Les uniformes des Français étaient rouges, et verts ceux des Prussiens. Le mot « Rois » ne vaut ici que pour le roi de Prusse.

v. 5-6 — On notera le zeugme de construction. Un même régime « de cent mille hommes » est attribué à deux verbes de construction différente ici : « broie » et « fait ».

RAGES DE CÉSARS p. 96

Cahier de Douai, f° 19 v°.

Après la capitulation de Sedan (2 septembre 1870), Napoléon III avait été enfermé au château de Wilhelmshöhe. Rimbaud se venge à sa manière de « l'Homme pâle » (Napoléon III, miné par la maladie, se fardait et *La Débâcle* de Zola nous le montre ainsi) qui avait tenu plus de vingt ans la France sous son pouvoir. Le titre, qui ne correspond qu'imparfaitement à l'attitude que Rimbaud prête à l'empereur dans son poème, tend à généraliser la navrante expérience des tyrans.

v. 12 — *Le Compère à lunettes* désigne Émile Ollivier, président du Conseil, qui, le 19 juillet 1870, avait annoncé la déclaration de guerre « d'un cœur léger ».

v. 14 — *Saint-Cloud* était la résidence impériale près de Paris.

RÊVÉ POUR L'HIVER p. 97

Cahier de Douai, f° 21 r°.

D'après la date, c'est le premier des sept sonnets composés par Rimbaud durant sa fugue en Belgique. On y observe une alternance (rare chez les auteurs de sonnets) d'alexandrins et d'hexasyllabes. L'inspiration se rattache — ne serait-ce que par l'emploi du futur — aux *Reparties de Nina*. « Elle » reste sans doute la femme ou la jeune fille rêvée en ce début d'hiver. Les poètes fantaisistes (Derême, Carco, etc.) se souviendront du ton de ce poème.

LE DORMEUR DU VAL p. 98

Cahier de Douai, f° 22 r°.

Ce sonnet, l'un des plus célèbres de Rimbaud, a paru pour la première fois dans l'*Anthologie des Poètes français du* XIX*e siècle*, Lemerre, 1888, t. IV, p. 107.

A juste titre, Claude Duchet estime ce texte plus littéraire que vécu (voir son article dans *Revue d'Histoire littéraire de la France*, 1962, p. 371-380). Aucun combat, en effet, ne s'était déroulé près de Charleville. Le dernier vers du *Dormeur du Val* peut être comparé à l'alexandrin qui débute *Souvenir de la nuit du 4* (dans *Les Châtiments*, II, 3, de Victor Hugo) : « L'enfant avait reçu deux balles dans la tête. »

AU CABARET-VERT p. 99

Cahier de Douai, f° 23 r°.

Ce poème de Rimbaud le vagabond évoque un cabaret de Charleroi, *La Maison verte*, ainsi qualifié parce que tout y était peint en vert, même les meubles (voir Robert Goffin, *Rimbaud vivant*, Corrêa, 1937, p. 15-17). C'est là que Rimbaud semble avoir éprouvé de rares instants de bonheur qu'il redira suggestivement dans d'autres textes : *Larme* et *Comédie de la soif*, écrits en 1872.

v. 9 — *épeure* : Du verbe épeurer, vieux mot signifiant effrayer. Verlaine l'utilisera dans la deuxième des *Ariettes oubliées* écrite en 1872 : « cher amour qui t'épeures ». Rimbaud l'utilise également dans *Tête de faune* (p. 189).

LA MALINE p. 100

Cahier de Douai, f° 24 r°.

L'ambiance de ce poème rappelle celle du sonnet précédent. Il pourrait avoir été écrit au même endroit et « la maline » serait la même servante. Le titre rappelle celui de certains tableaux de genre, comme en avaient fait les peintres flamands ou Chardin.

v. 3 — *met* sans *s* est une licence poétique admise dans la prosodie classique.

v. 12 — *pour m'aiser* : Pour me mettre à l'aise (provincialisme).

L'ÉCLATANTE VICTOIRE DE SARREBRUCK p. 101

Cahier de Douai, f° 25 r°.

Le combat de Sarrebruck avait eu lieu le 2 août 1870. Cette première rencontre avec l'ennemi s'était soldée par un succès de peu de poids. Très fier, cependant, l'empereur, qui en faisait grand cas, avait hautement vanté la bravoure du prince impérial son fils (alors âgé de quatorze ans !), lequel l'avait accompagné sur le champ de bataille. A l'origine de ce sonnet, il faut sans doute placer une image d'Épinal, *Prise de Saarbrück* (Impr. Pinot et Sagaire, Bruxelles, imagerie d'Épinal, n° 31), rehaussée de cinq couleurs. Elle a été reproduite par André Guyaux dans l'édition des *Œuvres* de Rimbaud, Garnier frères, 1981. Rimbaud en donne une description parodique, d'autant plus ironique que cette éclatante victoire fut sans lendemain. Napoléon III capitula, le 2 septembre, à Sedan.

v. 7 — *Pitou* : Nom attribué au soldat naïf de l'époque, l'équivalent du Bidasse de nos jours.

v. 9 — *Dumanet* : Ce nom de soldat apparaît dans un vaudeville des frères Cogniard, *La Cocarde tricolore* (1831).

v. 10 — *chassepot* : Fusil de guerre à aiguille, en usage en France de 1866 à 1874.

v. 13 — *Boquillon* : Personnage créé par Albert Humbert dans un journal satirique, *La Lanterne de Boquillon* (voir François Caradec, « Rimbaud lecteur de Boquillon », *Parade sauvage*, n° 1, octobre 1984, p. 16-18), et véritable ancêtre des comiques troupiers.

LE BUFFET p. 102

Cahier de Douai, f° 26 r°.

Ce sonnet surprend dans la production de Rimbaud. S'il rappelle l'armoire des *Étrennes des orphelins*, il construit surtout un univers paisible, intimiste, évocateur du passé.

MA BOHÈME p. 103

Cahier de Douai, f° 27 r°.

La bohème de Rimbaud n'a rien à voir avec les célèbres *Scènes de la vie de bohème* (1852) d'Henri Murger qu'il avait dû lire. Elle se confond avec le vagabondage, un mouvement qui entraîne irrésistiblement et confère aux éléments de la réalité un aspect magique.

v. 2 — *devenait idéal :* Tombait en pièces, devenait une « idée » de paletot.

v. 3 — *ton féal :* Ton serviteur (mot ancien, venant du latin *fidelis*). Ce terme appartient au langage médiéval. Il avait été utilisé dans la poésie courtoise, puis dans la poésie « troubadour » des premières heures du romantisme.

v. 7 — Rimbaud renouvelle ici de façon originale l'expression « dormir à la belle étoile ».

v. 8 — Le *frou-frou* des étoiles reprend, sur un mode familier, la croyance qu'avaient les Anciens dans l'harmonie des sphères. Le mot *étoiles* vaut ici également comme étoiles de ballet, danseuses étoiles (Rimbaud le réutilisera en ce sens au vers 35 de *Mes Petites amoureuses*).

v. 14 — *un pied contre mon cœur :* Rimbaud avait d'abord écrit « un pied tout près du cœur ».

UN CŒUR SOUS UNE SOUTANE p. 105

1. *le champignon nasal du sup. :* Dans *Accroupissements* (p. 148), le nez du frère Milotus est comparé à un « charnel polypier ».

2. *le Psalmiste :* C'est-à-dire David, l'auteur des Psaumes.

3. *O altitudo altitudinum :* Ô hauteur des hauteurs ! Il y a peut-être ici une parodie de la parole de *L'Ecclésiaste :* « vanitas vanitatum et omnia vanitas ».

4. *Et pourtant elle se meut :* Traduction de la célèbre parole de Galilée condamné à renier ses découvertes concernant la rotation de la Terre autour du Soleil. *Eppur si muove !*

5. *fort de mon intérieur :* Jeu de mots sur l'expression « for intérieur ».

6. *le Brid'oison :* Juge comique affligé d'un bégaiement et abusivement formaliste, dans *Le Mariage de Figaro* de Beaumarchais.

le Joseph : Cette dénomination est peu claire. Elle désigne peut-être les frères de Saint-Joseph, également appelés crétênites. Le mot suivant : « le bêtiot », tendrait à le prouver.

7. *Effluves* est du masculin. Rimbaud fait une faute couramment commise.

8. *d'ânonymes :* Faute d'orthographe, sans doute volontaire.

9. *Santa Teresa :* Sainte Thérèse d'Avila, célèbre pour ses extases. A dessein, Rimbaud a gardé le mot espagnol.

10. *Stella maris :* Rimbaud reprend ici les litanies de la Vierge.

11. *la lance de l'amour :* L'expression, apparemment mystique, est consciemment équivoque.

12. *Inkermann :* Ce détail a l'allure de ces « choses vues » que Rimbaud sait particulièrement mettre en valeur (voir certains passages des *Poètes de sept ans*). Lors de cette bataille de la guerre de Crimée (5 novembre 1854), les Russes avaient été vaincus par les Anglais et les Français. Le capitaine Rimbaud n'y avait pas participé.

13. *Riflandouille :* Ce nom est aussi comique et impertinent que Labinette. Très vraisemblablement, il vient du *Quart Livre* de Rabelais (ch. XXXVII) où apparaît le capitaine Riflandouille.

14. *Lamartine :* Alphonse de Lamartine était mort en 1869. Il avait publié en 1836 un long poème narratif, *Jocelyn,* confession d'un pauvre curé de campagne se rappelant une passion de jeunesse qu'il avait sacrifiée au devoir religieux. Il est clair qu'*Un cœur sous une soutane* raconte dérisoirement la même histoire.

POÉSIES (FIN 1870-ANNÉE 1871)

LES CORBEAUX p. 129

Texte adopté : publication dans *La Renaissance littéraire et artistique,* 14 septembre 1872, revue dirigée par Émile Blémont que Rimbaud connaîtra à Paris durant le séjour qu'il y fera au cours de l'hiver 1871-1872. Dans une lettre de juin 1872 adressée à Delahaye (voir t. II), Rimbaud témoignera de son mépris pour cette revue. Mais il avait dû communiquer son manuscrit à Blémont bien avant la période où le texte en parut. En effet, nous verrons que les poésies de 1872 révèlent une tout autre technique du vers. Il semblerait même que Rimbaud se soit alors servi de son ancien poème *Les Corbeaux* pour écrire *La Rivière de cassis* (voir t. II). Par la versification comme par le sujet traité, le poème se rattache à ceux qui furent écrits en 1870-1871. Les morts d' « avant hier » (donc de la récente guerre franco-prussienne) y sont évoqués. Présentant *Les Corbeaux* dans ses *Poètes maudits,* Verlaine a qualifié ce texte de « chose patriotique, mais patriotique bien ».

Léon Dierx, dans la huitième strophe de son poème *Les Paroles du vaincu* (1871), avait écrit : « Qu'ils sont gras, les corbeaux, mon frère ! / Les corbeaux de notre pays ! / Ah ! la chair des héros trahis / Alourdit leur vol funéraire ! / Quand ils regagnent vers le soir / Leurs bois déserts, hantés des goules, / Frère, aux clochers on peut les voir, / Claquant du bec, par bandes soûles, / Flotter comme un lourd drapeau noir. »

LES ASSIS p. 130

Texte adopté : copie établie par Verlaine et figurant dans son cahier, p. 1-2. Dans la présentation qu'il en fit dans *Les Poètes maudits,* Verlaine assure que Rimbaud exerçait ainsi sa verve contre un bibliothécaire de Charleville qui « maugréait » à chaque fois que le jeune homme lui demandait un nouveau livre et le forçait ainsi à se lever. La critique de la bourgeoisie était déjà cruelle dans *A la Musique.* Mais *Les Assis* témoigne d'un renouvellement du style de Rimbaud. Désormais, il veut transformer le vocabulaire poétique. Il y introduit des termes proscrits (scatologiques, médicaux), voire des néologismes. Cette transgression s'accorde avec sa révolte. Les assis de la bibliothèque deviennent tous les sédentaires du monde auxquels il oppose la démarche souveraine du poète-aventurier.

v. 1 — *loupes :* Tumeurs bénignes qui viennent sous la peau.

v. 2 — *boulus :* Néologisme, pleins de boules, cagneux.

v. 3 — *sinciput :* Sommet de la tête.

v. 10 — *percaliser :* Néologisme formé sur *percale*. Rendre comme de la percale, tissu de coton fin et serré. Le verbe *percaliser* poursuit le thème de la tresse-tissu découvert au vers précédent. Il est possible que le verbe « percer » (les soleils sont « vifs ») surdétermine aussi *percaliser*.

v. 39 — *en lisière :* La lisière était une bande ou un cordon que l'on attachait aux vêtements d'un petit enfant pour le soutenir quand il commençait à marcher. On remarquera la liberté que prend Rimbaud avec les rimes indifféremment au singulier ou au pluriel : *lisière* rime avec *visières* et, dans le quatrain suivant, *virgule* rime avec *libellules*.

v. 44 — *leur membre :* Le singulier confirme l'interprétation érotique des deux dernières strophes.

LES DOUANIERS p. 132

Texte adopté : copie établie par Verlaine dans son cahier, p. 16. D'après Ernest Delahaye, ce poème fit partie de ceux que Rimbaud envoya à Verlaine dans la première lettre qu'il lui adressa (en septembre 1871). Delahaye, sur sa demande, l'aurait calligraphié.

Ce sonnet a été inspiré à Rimbaud par la réalité locale. Avec Delahaye, il allait fréquemment jusqu'à la frontière pour se procurer du tabac belge. *Les Douaniers,* comme *Les Assis,* font partie des « types » qu'il se plut à caricaturer. Mais traverser la frontière signifie beaucoup plus pour lui que passer d'un pays à l'autre. Faust est le contrevenant majeur de l'interdiction.

Du point de vue prosodique, on remarquera que ce poème (avec *Oraison du soir* et *Voyelles*) observe la règle de la quadruple rime dans les quatrains d'un sonnet.

v. 1 — *Cré Nom :* Juron pour « sacré nom (de Dieu) ! ».

macache : Mot arabe signifiant « il n'y a pas » et utilisé comme juron, dès 1830, dans l'argot de l'armée française d'Afrique.

v. 3 — *les Soldats des Traités :* Les soldats allemands postés à la frontière et chargés de faire respecter les mesures territoriales fixées par les traités.

v. 4 — *l'azur frontière :* Frontière est ici adjectif et signifie limitrophe. Sur les cartes, la frontière était coloriée en bleu.

grands coups d'hache : Le mot *hache* comporte normalement un h aspiré qui empêche l'élision de la voyelle précédente.

v. 9 — *les faunesses :* Les femmes faciles et impudiques. Dans les *Illuminations,* Rimbaud parlera des bacchantes de banlieues.

v. 10 — *Fausts* et *Diavolos :* Personnages d'opéras, le *Faust* de Gounod (1859) et le *Fra Diavolo* d'Auber et Scribe (1830).

v. 11 — *les anciens :* Façon de parler familière pour désigner les habitués et notamment les repris de justice. Les « jeunesses » du vers suivant s'opposent à ce mot.

v. 12 — *sa sérénité :* Terme de majesté risible. Sa sérénité le douanier !

v. 13 — *se tient aux :* S'en tient aux appas, c'est-à-dire s'en contente. Mais on passe facilement du sens moral au sens physique : « toucher à », que précise le vers suivant.

LETTRE A GEORGES IZAMBARD, 13 MAI 1871 p. 137

Fac-similé publié pour la première fois par G. Izambard dans *La Revue européenne*, octobre 1928.

Georges Izambard, jeune professeur de Rimbaud, s'était engagé pendant la guerre franco-prussienne. En février 1871, l'armistice ayant été signé, il attendait d'être affecté à un nouveau poste. En avril, après avoir décliné une proposition de préceptorat à Saint-Pétersbourg en Russie, il avait donné des cours au lycée de Douai en tant que vacataire.

1. *le principe :* Rimbaud obéit donc à une détermination diamétralement opposée à « la bonne ornière » suivie par Izambard.

2. *en filles :* En bouteilles de vin. Le diminutif « fillettes » est plus usité en ce sens.

3. *Stat mater dolorosa... :* La mère se tient douloureuse, pendant que le fils est suspendu (sur la croix). Rimbaud adapte malicieusement à son propre cas la célèbre prose d'église du *Stabat mater :* « Stabat mater dolorosa/Juxta crucem lacrimosa/Dum pendebat Filius. »

4. *poésie subjective/poésie objective :* La distinction que Rimbaud établit ici semble en même temps sujette d'une autre distinction. Izambard a repris le travail universitaire. Rimbaud, lui, est en grève. Son travail (celui de poète) ne peut se faire qu'objectivement, c'est-à-dire selon l'événement du moment. Dans la lettre suivante, il distinguera fort bien les écrivains « fonctionnaires » et le poète, tout en pensant que celui-ci n'existe pas encore (voir p. 137).

5. *Je pense : on devrait dire : On me pense :* Rimbaud substitue donc à la première personne responsable une notion plus vague dont résulterait sa pensée. Tout ce paragraphe se retrouve dans la lettre qu'il adressera le 15 mai à Paul Demeny.

6. *Je est un autre :* la formule est belle ; elle fut souvent citée et retint plus d'une fois les psychanalystes. André Guyaux a montré que plus d'un écrivain l'avait pressentie (Montaigne, Diderot, Nerval, etc.) (voir « Trente répliques à " Je est un autre ", petite phrase » dans *Revue des Sciences humaines*, 1984, n° 1, p. 39-43).

7. *aux inconscients, qui ergotent :* sans doute une allusion à Descartes qui précisément ergotait dans son *Cogito, ergo sum :* je pense, donc je suis.

8. *satire, poésie, fantaisie :* terminologie qui demeure assez vague. Caractériser le poème par genres serait le fait d'un professeur (« comme vous diriez »). Quant à savoir s'il s'agit d'une poésie ou d'une fantaisie, Rimbaud semble se prononcer plutôt pour le second terme — ce qui tendrait à prouver que *Le Cœur supplicié* n'illustre pas encore la « poésie objective » à venir.

LE CŒUR SUPPLICIÉ p. 138

Ce texte sera repris sous le titre *Le Cœur du pitre* dans la lettre à P. Demeny du 10 juin (p. 167) et Rimbaud l'enverra à Verlaine, fin août 1871, sous le titre *Le Cœur volé.* Verlaine le recopiera dans son cahier à la huitième page. Enfin, le même poème sera cité pour deux strophes et avec ce premier vers « Mon pauvre cœur bave à la poupe » dans *Pauvre Lélian,* partie des *Poètes maudits* que Verlaine consacrera à lui-même (première publication dans *La Vogue,* 7 juin 1886). Voir Steve Murphy, « Note pour l'édition de trois textes de Rimbaud », *Parade sauvage,* bulletin n° 1, février 1983, p. 47-56.

Écrit en triolets, sans doute par référence à Banville, *Le Cœur supplicié* pose un problème de datation, s'il est considéré comme uniquement référentiel. Selon Delahaye, Rimbaud serait parti de Charleville au début de mai pour rejoindre les Communards. Il serait revenu après la victoire complète des Versaillais. *Le Cœur supplicié* témoignerait alors des brutalités homosexuelles qu'il aurait subies dans une caserne de Communards. Selon Marcel Ruff (édition des *Poésies*, Nizet, 1978, p. 107), les lettres de Rimbaud du 13 et du 15 mai seraient antérieures à son départ pour Paris et le poème n'aurait rien à voir avec l'épisode signalé par Delahaye. On retiendra surtout que la troisième venue de Rimbaud à Paris, avant le franc départ de l'automne 1871, reste fort improbable. Le premier, Izambard a contesté l'interprétation réaliste du poème (dans lequel il vit surtout un canular d'écolier). Cependant, tout prouve que Rimbaud y attachait une importance toute particulière, puisqu'il est le seul à illustrer la première lettre dite du « voyant ». Il est vraisemblable que Rimbaud utilise *objectivement* un texte antérieur, en l'occurrence *L'Albatros* de Baudelaire, pour en faire une « fantaisie » nouvelle. Ce qui expliquerait la bizarrerie de la scène maritime et le locuteur aux prises ici avec des hommes « d'équipage » (voir Baudelaire) devenus caporal et pioupious. Selon Steve Murphy (« Le sacré cœur volé du poète » dans *Lectures de Rimbaud*, collectif, 1982, p. 40-41), « Rimbaud ridiculise implicitement l'albatros baudelairien, dans lequel il ne voit qu'une mystification romantique. » On peut aussi penser, avec P. Brunel, qu'il « exprime [...] les souffrances énormes [...] de celui qui travaille à se faire voyant ».

v. 1 — Comme souvent chez Rimbaud, le mot cœur semble être employé dans un sens narquois. On pensera à l'utilisation qu'il en fait dans *Un cœur sous une soutane* et *Oraison du soir.* Verlaine parodiera ce premier vers dans un « Vieux Coppée » rageur écrit à propos de Rimbaud, vraisemblablement en 1877, et envoyé à E. Delahaye : « Mon pauvre cœur bave à la quoi, bave à la merde ! » (voir Verlaine, *Œuvres poétiques,* Bibliothèque de la Pléiade, 1954, p. 720).

v. 2 — *caporal :* Michel Décaudin (*Poésies,* Hachette, coll. Flambeau, 1958, p. 262) commente : « tabac ordinaire ». Mais le grade militaire de caporal est également à prendre en compte ici et forme jeu de mots. De même, Rimbaud écrit ensuite : « le rire général ».

v. 9 — *ithyphalliques :* Adjectif formé des mots grecs : *ithos,* dressé et *phallos.* Aux phallus dressés.

v. 11 — *à la vesprée :* Dans la soirée (expression ancienne).

v. 13 — *abracadabrantesques :* Cette épithète inattendue porte peut-être un jugement sur un certain style emphatique (si l'on considère bien que nous avons affaire à un poème-critique, quand nous lisons *Le Cœur supplicié*). Je ne pense pas qu'il faille voir ici, comme le croit Suzanne Bernard, une quelconque référence à la magie.

LETTRE A PAUL DEMENY DU 15 MAI 1871 p. 140

Lettre publiée par Paterne Berrichon dans *La Nouvelle Revue française,* octobre 1912, p. 570-576. Elle fut republiée dans la revue *Le Grand Jeu* (printemps 1929) et amplement commentée par ses collaborateurs, Rolland de Renéville, Roger Vailland et Roger-Gilbert Lecomte. Un fac-similé en a paru dans l'édition qu'en donna H. Matarasso, Messein, 1954. Enfin, une publication extrêmement méticuleuse des deux lettres dites « du voyant » a été faite aux éditions Droz-Minard, en 1975.

1. *psaume d'actualité :* Rimbaud amorce ici le thème de « la poésie objective » liée à l'actualité. La dénomination *psaume* surprend ; mais elle entre dans une vision railleuse de l'histoire de la poésie. Le deuxième poème sera encore dénommé « psaume » et le troisième « chant pieux » (ce qui prend — on le verra dans ce dernier cas — une valeur antiphrastique).

CHANT DE GUERRE PARISIEN p. 140

En face des 2e, 3e, 4e et 5e strophes, Rimbaud a écrit verticalement sur le manuscrit « Quelles rimes, ô ! quelles rimes ! », ce qu'il fera aussi pour les deux autres poèmes.

Chant de guerre Parisien rappelle la situation politique en mai 1871. La Commune de Paris existait depuis le 18 mars 1871. En mai, les membres du gouvernement réfugiés à Versailles (on les appelait pour cette raison les Versaillais ou les Ruraux) décidèrent, aidés en cela par les occupants prussiens, d'intervenir pour mettre fin à ce pouvoir illégitime. Ce fut la Semaine sanglante (du 21 au 28 mai). Il est peu probable que Rimbaud y ait participé. Mais, particulièrement attentif aux événements, il composa ce poème qui montre son entier attachement à la cause des insurgés. Le titre *Chant de guerre Parisien* parodie sans doute un poème de François Coppée, *Chant de guerre circassien*, également composé de huit quatrains d'octosyllabes en rimes croisées (dans *Premières poésies*, A. Lemerre, 1869, p. 69-71).

v. 2 — les *Propriétés vertes* désignent les endroits qu'occupaient alors ceux qui avaient fui la capitale, et notamment Versailles où l'Assemblée nationale était réfugiée depuis le 10 mars 1871.

v. 3 — *le vol :* le jeu de mots est manifeste, pour peu que l'on se souvienne de la maxime de Proudhon dont les disciples furent très actifs durant la Commune : « La Propriété, c'est le vol ! »

Thiers et *Picard* faisaient partie des Versaillais. Thiers était le chef du pouvoir exécutif. Ernest Picard avait traité la capitulation. Il avait été nommé ministre de l'Intérieur le 19 février 1871.

v. 5 — *cul-nus* : Rimbaud désigne ainsi les Amours souvent représentés dans les décorations en stuc de l'époque.

v. 8 — *les choses printanières :* par euphémisme, les bombes que lançaient les Versaillais sur la banlieue rouge de Paris.

v. 10 — *la vieille boîte à bougie :* dans l'artillerie, le mot boîte désigne « un corps cylindrique et concave, fondu de bronze ou forgé de fer, avec une anse ou lumière. On remplit la boîte de poudre, on la place ensuite dans le pierrier par la culasse, derrière le reste de la charge qu'elle chasse en prenant feu » *(Bescherelle)*. La « boîte à bougie » désigne un équipement militaire dépassé.

v. 11 — *qui n'ont jam, jam :* jamais navigué !... comme dans la chanson du *Petit Navire*. Rimbaud pourrait désigner ici des barques voguant sur le lac du bois de Boulogne rougi par le sang.

v. 14 — *nos tanières :* Rimbaud a écrit en marge cette variante : « Quand viennent sur nos fourmilières. »

v. 15 — *les jaunes cabochons :* Les cabochons sont des pierres précieuses, polies, mais non taillées. Rimbaud veut exprimer ici la lueur des obus qui éclatent.

v. 17 — *des Éros :* Entendre « des zéros » (plutôt que « des héros » !).

v. 18 — *des enleveurs d'héliotropes :* Le sens n'est pas clair. Doit-on entendre un jeu de mots avec « éleveurs » ou considérer que les Versaillais brisent les fleurs ?

v. 19 — *ils font des Corots :* Corot, qui peignait souvent des paysages des environs de Paris, pratiquait la peinture à l'huile. Les Versaillais ont évidemment adopté une tout autre manière. Avec des bombes à pétrole, ils brossent des tableaux champêtres !

v. 20 — *hannetonner leurs tropes :* On peut comprendre « bourdonner leurs figures de style », autrement dit « leurs racontards ». Mais le mot tropes peut être également pris pour la forme ancienne (attestée au XVIe siècle) de *troupes*. Ces *troupes* chasseraient le « hanneton ».

v. 21 — *familiers du Grand Truc :* Autrement dit du Grand Turc. Ce mot vient peut-être du *Chant de guerre circassien* dont Rimbaud semble avoir calqué la forme.

v. 23 — *cillement aqueduc :* Un cillement qui amène l'eau (des larmes). Jules Favre, ministre des Affaires étrangères, qui avait négocié la capitulation, avait fait, à cette occasion, étalage de sa tristesse. *Le Cri du peuple* (journal de J. Vallès) avait alors parlé de ses larmes de crocodile.

v. 29 — Ces accroupissements annoncent aussi le troisième poème inséré dans la lettre.

LETTRE A PAUL DEMENY DU 15 MAI 1871 (suite) p. 141

2. *Ennius,* poète latin, auteur d'*Annales* et non pas d'*Origines,* comme il est dit par la suite (« le premier venu auteur d'*Origines* »).

3. *Théroldus :* C'est-à-dire Turold qui passe pour avoir écrit la *Chanson de Roland.*

4. *Casimir Delavigne,* 1793-1843, poète et auteur dramatique, auteur notamment des *Messéniennes* et des *Vêpres siciliennes.* Il était peu apprécié des romantiques.

5. *Le Divin Sot :* Les Romantiques se plaisaient déjà à dire que Racine « était un polisson ». Rimbaud ravive ici une querelle d'école.

6. *Après Racine le jeu moisit :* Ducasse (Lautréamont) écrira dans ses *Poésies I :* « Depuis Racine, la poésie n'a pas progressé d'un millimètre. »

7. *Un Jeune-France :* Les Jeunes-France représentaient une tendance extrême du romantisme de 1830. On comptait dans leur nombre Gautier, Borel, Nerval, etc. Gautier lui-même raillera cette tendance dans ses *Jeunes-France, romans goguenards* (1833). Ce furent ces jeunes gens qui soutinrent avec fougue les premières représentations d'*Hernani* en février 1830.

8. La poésie romantique, aux yeux de Rimbaud, est donc le fait de tempéraments et non de décisions théoriques.

9. *Je lance un coup d'archet :* Rimbaud hésite entre les métaphores (toutes musicales, au demeurant) qu'il utilise. Il reprend ici celle du « violon » à laquelle il avait recouru dans la lettre précédente.

10. *Borgnesse* annonce, par contraste, le thème du Voyant.

11. *rhythment l'Action* (on remarquera l'orthographe du verbe, courante à l'époque). Cette formule permet de préciser la pensée de Rimbaud, d'autant plus qu'à l'ancienne poésie il opposera plus tard la nouvelle poésie qui ne rythme plus l'action, mais est en avant. Quatre périodes, donc : celle de la poésie grecque qui accompagne l'action et la soutient ; une période qui va d'Ennius jusqu'à Delavigne et qui correspond à un usage frivole de la poésie ; les romantiques, inconscients en fait de leur art ; enfin, la poésie à venir, « inventrice » et incitatrice.

12. *comprachicos :* Le deuxième chapitre de *L'Homme qui rit,*

roman de Victor Hugo publié en 1869, est intitulé « Les comprachicos ». Hugo note que ce mot espagnol composé signifie « *les achète-petits* » et que ces individus « faisaient le commerce des enfants. Ils en achetaient et ils en vendaient [...]. Et que faisaient-ils de ces enfants ? Des monstres ».

13. *voyant :* Ce mot avait déjà été maintes fois utilisé. Suzanne Bernard (*Œuvres,* p. 548) et Marc Eigeldinger (art. cit.) en ont relevé les emplois les plus marquants. Les prophètes de la Bible sont déjà considérés comme des voyants. Le *Louis Lambert* de Balzac (1833), type du génie avorté, est, aux dires de Mme de Staël sa protectrice, « *un vrai voyant* » (souligné dans le texte). L'expression se retrouve dans le *Kaïn* de Leconte de Lisle (publié dans *Le Parnasse contemporain* de 1869), dans *Stella* de Victor Hugo (*Les Châtiments,* 1853), etc.

14. *dérèglement de tous les sens :* Rimbaud usait déjà de cette formule dans sa lettre du 13 mai. Cependant, il ne l'accompagnait pas des trois adjectifs qui, en ce passage, permettent de mieux la définir. Ce programme n'est pas étranger aux résultats qu'offriront certaines *Illuminations.* Rimbaud n'indique pas nettement qu'il serait question pour lui de recourir à des drogues, même s'il évoque plus loin « tous les poisons ». La lucidité importe avant tout dans l'entreprise.

15. *grand malade, grand criminel, grand maudit :* Rimbaud se représentera bien ainsi dans *Une saison en enfer* où il affirmera : « Le malheur a été mon dieu. »

16. *à l'*inconnu : On songe au dernier vers du poème de Baudelaire, *Le Voyage :* « Au fond de l'Inconnu pour trouver du *nouveau !* »

17. hors du texte : Rimbaud souligne. *Mes Petites amoureuses* est sans doute dit *hors du texte* parce qu'il n'est pas un exemple de poésie objective, comme *Chant de guerre Parisien.*

MES PETITES AMOUREUSES p. 143

Par la prosodie, *Mes Petites amoureuses* s'apparente aux *Reparties de Nina ;* mais cette ressemblance formelle n'en accuse que mieux des différences fondamentales. Les *Reparties* mettaient en valeur une moquerie venant de Nina. *Mes Petites amoureuses* tourne en dérision les images euphorisantes de la femme. Rimbaud donne congé à la poésie sentimentale et, par certains côtés, au monde féminin qu'il décrira encore cependant, comme référence plastique, dans certaines *Illuminations.* Le titre, à nouveau parodique, serait une réplique au poème *Les Petites Amoureuses* d'Albert Glatigny (dans *Les Flèches d'or,* 1864). Le souci de la création verbale est tel dans ce « psaume » que le sens en devient souvent hasardeux.

v. 1 — *hydrolat :* Terme de pharmacie, liquide obtenu en distillant de l'eau sur des substances aromatiques. L'*hydrolat lacrymal* désigne ici la pluie.

v. 3 — *l'arbre tendronnier :* Tendronnier est un néologisme. Comprendre « le jeune arbre ». Mais on peut penser aussi à un arbre qui abrite des « tendrons ». Rimbaud narrerait « à sa façon » l'histoire d'Adam et Ève !

v. 4 — Les *caoutchoucs* désignent vraisemblablement des chaussures en caoutchouc.

v. 6 — *pialats :* Ce mot n'est attesté dans aucun dictionnaire. Marcel Ruff (*Poésies*, Nizet, p. 113) l'interprète comme des « traces particulières aux larmes de pluie ». Il suppose un verbe « pialer » argotique, sur « chialer », et une suffixation nominale en *at*, du type crachat (sur cracher), pissat (sur pisser). C.A. Hackett (*Œuvres poétiques*, p. 104) se rallie à cette interprétation et pense que les vers 4-5-6 doivent être considérés comme une sorte d'ablatif absolu latin : « vos caoutchoucs [étant] blancs de lunes particulières aux taches rondes causées par les gouttes d'eau [les pialats ronds] ».

v. 7 — *genouillères :* Parties d'une botte qui recouvrent le genou.

v. 13 — *tu me sacras poète :* Voir *Roman* (p. 93, v. 28).

v. 17 — *bandoline :* Sorte de brillantine.

v. 19-20 — Les cordes de la mandoline (et non plus de la harpe ou de la lyre poétique) seraient coupées par le front étroit et aigu de ce laideron.

v. 27 — *fouffes :* Selon Louis Forestier, ce mot dialectal du nord de la France signifie « chiffons » ou « loques ». Selon Marcel Ruff (*Poésies*, p. 113), il serait typiquement ardennais et voudrait dire « gifles », « bourrades ». La première interprétation est évidemment plus satisfaisante.

v. 25 — *une étoile à vos reins :* Les laiderons sont attifés comme des chevaux de cirque. On peut penser aussi au tatouage de la *Vénus anadyomène* (voir p. 82).

v. 37 — *éclanches :* Épaules de mouton. Le mot concerne les omoplates et les hanches des laiderons.

v. 41 — *amas d'étoiles ratées :* Rimbaud pense sans doute aux « ballerines » évoquées plus haut. Mais le vers suivant montre aussi qu'il conduit le sens d'*étoiles* à *toiles* (d'araignée) « comblant les coins ».

v. 43-44 — Rimbaud voit la destinée bigote et ménagère des petites amoureuses.

LETTRE A PAUL DEMENY DU 15 MAI 1871 (suite) p. 145

18. *Les Amants de Paris* et *La Mort de Paris* désignent des poèmes de Rimbaud qui n'ont pas été retrouvés. Il s'agissait sans doute, là aussi, de psaumes d'actualité. On a pu assimiler *La Mort de Paris* à *Paris se repeuple* (*L'Orgie parisienne*), voir p. 151.

19. *le voleur de feu :* Allusion à Prométhée qui vola le feu aux Dieux pour le donner aux hommes.

20. *le langage universel :* G. Schaeffer fait remarquer que Baudelaire songeait déjà à un « accord entre les sens et l'esprit ».

21. *la première lettre de l'alphabet :* On sait que Rimbaud pensera

« avec force » à cette première lettre. Toute lettre ouvre alors sur l'infini, et c'est le fait du poète de le dire.

22. *parfums, sons, couleurs :* Rimbaud semble se souvenir du sonnet des *Correspondances* de Baudelaire : « Les parfums, les couleurs et les sons se répondent. »

23. *sa marche au* Progrès : C'est un thème courant à l'époque (en 1863, le poète Louis-Xavier de Ricard avait fondé la *Revue du Progrès*), et Rimbaud y reviendra souvent (dans *Une saison en enfer* et les *Illuminations*). Hugo — comme le fait remarquer G. Schaeffer — avait écrit dans *Les Misérables :* « Chose admirable, la poésie d'un peuple est l'élément de son progrès. Le progrès est le mode de l'homme. La vie générale du genre humain s'appelle le Progrès. » La modernité de Rimbaud n'a évidemment rien à voir avec la stricte utilité. Elle veut montrer l'inouï, l'innommable.

24. *le Nombre et l'Harmonie :* Rimbaud retombe ici dans des lieux communs. Il le ressent lui-même : « ce serait encore un peu ». Les mots vagues du Parnasse reviennent sous sa plume.

25. *elle sera en avant :* Cette formule a donné lieu à bien des interprétations ; on y a vu notamment une prémonition de la poésie engagée. Mais elle a pu servir aussi à ceux qu'Aragon (« Chronique du bel canto », *Europe,* n° 11, novembre 1946) appellera « les tenants de la poésie muette, exercice spirituel ou dictée de la pensée, contre la poésie excommuniée qui parle, tient compte du temps qu'il fait et va jusqu'à se mêler de politique ». Aragon critiquait dans un tel texte Benjamin Péret et son livre *Le Déshonneur des poètes* (1945).

26. *servage de la femme :* Étrange notation sous la plume de Rimbaud. Mais Rimbaud allait écrire précisément *Les Mains de Jeanne-Marie* et savait à quel point certaines femmes avaient compté dans le mouvement de la Commune, Louise Michel, par exemple.

27. *étranglé par la forme vieille :* A quelle œuvre de Lamartine songe Rimbaud ? Sans doute à *La Chute d'un Ange,* surprenante épopée publiée en 1838.

28. *Les Châtiments* avaient été publiés en 1853. Le poème *Stella* se trouve dans le sixième livre de ce recueil. Il se termine sur une exaltation de la « Poésie ardente » qui éveille les peuples au nom de la Liberté et de la Lumière.

29. *Belmontet* (voir p. 205) : Rimbaud, dans l'*Album Zutique,* composera à partir des vers de ce poète sans talent un poème satirique. Il semble vouloir dire ici que l'expression de Hugo est encore chargée de scories — comme celles que draine la poésie de Belmontet. Il critique l'emphase hugolienne ; aux « vieilles énormités crevées », il souhaiterait opposer la nouvelle « énormité » destinée à devenir norme.

30. *Musset :* Musset était alors l'objet d'attaques multiples. Baudelaire l'avait traité de « maître des gandins » ; Ducasse, dans ses *Poésies,* le surnomme « le Gandin-Sans-Chemise-Intellectuelle ». Rimbaud, qui pourtant l'avait parfois imité *(Credo in unam),* l'insulte à son tour en tant que génie français.

31. *commenté par M. Taine :* La thèse de Taine, ensuite publiée,

portait en effet sur *La Fontaine et ses fables* (1860). Taine était né à Vouziers (Ardennes) en 1828.

32. *tout séminariste :* Rimbaud renvoie peut-être ici à sa propre prose, *Un cœur sous une soutane ; intimités d'un séminariste* (voir p. 105), où il se moque aussi des poésies sentimentales et du *Jocelyn* (1836) de Lamartine.

33. *Panadif :* Terme sans doute créé par Rimbaud. Étiemble note : « mot forgé sur un verbe assez rare, *se panader*, qui familièrement veut dire : " se pavaner, poser avec orgueil ou vanité " ».

34. *l'esprit des choses mortes :* Rimbaud concède aux poètes précités une certaine invention (sans doute un sens de la vision) ; mais il leur reproche en même temps de choisir des sujets dépassés, antiques.

35. *des formes nouvelles :* Rimbaud doit évidemment beaucoup à Baudelaire, qui de même sera vanté par Lautréamont et Mallarmé. Certaines des poésies et la forme du poème en prose des *Illuminations* viennent directement de cet écrivain. Les reproches que lui adresse Rimbaud au sujet de la forme sont donc loin d'être justifiés et il n'est pas dit que lui-même parvînt à en trouver de nouvelles.

36. Ce bilan, établi d'après le *Parnasse contemporain* de 1866 et les livraisons de celui de 1869, propose un défilé de véritables fantômes qui ne signifient plus rien pour un lecteur moderne : Armand Renaud (1836-1895) et Charles Coran (1814-1901) appartenaient à l'école parnassienne ; Georges Lafenestre (1837-1919) et Claudius Popelin (1825-1892) sont surtout connus pour leurs travaux sur l'histoire de l'art ; Joséphin Soulary (1815-1891) s'était acquis une belle notoriété par ses *Sonnets humoristiques*. Gabriel Marc avait publié *Soleils d'Octobre* (1869) et *La Gloire de Lamartine* (1869). Jean Aicard (1848-1921) est encore célèbre pour son roman régionaliste *Maurin des Maures* (1908) ; il avait peu publié en 1872. André Theuriet (1833-1907) n'avait donné alors que *Le Chemin des Bois*, 1867. Pêle-mêle, Rimbaud entasse ensuite Joseph Autran (1813-1877), auteur notamment de *La Mer* (1835) ; Auguste Barbier (1805-1882), célèbre pour ses *Iambes* (1831) ; Laurent-Pichat ; André Lemoyne (1822-1907) ; les frères Deschamps, Émile (1791-1871) et Antony (1800-1869), qui avaient participé au mouvement romantique et créé avec Hugo *La Muse française ;* les Desessarts père et fils ; Léon Cladel (1835-1892), qui avait débuté avec un livre préfacé par Baudelaire, *Les Martyrs ridicules* (1862) ; Louis-Xavier de Ricard (1843-1911), que Rimbaud parodiera dans l'*Album Zutique* (voir p. 199) ; Catulle Mendès (1842-1909), fondateur du *Parnasse contemporain* (avec Ricard) et d'abord de la *Revue fantaisiste* en 1860. Rimbaud distingue toutefois Sully Prudhomme dont il s'était déjà inspiré (voir p. 53), mais qu'il ne mettait plus très haut dans sa lettre à Izambard du 27 août 1870 ; Coppée (qu'il raillera dans l'*Album Zutique* fin 1871) ; enfin Léon Dierx, également moqué dans l'*Album Zutique*, mais dont il semble s'être inspiré pour élaborer *Le Bateau ivre* (voir p. 267). Rimbaud fait la part belle à Verlaine (bien sûr) et à Mérat (ce qui nous surprend davantage).

Mérat avait alors écrit des sonnets en collaboration avec Léon Valade, des poésies sous le titre *Les Chimères* (1866) et *L'Idole* (1869), objet bientôt de plusieurs parodies « zutistes ». L'opinion de Rimbaud sur Mérat est inattendue. Suzanne Bernard (*Œuvres*, p. 554) a raison de s'étonner de l'indifférence de Rimbaud aux poèmes de Stéphane Mallarmé, qu'il avait lus cependant en certaines livraisons du *Parnasse contemporain*.

ACCROUPISSEMENTS p. 148

D'après Delahaye, ce poème aurait figuré parmi ceux que Rimbaud envoya à Verlaine en septembre 1871.

v. 2 — *le frère Milotus :* Ce nom viendrait d'Ernest Millot, l'un des amis de Rimbaud à Charleville. Millot comptait un prêtre dans sa famille. Dans l'édition Vanier des *Poésies complètes* (1895), le nom propre Calotus remplace Milotus.

v. 4 — *darne :* Pris de vertige, ébloui, selon Stéphane Taute, cité par J. Mouquet et R. de Renéville (ancienne éd. Pléiade). Cet adjectif serait un ardennisme.

v. 35. — La mention de Vénus conclut sur une élévation absurde ce poème de l'abaissement. Rimbaud reste fidèle à l'esthétique paradoxale de sa *Vénus anadyomène*.

L'ORGIE PARISIENNE p. 151

Texte adopté : publication dans les *Poésies complètes* (Vanier, 1895). Nous n'avons pas de manuscrit de ce poème. Verlaine le fit d'abord paraître sous le titre *Paris se repeuple* dans *La Plume* du 15 septembre 1890. Il ne comportait pas alors la huitième strophe de l'édition Vanier et l'actuelle neuvième strophe occupait la place de la sixième. Le texte fut d'abord reproduit avec ces mêmes caractéristiques dans *Reliquaire*, Genonceaux, 1891.

Dans *Les Poètes maudits* (1884), Verlaine, en citant quelques vers de ce texte, remarque : « *Paris se repeuple*, écrit au lendemain de la Semaine sanglante, fourmille de beautés. » En dépit de cette précision temporelle, Louis Forestier et Marcel Ruff pensent que ce poème regarde le séjour que fit Rimbaud à Paris du 25 février au 10 mars 1871. Il concernerait le retour des Parisiens qui avaient fui la ville aux premières menaces du siège et qui revinrent après la capitulation du 28 janvier 1871, et non pas de ceux qui avaient abandonné la capitale au moment où s'établit la Commune. Cependant, Suzanne Bernard et André Guyaux (voir *Œuvres*, p. 307) estiment que ce texte date bien de mai 1871. Le titre très ostentatoire, *L'Orgie parisienne*, est sans doute de Vanier. Il n'apparaît, en effet, qu'en 1895 dans l'édition des *Poésies complètes*.

Paris se repeuple intègre de nombreuses influences : *Le Sacre de*

Paris de Leconte de Lisle (poème daté de « janvier 1871 » et qui sera repris dans les *Poèmes tragiques* en 1886), *Les Châtiments* de Victor Hugo, *Fer rouge. Nouveaux châtiments* d'Albert Glatigny, *Ballade parisienne* d'Eugène Vermersch (paru dans *Le Cri du peuple* du 6 mars 1871), tous livres ou poèmes que cite Rimbaud dans sa lettre à Demeny du 17 avril 1871 (voir p. 221). *Paris se repeuple,* fustigeant les lâches qui ont abandonné Paris occupé (par les Prussiens ou par les Communards), célèbre aussi la force de la rébellion populaire. La poésie doit faire de la révolte son matériau, même s'il est plein d'impuretés.

v. 2 — L'édition des *Œuvres* (Mercure de France, 1912) établie par Paterne Berrichon propose *essuya* au lieu d'*expia*. *Expia* (donné dans *La Plume,* 15 septembre 1890) se comprend cependant et C. A. Hackett (*Œuvres poétiques,* p. 307) rappelle le sens de « purifier d'une souillure » que peut prendre ce verbe.

v. 4 — *belle :* L'édition du Mercure de France (1912) propose « sainte ».

v. 9 — *les palais morts :* Le Palais Royal et les Tuileries avaient été incendiés les 23 et 24 mai 1871 et recouverts de planches pour cacher leurs ruines.

v. 11 — *des tordeuses de hanches :* Des prostituées.

v. 14 — *les maisons d'or :* Allusion, sans doute, à *la Maison dorée,* située au coin de la rue Laffitte et du Boulevard, établissement très en vogue sous le Second Empire.

v. 21 — *la Reine aux fesses cascadantes :* Peut-être une personnification de celle que plus loin Rimbaud nomme « la putain Paris ».

v. 25 — Cette septième strophe a été donnée pour la première fois dans l'édition Vanier de 1895.

v. 46 — Ce vers a été cité en épigraphe du poème *Florestan* de Pierre Jean Jouve, repris dans *La Vierge de Paris,* Mercure de France, 1957.

v. 48 — *fauve renouveau :* L'épithète « fauve », quoique typiquement hugolienne, a souvent été utilisée par Rimbaud.

v. 59 — Les *Stryx* sont des sortes de rapaces nocturnes et des vampires (dans la mythologie grecque). Il faudrait écrire *Strix.*

Les *Cariatides* (voir le recueil de Banville portant ce titre et paru en 1842) étaient des statues d'hommes ou de femmes soutenant une corniche et caractérisées de ce fait par la fixité de leur regard.

v. 65 — Le e muet de *sacrée* suivi d'une consonne (*suprême*) forme hiatus. L'édition des *Œuvres* (1912) propose *sacra* au lieu de *sacrée.*

v. 68. — *strideurs :* Cris aigres et perçants. Ce mot se retrouve au vers 12 du sonnet des *Voyelles.*

LES MAINS DE JEANNE-MARIE p. 154

Texte adopté : ms. B.N. n.a.fr. 14122 (le fac-similé en a été reproduit dans l'édition critique des *Œuvres* de Rimbaud donnée par Bouillane de Lacoste, Hazan, 1945). Ce manuscrit n'est pas entièrement autographe. Les strophes huitième, onzième et douzième ont été ajoutées, en marge ou au bas du feuillet, de la main de Verlaine qui a également daté *in fine* le poème : « Fév. 72 ». Paginé 9-10, ce feuillet peut appartenir au cahier de poèmes recopiés par Verlaine ; mais on ne comprend pas pourquoi en ce cas la majorité du texte est calligraphié par Rimbaud. La première publication en fut faite dans la revue surréaliste *Littérature*, nº 4, juin 1919, p. 1-3. Ce texte a paru la même année sous forme de plaquette aux éditions Au Sans Pareil (tirage de 500 ex.).

S'inspirant surtout des *Études de mains*, poème écrit en quatrains d'octosyllabes par Th. Gautier et repris dans le recueil *Émaux et Camées* (1852), Rimbaud s'interroge d'abord, par pur effet rhétorique, sur la femme qui pourrait posséder de telles mains ; puis, à partir de la septième strophe, il célèbre les héroïnes de la Commune.

v. 1 — *Jeanne-Marie :* On ne peut expliquer de façon satisfaisante le choix de ce prénom. Signalons toutefois qu'un drame de Dennery et Maillan, représenté le 11 novembre 1845, avait pour titre *Marie-Jeanne ou la Femme du peuple*.

v. 4 — *Juana :* désigne une femme espagnole (l'équivalente de Jeanne). Ce sont les mains d'une aventurière (comme don Juan) ou d'une magicienne (voir la strophe suivante) dont parle d'abord Rimbaud.

v. 15 — *belladones :* La belladone est une plante vénéneuse, mais son nom signifie « belle dame ».

v. 18 — *Dont bombinent les bleuisons :* Bombiner est un néologisme formé sur le latin *bombinare*, bourdonner. Le mot se retrouve dans *Voyelles*. *Bleuisons* est un néologisme formé sur le verbe bleuir.

v. 19 — *nectaires :* Appendices ou parties de la corolle qui contiennent le nectar.

v. 22 — *pandiculations :* Actions de s'étirer.

v. 24 — *Khenghavars :* On n'a pu identifier ce nom. Il s'agit peut-être de Kengaver, ville d'Iran.

v. 29 — *cousine :* Ce mot n'a sans doute pas ici son acception habituelle. On trouve comme autres sens « travailleuse dans les forges » (*Trévoux* et *FEW*) et « fille de joie » (*Bescherelle*, 1871 : « Il va voir les cousines »). Ce second sens paraît plus en accord avec le contexte. On notera aussi la contamination phonique avec le mot « couseuse ».

v. 50 — *un sein d'hier :* Étiemble note, à juste titre, le sens peu satisfaisant de cette expression (Classique Larousse, *Rimbaud*, p. 25).

v. 60 — *une chaîne aux clairs anneaux :* La chaîne pénitentiaire imposée à certains Communards, hommes ou femmes, durant la répression.

v. 62 — *déhâler :* ôter le hâle, ici en le recouvrant de sang !

LES SŒURS DE CHARITÉ p. 157

Texte adopté : Copie faite par Verlaine, p. 17-18 de son cahier. Ce poème figurait parmi ceux que Rimbaud lui avait envoyés en septembre 1871.

Une lettre de Rimbaud à P. Demeny (qui venait de se marier) datée du 17 avril 1871 (voir p. 221) signale : « Oui, vous êtes heureux, vous. Je vous dis cela, — et qu'il est des misérables qui, femme ou idée, ne trouveront pas la *Sœur de charité.* » L'utilisation de cette expression (soulignée) laisserait penser que Rimbaud, dès le mois d'avril 1871, aurait pu composer ce poème (peut-être joint à sa lettre). Baudelaire, dans *Les Deux Bonnes Sœurs* (cent douzième pièce des *Fleurs du Mal,* éd. de 1861), avait déjà indiqué ce thème, la Débauche et la Mort étant alors présentées comme « deux aimables filles/Prodigues de baisers [...] ». La charité, vertu théologale, mais aussi réalité vécue par Rimbaud, revêt une importance certaine dans son œuvre. Le poème montre le peu de secours venant des femmes, êtres à la fois cruels et fragiles. Il n'estime pas pour autant que d'autres appuis pourraient aider le « jeune homme » entrant dans la vie.

v. 4 — *un Génie :* Première apparition du Génie que l'on retrouvera dans l'œuvre, notamment dans *Illuminations.* Le Génie est ici référé à l'Orient, au monde des Mille et Une Nuits, et déjà uni à une certaine image du poète.

v. 7-8 — On entend dans ces deux vers une sorte de mise en scène incestueuse : jeunes mères, di-amants, lits.

v. 17 — *aveugle irréveillée :* Cette expression vaut d'être mise en relation avec un passage de la lettre dite « du voyant » : « quand sera brisé l'infini servage de la femme [...] elle sera poète elle aussi [...] ».

v. 27 — *la Muse verte :* La Nature, selon Suzanne Bernard (*Œuvres*, p. 406). Mais celle-ci est nommée au vers 32. Comprendre l'absinthe, comme le fait Antoine Adam, paraît excessif. Pierre Brunel (*Rimbaud. Projets et réalisations,* Champion, 1983, p. 98) voit plutôt ici une allégorie « de la poésie du printemps, de l'espérance », telle que Rimbaud en parlait dans sa lettre à Théodore de Banville du 24 mai 1870.

v. 31 — *almes :* Nourriciers.

v. 34 — *sombre savant d'orgueil :* Dans la lettre dite « du voyant », Rimbaud voulait être le « suprême savant » et c'est encore dans ce rôle qu'il se représentera parfois dans *Illuminations* (*Enfance IV*). En arrière-plan se dessine le personnage de Faust.

v. 40 — Rimbaud rejoint ici le Baudelaire du *Voyage :* « Ô Mort, vieux capitaine, il est temps, levons l'ancre. »

L'HOMME JUSTE p. 159

Texte adopté : autographe de l'ancienne collection Barthou publié par Paul Hartmann (Rimbaud, *Œuvres*, Club du meilleur livre, 1957). Ce manuscrit figure depuis novembre 1985 au département Manuscrits de la Bibliothèque nationale. Il se trouvait dans le cahier Verlaine, mais écrit de la main de Rimbaud, pages 5-6. La page 7 de ce même dossier comporte, de la main de Verlaine, cette fois, la neuvième strophe (déjà sur la page 6) et l'indication « 75 vers » surchargeant « 80 », ainsi que la date « juillet 1871 ». Tel qu'il nous est parvenu, le poème ne compte que 55 vers. On doit donc penser que 20 vers, soit quatre strophes, occupaient les pages 3-4 précédant l'ensemble que nous avons. Le titre *L'Homme juste* figure sur la page 7, au-dessus de la neuvième strophe recopiée par Verlaine.

Depuis l'article d'Yves Reboul, « A propos de *L'Homme juste* », *Parade sauvage*, n° 2, avril 1985, p. 44-54, la lecture de ce texte a été entièrement rénovée. Jusqu'à une époque récente, on identifiait l'homme juste au Christ. Yves Reboul a montré qu'il s'agissait bien plutôt de Victor Hugo, l'ancien exilé de Guernesey (« Barde d'Armor »), « Barbe de la famille et poing de la cité ». Hugo était revenu d'exil à la chute de l'Empire. Au gré de Rimbaud, il n'avait sans doute pas pris parti pour les insurgés de façon assez marquée. Entre le 19 avril et le 7 mai 1871 (période de la Commune), il avait publié dans *Le Rappel* trois poèmes (*Un cri*, *Les Deux Trophées*, *Pas de représailles*) appelant à la réconciliation entre Communeux et Versaillais. « Pas de colère ; et nul n'est juste s'il n'est doux », écrivait-il. C'est assurément ce Victor Hugo auquel Rimbaud s'oppose ici (« Je suis maudit ») dans une mise en scène grandiloquente qui parodie l'emphase de celui que Corbière appelait, de son côté, le « garde-national épique » !

v. 4 — *flueurs :* Fleurs et flux forment ce mot qui, dans le vocabulaire médical, désigne les menstrues. L'attitude du Juste face au ciel nocturne renvoie à certains poèmes de Hugo comme *Magnitudo parvis*, *Pleurs dans la nuit* ou *Ce que dit la bouche d'ombre*.

v. 9 — *ostiaire :* (Vieux mot), portier. Michel Décaudin (*Rimbaud*, Hachette, p. 263) se demande si Rimbaud n'a pas voulu employer l'ancien mot « ostière » qui signifie porte et donne un sens plus satisfaisant. Les « égarés » pourrait désigner les Communeux qui s'étaient exilés en mai 1871. Hugo en avait accueilli certains — et pour cette raison avait été chassé de Belgique, où il résidait alors.

v. 13 — *tes genouillères :* Hugo dans ses vers exaltait souvent la prière (voir *Croire, mais pas en nous* dans *Les Contemplations*). Dans *Pas de représailles*, poème paru dans *Le Rappel* du 21 avril 1871, il avait écrit : « A demander pardon j'userai mes genoux. »

v. 15 — *Pleureur des Oliviers :* Momentanément, Hugo est assimilé au Christ implorant son Père au jardin de Gethsémani.

v. 16 — *Barbe* reprend irrévérencieusement le mot *Barde* du vers 14.

v. 19 — *les lices :* Femelles du chien de chasse, mais aussi femmes lascives, comme on disait des louves pour désigner les prostituées. On retrouve plus loin (v. 49) « la chienne, après l'assaut des fiers toutous ».

v. 25 — *torpide :* Du latin *torpidus,* endormi.

v. 29 — *thrènes :* Déplorations funèbres chez les anciens Grecs.

v. 30 — *becs de canne fracassés :* Le manuscrit ne porte pas de traits d'union entre les mots formant l'expression « becs de canne » qui, de plus, doit s'écrire « becs de cane ». Le sens le plus courant est « petites serrures à ressort ». Yves Reboul (*art. cit.*, p. 49) cite, pour éclairer l'allusion qu'il devine en ce passage, des vers de *Pleurs dans la nuit* (dans *Les Contemplations* de Victor Hugo) : « Et levez à la voix des justes en prière/Ces effrayants écrous [...] »

v. 31 — *l'œil de Dieu :* Hugo avait écrit dans la première partie de *La Légende des siècles* le poème *La Conscience* évoquant l'œil de Dieu poursuivant Caïn.

v. 42 — *les nœuds :* Hugo avait écrit dans *Ce que dit la bouche d'ombre :* « De la création compte les sombres nœuds. »

v. 53 — Le texte est indécidable en ce passage. Mais on peut penser que « les yeux de Chinois » renvoie à la physionomie de Hugo en ces années 1870. Avant le *daines* final, il manque deux syllabes. Certains éditeurs (Paul Hartmann, par exemple) ont proposé de rétablir « à bedaines ». Je suggère, pour ma part, « à fredaines », ce qui permettrait d'expliquer l'adversatif « mais » du vers suivant. Le Chinois-boîte à musique murmure des fredaines, mais, le moment venu, peut aussi entonner des chants mélancoliques (voir les « thrènes » du vers 29). Je ne présente ici qu'une hypothèse parmi d'autres.

LETTRE A PAUL DEMENY DU 10 JUIN 1871 p. 163

Texte adopté : autographe de la collection Saffrey. Première publication par Paterne Berrichon dans *La Nouvelle Revue française*, octobre 1912, p. 576-578.

La lettre à Demeny du 10 juin 1871 renonce aux longs développements sur l'histoire de la poésie. Par quelques phrases, elle reste cependant fidèle aux idées exposées dans celle du 15 mai et, de nouveau, se sert pour les illustrer d'un poème, *Le Cœur du pitre*, envoyé déjà en mai à Georges Izambard sous le titre *Le Cœur supplicié*. Elle débute par un long poème dédié au destinataire, *Les Poètes de sept ans*. Par là, Rimbaud, qui semble s'y mettre en scène, voulait créer un lien de compagnonnage avec Paul Demeny poète. Il estimait peu, néanmoins, les textes de celui-ci. L'intérêt qu'il feint de porter au recueil *Les Glaneuses* ne s'explique que par le dessein de recourir à Demeny pour pénétrer dans le milieu littéraire parisien. C'était se faire illusion, bien que Demeny fût lié au directeur de La Librairie artistique qui avait édité son premier livre.

Indépendamment de cette lettre, publiée seulement en 1912, *Les*

Poètes de sept ans, *Les Pauvres à l'église* et *Le Cœur du pitre* avaient déjà paru dans *Reliquaire* en 1891, puis dans les *Poésies complètes* de 1895.

LES POÈTES DE SEPT ANS p. 163.

Les Poètes de sept ans constitue un étonnant « connais-toi toi-même » de Rimbaud. Le titre au pluriel tend à généraliser une expérience qui reste cependant profondément individuelle et rappelle l'époque où la famille Rimbaud habitait au 73, rue Bourbon, dans un quartier populaire de Charleville. L'ambiance qui présida aux premiers essais littéraires est reconstituée, vécue de l'intérieur (en dépit de la troisième personne dominant le texte) : relation avec la mère, élans de pitié, découverte des livres et des magazines, éveil de la sexualité. Rimbaud, si réaliste soit-il, se voit déjà comme une légende. On comparera ce poème avec *Bénédiction* de Baudelaire.

v. 1 — *le livre du devoir :* « le livre du travail scolaire », dit C. A. Hackett (*Œuvres*, p. 305). Je m'en tiendrai plutôt, comme la plupart des commentateurs, à la Bible plus bas nommée (v. 46).

v. 15 — Les latrines sont plusieurs fois évoquées par Rimbaud (*Les Premières Communions, Délire II* dans *Une saison en enfer*). Ce n'est pas dans l'unique dessein de scandaliser.

v. 18 — *s'illunait :* Néologisme : s'éclairait sous la lumière de la lune. Ce mot se retrouve dans *Les Premières Communions*.

v. 20 — Voir note p. 254.

v. 25 — *la foire :* L'excrément.

v. 30 — On s'est interrogé sur le sens de cette phrase équivoque. Soit : elle obtenait de la part de son fils un regard bleu, mais hypocrite. Soit : elle lui adressait son propre regard bleu, mais c'était un mensonge.

v. 32 — *la Liberté ravie :* On peut comprendre la Liberté qui nous a été ravie, mais qui se retrouve au désert. Parmi les prix obtenus par Rimbaud en 1862 figurait *L'Habitation du désert* de Mayne Reid, illustré par Gustave Doré.

v. 37 — *la fille des ouvriers d'à côté :* Réminiscence probable d'une petite voisine connue de Rimbaud, à sept ans, lorsqu'il habitait la populaire rue Bourbon.

v. 49 — *en blouse :* Ainsi étaient vêtus les ouvriers de l'époque.

v. 53 — *pubescences :* Duvets des tiges ou des feuilles.

v. 55 — Cette dernière strophe semble composée d'une seule phrase exclamative introduite par « comme ». *Comme* n'est donc pas ici conjonction de subordination, ainsi qu'on pourrait d'abord le croire, mais adverbe.

v. 59 — On écrit ciel avec un s au pluriel quand ce mot a le sens de climat. Rimbaud ici aurait dû écrire *cieux*.

v. 60 — *bois sidérals :* Il fallait écrire *sidéraux*. La rêverie de Rimbaud se communique au vocabulaire qu'il emploie et transforme l'usage normatif du langage.

v. 64 — L'univers du roman sans cesse médité semble déjà celui que traversera le « Bateau ivre ».

LES PAUVRES A L'ÉGLISE p. 165

Après *Les Assis* et *Les Douaniers,* Rimbaud décrit d'autres grotesques. Son anticléricalisme se donne libre cours dans ces vers.

v. 3 — *orrie :* Ornements d'or. Ce mot est orthographié *orie* dans certains dictionnaires. Verlaine l'emploie sous la forme « orerie » dans une de ses *Dédicaces* (« A Laurent Tailhade », *Le Chat noir,* 12 octobre 1889).

v. 17 — Il manque deux syllabes à ce vers pour faire un alexandrin, mètre utilisé dans tout le poème. Rimbaud a dû oublier un mot en recopiant le texte. Jules Mouquet le restitue ainsi : « Dehors, le froid, la faim, [*et puis*] l'homme en ribote. » Étiemble propose (Classiques Larousse, 1957, p. 23) : « Dehors [*la nuit*], le froid, la faim, l'homme en ribote. »

v. 23 — *fringalant :* Néologisme forgé par Rimbaud à partir du mot fringale. La fringale désigne une faim dévorante. Rimbaud transforme l'expression « dévorant des yeux » en « fringalant du nez », puisqu'il parle d'aveugles.

v. 30 — *farce :* Farce est en apposition aux noms précédents, les « maigres mauvais », les « méchants pansus ». Il désigne les gens faussement prostrés en prières.

LETTRE A PAUL DEMENY DU 10 JUIN 1871 (suite et fin) p. 166

1. *une antithèse :* Rimbaud avait défini ce même poème (*Le Cœur du pitre*) comme une « fantaisie » dans la lettre à Izambard du 13 mai. Le *Cœur du pitre* s'oppose donc à l'habituelle poésie sentimentale encombrée souvent de réminiscences mythologiques : Cupidon, le promontoire de Leucade d'où la poétesse Sapho, désespérée d'amour, s'était précipitée dans la mer. Les vers soulignés ensuite sont une citation ; mais elle n'a pu être localisée. On les a parfois attribués à Rimbaud lui-même (voir Jules Mouquet, « Un témoignage tardif sur Rimbaud », *Mercure de France,* 13 mai 1933).

2. *tous les vers :* Il s'agit donc des deux cahiers communément désignés sous l'appellation « Cahier Demeny » ou « Cahier de Douai ». Demeny, qui ne devait plus avoir de relations avec Rimbaud par la suite, négligea (fort heureusement) de suivre ses recommandations. On remarquera toutefois que parmi tous ces textes désavoués figurait *Les Effarés* que Rimbaud enverra à Verlaine en septembre.

3. *vos Glaneuses :* Pourquoi Rimbaud réclame-t-il à Demeny ce volume qu'il avait déjà lu chez Izambard (voir lettre à Izambard du 25 août 1870) et jugé sans intérêt ? Peut-être voulait-il composer un

nouveau manuscrit en prenant modèle sur la présentation matérielle de cette publication ?

4. *le précédent :* Demeny n'avait donc pas été sensible à la fameuse lettre du 15 mai ni aux poèmes qu'elle contenait.

LETTRE A THÉODORE DE BANVILLE DU 15 AOÛT 1871 p. 171

Collection Bernard Zimmer. Une première publication en fac-similé a paru dans l'édition de tête du livre de Marcel Coulon, *Au cœur de Verlaine et de Rimbaud,* « Le Livre », 1925.

CE QU'ON DIT AU POÈTE A PROPOS DE FLEURS p. 171

Une édition moderne de ce poème avec fac-similé et florilège d'auteurs de l'époque a été donnée par Agnès Rosenstiehl (Gallimard, 1981).

Ce qu'on dit au Poète à propos de fleurs (titre transformant *Ce que dit la bouche d'ombre*, célèbre poème des *Contemplations* de Hugo) fut presque toujours interprété comme une parodie de l'écriture de Banville. Cependant, le talent de celui-ci ne se réduisait pas à la composition des poésies parnassiennes que Rimbaud avait peu ou prou démarquées l'an passé dans *Credo in unam*. Banville aussi appréciait la parodie, comme en témoignent ses *Odes funambulesques* et la suite qu'il leur donna en 1869. En ce mois d'août 1871, Rimbaud tient à présenter à son correspondant non pas des textes que celui-ci pourrait trouver inacceptables, mais des essais d'une nouvelle manière que Banville (un certain Banville, du moins) serait à même de comprendre. Véritable art poétique par le dénigrement, lecture railleuse de la poésie contemporaine, exemple d'« anti-lyrisme panique », pour reprendre une heureuse expression d'Yves Bonnefoy (*Rimbaud par lui-même*, Seuil, 1961, p. 55), *Ce qu'on dit au Poète à propos de fleurs* feint d'abord de prendre le parti de l'utile face au choix de l'art pour l'art. Mais cette position, tout aussi ridicule en fait, est bientôt tournée en dérision ; et c'est la force de l'imaginaire que Rimbaud exalte en dernier lieu, des fleurs de vision et non des plantes d'agrément ou de commerce.

On notera que Rimbaud utilise à l'occasion dans ce texte quelques éléments d'un poème satirique naguère écrit par le Communard Eugène Vermersch, *Théodore de Banville, glorieux pantoum* (repris dans *La Lanterne en vers de Bohême*, Impr. parisienne, 1868, illustrations par Félix Régamey, p. 27-30).

v. 4 — La poésie parnassienne regorgeait de fleurs pures et de pierres précieuses. Rimbaud se moquera encore de l'inévitable lys dans l'*Album Zutique* (voir p. 197). Vermersch avait écrit dans son poème : « C'est pour eux [*les grands poètes*] que le lys est blanc. »

v. 5 — *sagous :* Fécule alimentaire tirée de certains palmiers. Mais on entend également le mot « sagouin ».

v. 8 — *Proses religieuses :* Hymnes latines composées de vers rimés.

v. 9 — *Monsieur de Kerdrel,* élu à l'Assemblée nationale en 1871, représentait la tendance légitimiste. On comprend qu'il se réclamât du lys royaliste.

v. 10 — *le sonnet de mil huit cent trente :* Les romantiques ne furent pourtant pas de grands auteurs de sonnets. Peut-être Rimbaud pense-t-il plus précisément aux sonnets consacrés à des fleurs que rime Lucien de Rubempré, le héros d'*Illusions perdues* de Balzac.

v. 12 — *l'œillet et l'amarante* récompensaient les lauréats des Jeux floraux de Toulouse, concours poétique qui, durant la période romantique, ambitionnait de reprendre la tradition des concours poétiques du Moyen Age.

v. 20 — *les myosotis immondes :* Le myosotis ne saurait être immonde que si l'on se réfère à l'étymologie de ce mot : oreille de rat, en grec ancien.

v. 22 — *Lilas... Violettes* sont encore des lieux communs de la poésie amoureuse. Banville n'en avait pas été avare dans ses *Cariatides.*

v. 28 — *de mille octaves enflées :* L'octave est un mot du vocabulaire musical. Il désigne aussi dans la poésie une strophe de huit vers. Je crois également que Rimbaud fait allusion au propre mètre qu'il utilise ici, l'octosyllabe.

v. 33-36 — Banville s'était servi de la même rime : photographes/bouchons de carafes dans *Méditation poétique et littéraire* (dans ses *Odes funambulesques*). Par une sorte de périphrase, Rimbaud veut dire que la diversité apparente de la flore poétique se réduit pourtant aux mêmes formes vieillies.

v. 42 — *Lotos, Hélianthes,* fleurs exotiques que les Parnassiens nommaient souvent dans leurs poèmes.

v. 45 — *L'Ode Açoka cadre :* Rimbaud, pour se moquer d'un facile exotisme, recherche les cacophonies. L'Açoka est une plante exotique. C. A. Hackett signale (*Œuvres poétiques,* p. 312) qu'on peut lire dans *Le Hanneton* (journal satirique) du 12 août 1866 : « Trop d'açokas, monsieur Mendès, trop, beaucoup trop. » Catulle Mendès, avec Banville, présidait aux destinées du *Parnasse contemporain.* Dans *Ciel, Rue et Foyer* (Lemerre, 1866), L.-X. de Ricard avait également écrit *L'Açôka* (p. 111).

v. 46 — Une *lorette* désignait sous le Second Empire une jeune femme élégante et de mœurs faciles (du nom du quartier de Paris : Notre-Dame de Lorette où vivaient ces femmes).

v. 50 — *croquignoles :* Petites pâtisseries sèches.

v. 51 — *des vieux Salons :* Comprendre les Salons de peinture, pleins de tableaux démodés. Rimbaud imagine ainsi une transition pour parler de Grandville.

v. 54 — *Grandville* (1803-1847), célèbre dessinateur français, qui avait composé, entre autres, deux recueils que Rimbaud désigne ici : *Fleurs animées* et *Les Étoiles.* Rimbaud trouvait idiots ce genre de dessins fantaisistes (voir lettre à Izambard du 25 août 1870, p. 216).

v. 62 — *le Pâtis panique :* encore une référence à l'univers parnassien peuplé de divinités élémentaires comme le dieu Pan.

v. 80 — La *chandelle* est nommée parce que la matière dont elle est faite provient d'un animal utilitaire, la baleine.

v. 82 — *Toi* s'adresse peut-être à Rimbaud lui-même, puisqu'il est question ensuite d' « Oises extravagantes ».

v. 95 — Un *Velasquez* fonda La Havane (Habana) ; mais on pense surtout aux cigares de havane, parfaitement rentables.

v. 96 — *Incague la mer de Sorrente :* Couvre d'excréments (le mot est ironiquement noble) la mer de Sorrente, c'est-à-dire la mer italienne face à Naples chère aux poètes romantiques (Lamartine et sa *Graziella*) ou parnassiens. Banville avait écrit dans *Ballade de ses regrets pour l'an 1830* (*Parnasse contemporain*, 1869, p. 48) : « La brise en fleur nous venait de Sorrente. »

v. 110 — La *garance* fournissait la couleur des pantalons de l'infanterie de l'armée française.

v. 113 — Les strophes suivantes de cette quatrième partie montrent bien que Rimbaud se livre à son imagination. Il ne décrit plus des fleurs réelles ni utilitaires ; il en invente.

v. 118 — *gemmeuses :* De la nature des pierres précieuses.

v. 132 — *Alfénide :* Le chimiste Alphen inventa en 1830 un alliage métallique, l'alfénide, servant à fabriquer des couverts de table.

v. 134 — Le Grand Amour, les Indulgences évoquent l'amour chrétien, ce qui entraîne au vers suivant la mention de Renan, bien connu pour sa *Vie de Jésus* (1863).

v. 135 — *le chat Murr :* Chat fantastique d'un roman d'Hoffmann portant le même titre (1822).

v. 136 — *les Thyrses :* Bâtons terminés par une pomme de pin et entourés de pampres, que portaient Bacchus et son cortège.

v. 146 — *dioptriques :* En rapport avec la réfraction de la lumière selon les milieux traversés. Les couleurs énumérées aux vers 145-146 sont placées dans un ordre proche de celui des couleurs des *Voyelles*.

v. 153 — Volontairement comiques, les deux dernières strophes conseillent au lecteur de ne pas prendre au sérieux la poésie utilitaire que Rimbaud semblait recommander auparavant.

v. 157 — *Tréguier :* La ville de Bretagne où Renan (v. 135) était né en 1823.

v. 158 — *Paramaribo,* capitale et port de la Guyane hollandaise.

v. 159 — Louis Figuier, intarissable vulgarisateur, avait publié aux éditions Hachette une *Histoire des Plantes* (1865) où Rimbaud puisa peut-être des renseignements pour écrire son poème.

LETTRE A THÉODORE DE BANVILLE DU 15 AOÛT 1871 (suite et fin) p. 176

1. *Alcide Bava :* J'ai proposé (*Littérature,* n° 11, octobre 1973, p. 22-23) de décomposer ainsi ce pseudonyme : *Alcide,* soit le

vaillant, épithète grecque traditionnelle pour désigner Héraclès, *bava*, c'est-à-dire cracha (son encre). Autrement dit, le fort, le vaillant écrivit ce texte (et vous en voyez le résultat !).

2. *répondre :* Rimbaud rappelle la lettre qu'il avait adressée à Banville le 24 mai 1870 et qui contenait plusieurs poèmes, dont *Credo in unam* (devenu dans le Cahier de Douai *Soleil et Chair*). La réponse de Banville n'a malheureusement pas été retrouvée.

3. *J'aimerai toujours les vers de Banville :* Il est possible, comme je l'ai montré, que Rimbaud ait été sincère en écrivant ces mots.

4. *Charles Bretagne :* Ce personnage excentrique eut une grande importance dans la vie intellectuelle du Rimbaud de l'époque. Ce fut lui qui communiqua à l'adolescent l'adresse de Verlaine qu'il avait connu en 1869, à Fampoux, près d'Arras, lorsqu'il travaillait dans cette localité aux Contributions indirectes. Bretagne, franc buveur, anticlérical, anarchiste, était doué pour la musique et s'intéressait à la poésie et aux sciences occultes (voir sur Charles Bretagne un essai de biographie succinct par P. Petitfils dans *Le Bateau ivre*, n° 14, novembre 1955).

LES PREMIÈRES COMMUNIONS p. 179

Texte adopté : copie faite par Verlaine, pages 19-24 de son cahier. Le poème lui avait été envoyé en septembre par Rimbaud. Cette copie appartenant à l'ancienne collection Barthou est entrée en novembre 1985 au département des Manuscrits de la Bibliothèque nationale. Il existe une seconde copie faite par Verlaine et conservée au Fonds Doucet de la Bibliothèque Sainte-Geneviève sous la cote 1306-B. VI, 29.

Tout comme *Les Poètes de sept ans* révélaient les désirs d'un enfant, *Les Premières Communions* montre les inquiétudes sexuelles d'une jeune fille. Les deux textes semblent ainsi se répondre. Toutefois *Les Premières Communions* n'exalte pas des visions, mais dénonce le quotidien au nom d'un désir neuf qui ne peut s'y faire jour.

La composition d'ensemble surprend par la longueur inégale de ses parties. Les deux premières sont écrites en sixains sur deux rimes ; les sept autres en quatrains de rimes croisées. Rappelons, pour l'anecdote, que la même année, durant le mois de mai, Isabelle Rimbaud avait fait sa première communion.

v. 3 — *grasseyant :* Prononçant de la gorge la lettre r.

v. 4 — Ce *noir grotesque* (autrement dit cet homme d'église, ce prêtre), dont fermentent les souliers, évoque, à coup sûr, le séminariste d'*Un cœur sous une soutane* (voir p. 109) et sa misérable aventure amoureuse.

v. 12 — *fuireux :* Ardennisme, foireux. C'est, du moins, ce que prétendent les commentateurs. C. A. Hackett croit reconnaître en cette fleur la « rose fétide » qui pousse en cette région. A mon sens, Rimbaud désigne simplement des rosiers sauvages aux teintes rouillées.

v. 26 — *le Petit Tambour :* Joseph Bara, mort à quatorze ans, en 1793, durant la guerre de Vendée. Il était souvent représenté dans l'imagerie populaire.

v. 44 — *parmi les catéchistes :* C'est le mot catéchumènes (au sens de futurs communiants, par exemple) qui conviendrait ici. Cet hémistiche répété à la rime (v. 47) laisse penser à une négligence de retranscription.

v. 55 — *nitides :* Brillantes (du latin *nitidus*).

v. 57 — *Adonaï :* Dans l'Ancien Testament, Dieu est ainsi nommé parfois. Mais Rimbaud laisse entendre aussi le mot Adonis, jeune homme d'une beauté merveilleuse qui fut aimé de Vénus.

v. 64 — *Reine de Sion :* Reine de Jérusalem, appellation appliquée à la Vierge dans les litanies qui lui sont consacrées.

v. 105 — *pitiés immondes :* Rimbaud utilise la même expression dans *Les Poètes de sept ans* (v. 27).

v. 109 — Comme l'indique la ligne de points de suspension précédente, une rupture se fait entre la situation décrite auparavant et cette huitième partie. Ce n'est plus la jeune communiante qui parle, mais la femme qu'elle est devenue et qui s'adresse à son amant.

v. 135 — *céphalalgies :* Migraines.

LE BATEAU IVRE p. 184

Texte adopté : Copie faite par Verlaine, sans doute dès l'arrivée de Rimbaud à Paris. La première publication en fac-similé fut donnée dans *Le Manuscrit autographe,* Blaizot, nov.-déc. 1927. Le manuscrit qui appartenait à l'ancienne collection Barthou est entré depuis novembre 1985 au département des Manuscrits de la Bibliothèque nationale.

Le Bateau ivre fut vraisemblablement composé vers la fin de l'été 1871. Rimbaud comptait ainsi produire un certain effet sur le milieu des poètes qui allaient le recevoir à Paris et l'entendre réciter ses vers. C'est, du moins, ce que nous rapporte avec quelque vraisemblance Ernest Delahaye. Mais ce poème ne fut pas seulement dicté par l'opportunité. Il développe un sens de la liberté, de l'aventure inouïe, ainsi que le pressentiment du désastre cher à Rimbaud. Il prend certes le sujet le plus rebattu de la poésie universelle : l'embarcation et ses périples symbolisant le projet et les risques de l'invention. D'Horace à Hugo, en passant par Chénier et Coleridge, les modèles ne manquaient pas. Mais nul écrivain n'était allé jusqu'à devenir vaisseau lui-même (Rimbaud dit « bateau » à une époque où l'on continuait à proscrire un tel mot, trop familier pour le style poétique). Banville lui reprochera un tel procédé.

Le caractère hallucinatoire de ce voyage continue de nous éblouir. Alliant des influences multiples, Rimbaud a su former un univers autonome, plus tard mis en scène — avec de tout autres moyens — dans ses *Illuminations*. S'opposant aux interprétations pessimistes de la fin du poème (A. Adam, Y. Bonnefoy, M. Ruff), Pierre Brunel considère que « la tâche du travailleur est accomplie », qu'*il a vu* et que tel était l'important, malgré la dégradation de l'expérience et du bateau (*Rimbaud. Projets et réalisations*, p. 108).

Il serait lassant de relever toutes les sources présumables du *Bateau ivre*. Étiemble, montrant non sans esprit réducteur qu'il s'agit d'une variation sur un cliché, les a enregistrées dans un important article, « Les sources littéraires du *Bateau ivre* », *Revue d'Histoire littéraire de la France*, n° 3, juillet-septembre 1947, p. 245-256. L'une, cependant, doit retenir l'attention — ce qu'a bien mis en valeur Roger Caillois dans *La Source du Bateau ivre* (*La Nouvelle Revue française*, 1er juin 1959, p. 1075-1084). Il s'agit d'un poème de Léon Dierx, *Le Vieux Solitaire*, paru dans le deuxième *Parnasse contemporain*, p. 283-284, et qui contient une longue comparaison entre celui qui écrit et un vaisseau abandonné roulant au gré des flots :

> « Je suis tel qu'un ponton sans vergues et sans mâts,
> Aventureux débris des trombes tropicales,
> Et qui flotte, roulant des lingots dans ses cales,
> Sur l'Océan sans borne et sous de froids climats. »

v. 7 — Il faut comprendre que le tapage des Peaux-Rouges « criards » a cessé une fois provoquée la mort des haleurs.

v. 10 — *l'autre hiver* : Faut-il tenir compte de cette indication de date ? Les mois de mai et de juillet sont également indiqués dans le poème.

plus sourd que les cerveaux d'enfants : cette expression mesure bien l'entêtement du « bateau ivre » et de Rimbaud à poursuivre son entreprise. Le mot enfant (au singulier ou au pluriel) revient constamment dans le texte.

v. 11 — *démarrées* : Ayant rompu leurs amarres.

v. 31 — *exaltée* : Qui s'est élevée, qui a pris son envol.

v. 43 — *les Maries* : Marie la sainte Vierge, qui règne sur la mer et calme les flots.

v. 47-48 — L'expression *glauques troupeaux* peut dépendre de « tendus ». Les arc-en-ciels tiendraient comme des brides les troupeaux marins. Mais elle peut dépendre aussi du verbe mêler sous-entendu dans cette deuxième phrase.

v. 50 — *Léviathan* : Monstre marin qui apparaît dans la Bible, notamment *Job, 40*, 25, où l'on voit également Béhemot (v. 82).

v. 51 — *bonaces* : Calmes plats de la mer.

v. 59 — *dérades* : Néologisme formé à partir du verbe « dérader », quitter une rade, un mouillage. Ces expressions propres au langage maritime prouvent que Rimbaud s'est probablement inspiré de textes de voyageur ou, ce qui est encore plus vraisemblable, de livres d'aventures comme *Vingt mille lieues sous les mers* de Jules Verne (voir J.-H. Bornecque, « Le Sous-marin ivre de Rimbaud », *Revue des Sciences humaines*, janvier 1954, p. 57-66).

v. 65 — *Presque île* et non *presqu'île*, comme le portent certaines éditions. Le premier, Bouillane de Lacoste a montré l'importance de cette correction (*Mercure de France*, 15 juin 1937, p. 492).

v. 71 — *Monitors :* Bâtiments de guerre cuirassés, bas sur l'eau, créés en Amérique en 1863. Les Américains des deux camps en firent un grand usage pendant la guerre de Sécession.

Hanses : Au Moyen Age, associations commerciales entre certaines villes de l'Allemagne de l'Ouest. Elles avaient pour but de protéger le commerce contre les pirates de la Baltique.

v. 73 — *monté :* Surmonté.

v. 80 — *ultramarins :* Qui est au-dessus de la mer ou couleur d'outremer. Le deuxième sens paraît préférable.

v. 82 — *Maelstroms :* Dangereux courant des mers septentrionales. Ce mot ne suffit pas pour qu'on en déduise une quelconque influence de Poe sur Rimbaud (*Une descente dans le Maelstrom* ou *Les Aventures d'Arthur Gordom Pym*).

v. 92 — *Ô que ma quille éclate !* : Dans un film qui lui fut consacré, *Vidéo-livre Témoins*, 1982, Jean Genet a déclaré que Rimbaud devinait ainsi le mal qui allait l'emporter. En argot, le mot « quille » signifie « jambe ».

v. 93 — *flache :* Avec raison, Étiemble fait remarquer que ce n'est pas un ardennisme, mais que le mot est normalement utilisé en Belgique et dans tout le nord de la France au sens de « mare d'eau dans un bois dont le sol est argileux » (Littré).

v. 98 — *enlever leur sillage :* Michel Décaudin (coll. Flambeau, p. 265) explique ainsi cette expression : « enlever par son propre sillage celui que laissent les navires portant le coton ».

v. 99 — *flammes :* Oriflammes.

v. 100 — *nager :* Naviguer.

les pontons : Ce mot débutait le poème de Dierx. Depuis les guerres entre l'Angleterre et la France sous le Premier Empire, il pouvait désigner de vieux navires hors d'usage où l'on mettait les prisonniers. Après la Commune, on avait également enfermé dans des pontons certains détenus politiques.

LES CHERCHEUSES DE POUX p. 188

Texte adopté : Poème publié dans *Lutèce*, 19-26 octobre 1883, par les soins de Verlaine et repris l'année suivante dans son volume *Les Poètes maudits*. Il n'existe pas de manuscrit connu. Les strophes troisième et quatrième avaient été publiées dans *Dinah Samuel* (Ollendorff, 1882), roman à clé écrit par Félicien Champsaur, où Rimbaud figure sous le nom d'Arthur Cimber. On y voit également le musicien Cabaner et plusieurs « Zutistes » dont il sera reparlé dans notre édition page 195 et suivantes.

Selon Izambard, ce poème aurait été écrit par Rimbaud en octobre 1870, au moment où il était réfugié à Douai chez les demoiselles Gindre. Ce serait elles les « chercheuses de poux ». Rimbaud aurait attrapé cette vermine à la prison de Mazas où il avait été enfermé lors de sa première fugue à Paris. Mais *Les Chercheuses de poux* ne figure pas dans le Cahier de Douai qui recouvre presque tous les écrits de cette période, et les rimes des vers 17-19 ne sont pas compatibles : Paresse/caresses, puisqu'un singulier y rime avec un pluriel. Or Rimbaud ne s'autorisera jamais de telles licences dans les poèmes de son recueil.

Verlaine appréciait particulièrement ce texte qu'il qualifiait de nombreuses épithètes plus ou moins pertinentes : « virgilien », « racinien », « lamartinien ». Valéry le tiendra pour l'un des plus purs de Rimbaud (voir, d'Henri Mondor, *Précocité de Valéry*, Gallimard, 1957, p. 347).

TÊTE DE FAUNE p. 189

Texte adopté : poème recopié par Verlaine dans son cahier, page 7. *Tête de faune* a d'abord été publié sous une version différente (*La Vogue*, 7-14 juin 1886) dans « Pauvre Lélian », texte de Verlaine consacré à lui-même (repris dans la 2e série des *Poètes maudits*, Vanier, 1888).

Tête de faune prend pour sujet un thème maintes fois traité par les Parnassiens. Dans une livraison du *Parnasse contemporain*, Victor de Laprade avait donné *Le Faune ;* Verlaine, dans ses *Fêtes galantes* (1869), avait également écrit un *Faune*. Cependant, Rimbaud transforme ici une convention (le faune lubrique poursuivant des nymphes). Sans aller jusqu'à deviner dans ce texte un acte érotique déguisé (voir les mots « écrin », « crevant », « fleurs rouges », etc.), je remarque l'étrange apparition/disparition du personnage et l'abstraction qu'il nous laisse : le Baiser d'or. Dans *Antique* (t. III), Rimbaud montrera encore un « gracieux fils de Pan ». On notera, en outre, l'usage prosodique, unique alors chez Rimbaud, du décasyllabe (sans doute une concession à Verlaine) et les constants déplacements de la césure — ce qui laisse supposer une date de composition tardive (septembre 1871 ?).

Commentaire : Steve Murphy, « *Tête de faune :* vers un Parnasse plus joyeux », *Circeto*, n° 2, février 1984. L'auteur a bien voulu nous communiquer la suite, encore inédite, de son article.

v. 9 — Ce dernier quatrain contient, volontairement semble-t-il, certains mots : « écureuil », « bouvreuil » et le vieux mot « épeure », qui modifient le cadre où le faune apparaît traditionnellement. Dans *Soleil et Chair*, le bouvreuil s'opposait déjà aux marbres mythologiques.

ORAISON DU SOIR p. 190

Texte adopté : manuscrit donné par Rimbaud à Léon Valade, Bibliothèque municipale de Bordeaux. Il existe aussi une copie établie par Verlaine et qui se trouve sur la page 16 de son cahier, à la suite des *Douaniers*. *Oraison du soir*, crépuscule du soir et prière peu orthodoxe, mêle de façon burlesque la mysticité et le bas-corporel.

v. 3 — *hypogastre* : La partie inférieure du ventre.

une Gambier : Pipe en terre cuite, du nom de son premier fabricant.

v. 7 — *mon cœur triste* : Cette expression se retrouve dans *Le Cœur supplicié* (voir p. 105). Elle a une résonance verlainienne.

v. 12 — *le Seigneur du cèdre et des hysopes* : Périphrase empruntée à la Bible. L'expression proverbiale « depuis le cèdre jusqu'à l'hysope » signifie « de la chose la plus importante à la plus petite ».

VOYELLES p. 191

Texte adopté : autographe donné par Rimbaud à Émile Blémont. Il fut acheté en 1982 par la Bibliothèque de Charleville. De ce texte, il existe aussi une copie faite par Verlaine, intitulée *Les Voyelles* et occupant la page 15 de son cahier.

En dépit de ce qu'en a dit Verlaine lui-même (« Arthur Rimbaud », *Les Hommes d'aujourd'hui*, n° 318, janvier 1888) : « L'intense beauté de ce chef-d'œuvre le dispense à nos humbles yeux d'une exactitude théorique dont je pense que l'extrêmement spirituel Rimbaud se fichait sans doute pas mal », ce sonnet est l'un des poèmes les plus commentés de la langue française. Étiemble a pu faire un livre sur l'ensemble de ces exégèses : *Le Sonnet des Voyelles. De l'audition colorée à la vision érotique*, Gallimard, 1968, qu'il a complété dans son *Mythe de Rimbaud*, t. II, 3e éd., 1970, p. 75-88. Ce qui n'a pas empêché de nouveaux chercheurs de proposer à leur tour d'autres solutions à l'énigme, la dernière en date étant l'étude d'Anne-Marie Franc, « *Voyelles*, un adieu aux vers latins » (*Poétique*, n° 60, 1984, p. 411-422) où l'on apprend que les couleurs attribuées aux voyelles par Rimbaud lui auraient été inspirées par le *Gradus*, manuel scolaire de versification latine.

On a tenté d'expliquer la coloration des voyelles donnée par Rimbaud en recourant aux phénomènes des correspondances synesthésiques déjà mises en valeur par Baudelaire dans son célèbre sonnet des *Correspondances*. L'influence du haschich fut également invoquée. Certains ont cru que Rimbaud se souvenait tout bonnement de son premier abécédaire colorié. Jean-Bertrand Barrère (« En rêvant aux *Voyelles* », *Revue d'Histoire littéraire de la France*, janvier-mars 1957) a mis en rapport les voyelles et la première lettre des mots par lesquels Rimbaud commente leur vision. Selon lui, l'attribution des couleurs viendrait de ces mots et non d'une perception sensible des lettres. Le commentaire qui souleva le plus de controverses fut, à n'en pas douter, celui que proposa en 1961 Robert Faurisson : « A-t-on lu Rimbaud ? » (*Bizarre*, n° 21-22, 4e trimestre 1961), interprétation voyant dans ce sonnet une description du corps féminin pendant le coït. Faurisson donnait ainsi le signal aux nombreuses interprétations érotiques qui allaient tenter de résoudre les plus mystérieux textes de Rimbaud. Est-il besoin de dire qu'elles y parvinrent toujours ! puisque une clé de lecture universelle est bien le désir, mais il s'agit toujours, en fait, du désir du lecteur, cherchant à comprendre à tout prix.

L'honnêteté critique conseille de dire qu'avec *Voyelles* Rimbaud propose une somme : celle de l'alphabet et celle du monde. Et, puisqu'il nous donne ainsi une totalité, toute explication spécialisée se trouve de ce fait réductrice. Il convient d'entendre ici ce qu'Octave Mannoni a pu écrire, à propos, précisément, de l'analyse de Faurisson : « S'il y a [...] un sens caché dans un texte littéraire, et parfois un sens que l'auteur y a volontairement caché, il n'en résulte pas toujours que ce texte soit proposé au déchiffrement, ni même que ce déchiffrement apporte rien de valable » (« Le Besoin d'interpréter », repris dans *Clefs pour l'imaginaire, ou l'Autre Scène*, Seuil, 1969, p. 207). La seule remarque décisive à faire porte sur l'ordre dans lequel Rimbaud a placé ses voyelles : de A à O, cette dernière valant pour l'Oméga. L'axe de signification du texte choisit donc prioritairement le début (l'alpha) et la fin (l'oméga) du monde — Dieu étant traditionnellement défini comme l'alpha et l'oméga. Le champ sémantique ainsi créé comprend la totalité, et donc aussi bien le corps de la femme-microcosme. (Toutes les rimes des quatrains sont d'ailleurs féminines, contrairement à la règle prosodique d'alternance entre rimes féminines et rimes masculines.) Ceci n'explique pas pour autant l'attribution précise de telle couleur à telle voyelle. Il faut donc admettre — et c'est une chance — un certain arbitraire de l'imagination rimbaldienne.

Signalons enfin, ce qui constitue un document très remarquable, un poème du musicien bohème Cabaner que connut Rimbaud à Paris (hiver 1871-1872). Ce poème est intitulé *Sonnet des Sept Nombres* et il est dédié « à Rimbald » (voir la reproduction de l'autographe dans *Rimbaud notre prochain*, Nouvelles Éditions latines, 1956, par Suzanne Briet). Cabaner, depuis longtemps, estimait que les couleurs et les sons se répondaient. Il apparaît, d'ailleurs, professant cette théorie, dans le roman à clé de Félicien Champsaur, *Dinah Samuel*, et Pierre Petitfils n'hésite pas à dire que ce fut Cabaner qui donna à Rimbaud l'idée de son sonnet (*Rimbaud*, Julliard, 1982, p. 150-151), ce qui permettrait de dater *Voyelles* de l'époque où Rimbaud s'installa à Paris. Il me paraît évident, en effet, que ce poème est tardif ; je ne crois pas cependant que Rimbaud s'y montre l'élève de Cabaner.

v. 2 — *naissances latentes :* Rimbaud promet de les dire un jour. Le sonnet des *Voyelles* ne serait qu'un échantillon d'un plus vaste projet. Ces naissances cachées impliquent, en effet, une réflexion d'envergure sur l'origine du langage.

v. 4 — *bombinent :* Bourdonnent. Verbe déjà utilisé dans *Les Mains de Jeanne-Marie* (p. 154).

v. 9 — *virides :* Vertes (du latin *viridus*). Le U est mis en rapport avec le Y grec (cycles) et le V latin.

v. 11 — *l'alchimie :* Première apparition du mot dans l'œuvre de Rimbaud. La partie d'*Une saison en enfer* sous-titrée *Alchimie du verbe* citera l'expérience du sonnet des *Voyelles*.

v. 12 — *Suprême Clairon :* La trompette de l'Apocalypse et du Jugement dernier. La majuscule à « Ses Yeux » du vers 14 renvoie vraisemblablement à l'œil de Dieu. Le O n'est plus bleu, mais *Oméga* violet, comme l'une des couleurs extrêmes du spectre solaire.

L'étoile a pleuré rose au cœur de tes oreilles p. 192

Texte adopté : copie de Verlaine, sous le sonnet *Les Voyelles*, page 15 de son cahier.

Ainsi placé, ce quatrain semble une illustration analogique du sonnet des Voyelles. Néanmoins, ce ne sont plus les lettres qui dominent ici, mais les éléments d'un corps féminin auxquels, à chaque fois, se rapporte une couleur. Cette couleur, cependant, n'est pas donnée arbitrairement ; elle est le résultat d'une action qui, dans tous les cas, touche un lieu du corps. Blason du corps féminin, comme on l'a souvent dit ? Soit. Mais, surtout, création (par le poème) d'un corps. Poème rendu à son véritable pouvoir démiurgique.

On remarquera, comme dans *Les Chercheuses de poux*, un mot pluriel (*reins*) rimant avec un mot singulier (*souverain*).

Commentaire : « " Littéralement et dans tous les sens ", essai d'analyse structurale d'un quatrain de Rimbaud » par Jean-Paul Dumont, dans *Essais de sémiotique poétique* (collectif), Larousse, 1972, p. 126-139.

ALBUM ZUTIQUE

(L'abréviation A.Z désigne cet album)

LYS p. 197

A.Z., f° 2 v°.

balançoirs : Il faut bien lire ce pluriel insolite sur le manuscrit. Mais le sens est évidemment « balivernes », « sornettes ».

clysopompes : Sortes de clystères.

un amour détergent : Un amour qui lave (comme des lavements). La métaphore reste médicale.

Armand Silvestre (1837-1901). Poète, il avait alors publié *Rimes neuves et vieilles* (1866) préfacé par George Sand, *Les Renaissances* (1870), *La Gloire du souvenir* (1872). Ses poésies se signalaient par leur sensualité. Il y faisait grand abus de fleurs ornementales.

LES LÈVRES CLOSES p. 197
A.Z., f° 3 r°.

Le titre reprend celui d'un recueil que Léon Dierx avait publié en 1867, chez Alphonse Lemerre.

écarlatine : Qui a la couleur de l'écarlate. Cet adjectif, quoique rare, n'est pas un néologisme.

chanoines du Saint Graal : La formulation de Rimbaud n'est pas claire. L'allusion au Graal, le vase sacré où Joseph d'Arimathie avait recueilli le sang du Christ, est inattendue. Elle traduit peut-être une connaissance du *Parsifal* de Wagner.

Léon Dierx (1838-1912) avait collaboré au *Parnasse contemporain*. Rimbaud dans sa lettre à Demeny de mai 1871 le considérait comme un talent de l'école parnassienne. Il avait écrit *Aspirations poétiques* (1858), *Poèmes et Poésies* (1864), *Les Lèvres closes* (1867), *Les Paroles du Vaincu* (1871), *Poésies complètes* en 1872. La parodie du style de Dierx n'est pas évidente ici.

FÊTE GALANTE p. 198
A.Z., f° 3 r°.

Rimbaud parodie dans ce texte *Colombine*, poème des *Fêtes galantes* de Verlaine (Lemerre, 1869). Il lui emprunte le nom de Colombine et, pour une strophe, la référence à des notes de musique. Les équivoques obscènes sont nombreuses.

J'occupais un wagon de troisième : un vieux prêtre p. 198
A.Z., f° 3 v°.

Inspirés par les dix-huit dizains de *Promenades et Intérieurs* que François Coppée avait publiés dans le 2e *Parnasse contemporain* (p. 225-234), les poèmes que les Zutistes nommeront « Vieux Coppées » accentuent volontairement le monde banal dont F. Coppée, amateur de platitudes, s'était fait le chantre attentif. Pascal Pia (*Album Zutique,* introd., p. 34) estime que la scène décrite par Rimbaud fut peut-être réelle.

le rejeton royal : malgré l'épithète « royal », Suzanne Bernard, puis Pascal Pia suggèrent qu'il pourrait être question de Napoléon III, plusieurs fois condamné et emprisonné (en 1836, puis en 1840) et, depuis la débâcle de 1870, captif en Allemagne au château de Wilhelmshöhe.

Je préfère sans doute, au printemps, la guinguette p. 199
A.Z., f° 3 v°.

Rimbaud emprunte les premières rimes « guinguette »/ « baguette » au septième dizain des *Promenades et Intérieurs* de Coppée. L'expression « soirs d'hyacinthe » doit être perçue comme une référence au Baudelaire de *L'Invitation au voyage*. Le prosaïsme du vers suivant détruit à dessein l'effet poétique de ces mots. Rappelons enfin que le « diacre » Pâris, célébré ensuite par les *convulsionnaires* de Saint-Médard, était mort en 1727.

L'HUMANITÉ... p. 199
A.Z., f° 3 v°.

Alexandrin parfait, chargé de lourdes entités morales et d'une comparaison risible et rabaissante. Louis-Xavier de Ricard (1843-1911) avait été l'un des fondateurs du *Parnasse*. Auteur de *Les Chants de l'aube* (1862), *La Résurrection de la Pologne* (1863), *Ciel, Rue et Foyer* (1865), *Le Cri de la France* (1871), il avait également créé en 1863 *La Revue du Progrès moral* pénétrée d'idées humanitaires que ce vers de Rimbaud tourne évidemment en ridicule. L'« ouverture » (II) de *Ciel, Rue et Foyer* contient, par exemple, ce vers : « Salut à toi, progrès, ô soldat et prophète ! »

CONNERIES p. 200

I JEUNE GOINFRE
A.Z., f° 6 v°.

Et foire : Et va à la selle.

II PARIS
A.Z., f° 6 v°.

Ce sonnet est formé des noms que propageait la publicité dans le Paris de 1871-1872. Le deuxième des *Dixains réalistes* de Germain Nouveau, paru dans une publication collective portant ce titre (Richard Lesclide, 1876), passera également en revue la publicité du temps.

Godillot : Inventeur de la chaussure militaire portant ce nom.
Gambier : Fabricant d'une pipe qui prit son nom. Voir aussi p. 270.
Galopeau : Pédicure et manucure parisien. Un dizain de l'*Album Zutique* signé « Valade » le mentionne également.
Auguste Wolff était un célèbre facteur de pianos, associé au compositeur Camille Pleyel.
Justin *Menier* était fabricant de chocolat.

Leperdriel vendait des bas contre les varices. Mais rien n'explique, au juste, les invocations qui précèdent ces deux noms propres.

Kinck (Jean) avait été assassiné avec sa femme et ses enfants par Jean-Baptiste Troppmann, qui fut guillotiné en 1870 et dont l'exécution fit grand bruit (Isidore Ducasse le mentionne également).

Jacob : Plutôt que la célèbre marque de pipes, ce nom désigne le Zouave Jacob, illustre charlatan guérisseur de l'époque (voir Pia, *Album Zutique*, introd., p. 80).

Bombonnel s'était acquis une réputation de chasseur de fauves. Il avait publié en 1860 *Bombonnel, le tueur de panthères, ses chasses, écrites par lui-même* (Hachette).

Veuillot (Louis) : Journaliste et littérateur catholique.

Augier (Émile) : Dramaturge, auteur notamment du *Gendre de Monsieur Poirier*. C'est par moquerie que Rimbaud mêle à ces noms de respectables écrivains celui de Troppmann l'assassin.

Gill (André) (1840-1885) : Le caricaturiste qui avait accueilli Rimbaud lors de sa première fugue à Paris.

Mendès (Catulle) (1842-1909), l'une des autorités de la poésie parnassienne.

Manuel (Eugène) (1823-1901) : Auteur notamment des *Poèmes populaires* (1870) et du drame *Les Ouvriers* (1870).

Guido Gonin, dessinateur de *L'Esprit follet* (voir Steve Murphy, « Le texte de Rimbaud » dans *Rimbaud vivant,* n° 22, p. 23).

L'Hérissé : Ce n'est pas le nom d'un chapelier, mais la dénomination de son enseigne, au 28 bis, boulevard de Sébastopol (elle est décrite dans le *Dictionnaire des enseignes* imprimé par Balzac). Pour ce détail, voir C. A. Hackett, éd. des *Œuvres* de Rimbaud, p. 367.

Enghien chez soi : Formule publicitaire pour les eaux d'Enghien-les-Bains et la cure que l'on pouvait faire « à domicile » grâce à des pastilles, des bouteilles de cette eau, voire un appareil vaporisateur. Rimbaud lui ajoute un s.

COCHER IVRE p. 201
A.Z., f° 8 v°.

L'*Album Zutique* présente un grand nombre de ces sonnets en vers monosyllabiques (Charles Cros en reproduira plusieurs dans un article de *La Revue du Monde nouveau,* en 1874).

pouacre : Doublet populaire de « podagre ». Ce mot signifie sale, dégoûtant. Verlaine écrivit, daté « Bruxelles, septembre 1873 », un poème intitulé *Un pouacre,* qui plus tard sera repris dans *Jadis et naguère*.

VIEUX DE LA VIEILLE ! p. 202
A.Z., f° 9 r°.

Tel était le nom que l'on donnait aux vétérans de l'ancienne garde impériale. On trouve un poème portant ce titre dans le recueil de Théophile Gautier, *Émaux et Camées* (1852).

Au fils de Mars : Au fils du dieu de la guerre. Mais Rimbaud entretient à dessein l'équivoque ; car ce fut le 16 mars 1856 (et non le 18) que naquit le Prince impérial, fils de Napoléon III et d'Eugénie de Montijo. Le 18 mars 1871, en revanche, avait été proclamée la Commune de Paris.

ÉTAT DE SIÈGE ? p. 202
A.Z., f° 9 r°.

A dessein, le titre interrogatif est un jeu de mots. Il évoque à la fois la récente occupation de Paris par les Prussiens et le postillon assis, conduisant son omnibus. L'esprit « onaniste » des Zutistes se lit à mots couverts dans ce « Vieux Coppée ». On comprend mieux ainsi l'« engelure énorme » et l'« aine en flamme ».

L'honnête intérieur : L'intérieur de l'omnibus où se trouvent des gens honnêtes et notamment des gendarmes.

LE BALAI p. 202
A.Z., f° 9 v°.

Quoique non signé de Rimbaud, ce dizain est de son écriture. Dans la manière de Coppée, il reprend certains thèmes, voire certaines tournures, très rimbaldiens. Le dernier vers mêle, comme dans *Accroupissements, Les Premières Communions, État de siège ?*, la scatologie à la vision du ciel nocturne.

EXILS p. 203
A.Z., f° 12 r°.

Le titre semble bien être *Exils* et non *Exil*, comme le portent la plupart des éditions actuelles. Il est intéressant de voir Rimbaud nous présenter ici un « fragment ». Ces six alexandrins en rimes plates sont encadrés par deux lignes de points de suspension. L'usage d'un tel procédé se retrouve dans certaines parties de l'œuvre. L'ensemble du poème reste peu compréhensible, malgré les précisions données en fin de texte. Il faut supposer que Napoléon III, alors en exil en Angleterre au château de Chiselhurst (après avoir été captif au château de Wilhelmshöhe en Prusse ; voir *Rages de Césars*, p. 96), envoie une épître à son fidèle médecin, le Dr Henri Conneau, dont le nom donnait lieu à de nombreuses moqueries.

l'oncle vainqueur : Napoléon Bonaparte.

le Petit Ramponneau : Au XVIIIe siècle, célèbre cabaretier du quartier de la Courtille à Paris. On avait fait de lui un personnage de comédies et de chansons satiriques.

Bari-barou : Le tonnerre en argot de marin (et le pet). (Explication communiquée par Steve Murphy.)

L'ANGELOT MAUDIT p. 203
A.Z., f° 12 v°.

Rimbaud a prétendu parodier ici le poète Louis Ratisbonne (1827-1900), auteur de poésies mettant souvent en scène des enfants : *La Comédie enfantine, fables morales* (1860), *Les Petits Hommes* (1868), *Les Petites Femmes* (1870).

Les soirs d'été, sous l'œil ardent des devantures, p. 204
A.Z., f° 13 v°.

L'incipit du poème rappelle le poème *Sensation*. Mais c'est un tout autre spectacle que nous livre ici Rimbaud, non sans se souvenir peut-être d'*Oraison du soir* (voir p. 190) et de *A la Musique*.

le kiosque mi-pierre : Rimbaud décrit ici une vespasienne.

Ibled : Marque de chocolat très connue en 1871.

Aux livres de chevet, livres de l'art serein p. 204
A.Z., f° 15 r°.

Obermann de Senancour, les romans de Mme de Genlis (1746-1830), auteur d'ouvrages d'éducation, le *Vert-Vert,* malicieux poème de Gresset, *Le Lutrin,* poème burlesque de Boileau, composent en effet aux yeux de Rimbaud les livres de « l'art serein » — et sans doute de piètres réussites !

Le Dr Nicolas Venette (Rimbaud italianise ce nom) avait écrit au XVIIe siècle un *Tableau de l'Amour conjugal.*

HYPOTYPOSES SATURNIENNES p. 205
A.Z., f° 22 r°.

L'*hypotypose* est une description ou un récit qui non seulement cherche à signifier son objet au moyen du langage, mais s'efforce en outre de toucher l'imagination et d'évoquer la scène par des moyens imitatifs ou associatifs. *Saturniennes,* qui involontairement rappelle les *Poèmes saturniens* de Verlaine, fait songer plutôt ici aux vers saturniens, vers latins archaïques. Rimbaud se moquerait ainsi du style vieilli des vers de Belmontet qu'il qualifie d'« archétype » parnassien. Ce texte est un centon formé de vers empruntés à différents poèmes de Belmontet.

Belmontet (Louis), 1799-1879, composa d'innombrables poèmes. Le dithyrambe était sa spécialité. Rimbaud l'avait déjà nommé en mauvaise part dans sa lettre du 15 mai 1871 : « Trop de Belmontet et de Lamennais [...] »

LES REMEMBRANCES DU VIEILLARD IDIOT p. 206
A.Z., f° 25 r°.

Le titre se réfère aux *Remembrances* écrites sur le même sujet et dans le même album par Verlaine. Dans le vieux mot *Remembrances* (souvenirs), les Zutistes entendaient, bien sûr, le mot « membre », désignant l'organe viril. Bien qu'il s'agisse encore d'un « Vieux Coppée », Rimbaud étend ce poème bien au-delà du dizain. Le ton n'est pas simplement ironique. Il rappelle parfois *Les Poètes de sept ans*. L'obsession sexuelle n'y est pas risible. Le monde familial apparaît, vrai et précis comme un rêve.

v. 9 — *Fils du travail :* L'expression se retrouvera dans *Mémoire*, t. II.

v. 13 — *Quand ma petite sœur... :* Une autre pièce de l'album, assurément postérieure puisqu'elle est signée « R.P. » (Raoul Ponchon), décrit en parodiant Louis Ratisbonne une scène identique : « La grande sœur pissait, et relevant sa robe [...] »

v. 26 — *Les almanachs couverts en rouge :* Voir dans *Les Poètes de sept ans :* « Des journaux illustrés où, rouge, il regardait/Des Espagnoles rire et des Italiennes », et *Mémoire :* « Des enfants lisant dans la verdure fleurie/leur livre de maroquin rouge [...] »

v. 40 — *la chancelière bleue :* L'objet désigné par ce mot est une boîte ou un sac fourré pour tenir les pieds chauds. Le sens n'est pas éclairci pour autant.

RESSOUVENIR p. 207
A.Z., f° 25 r°.

Écrit de la main de Rimbaud et signé « François Coppée ».

De l'année 1854, Rimbaud, qui n'avait alors que cinq ans ! devait, à vrai dire, garder bien peu de souvenirs. La feuille sur laquelle est copié ce dizain est illustrée sur sa partie droite par une caricature représentant l'Empereur et « la Sainte espagnole », Eugénie de Montijo. Celle-ci tourne la tête vers une sorte de mât orné d'un *N* enrubanné.

L'enfant qui ramassa les balles, le Pubère p. 208

Ce dizain, qui n'appartient pas à l'*Album Zutique*, se trouve reproduit en fac-similé dans le livre de Félix Régamey, *Verlaine dessinateur*, Paris, Floury, 1896. Régamey l'attribuait alors à Verlaine, mais il est incontestablement de l'écriture de Rimbaud (qui l'avait copié à Londres le 12 septembre 1872 sur l'album de Régamey) et il reprend une expression (publicitaire il est vrai) déjà utilisée dans le sonnet *Paris* (voir p. 200). En outre, le premier vers fait allusion à un épisode de l'« éclatante victoire de Sarrebruck » (voir le poème portant ce titre, p. 101) : le jeune prince accompagnant son père sur le champ de bataille avait ramassé un éclat d'obus. On avait brocardé ce geste dans une chanson devenue vite célèbre :

« Et le petit prince ramassait les balles
Qu'on avait mis là tout exprès... »

Le dernier vers est une double citation. En effet, comme l'a remarqué André Guyaux (*Berenice*, avril-août 1982, n° 5, p. 143-145), il reprend un alexandrin de la célèbre pièce de François Coppée, *Le Passant* (1869) : « Pauvre petit ! il a sans doute l'habitude » et la rime avec « solitude » ; en outre, le dernier mot majusculé met en valeur l'expression « avoir l'habitude » désignant assez couramment la masturbation, l'acte solitaire. Commentant l'ensemble de ce dizain, André Guyaux en a profité pour éclaircir l'une des plus mystérieuses *Illuminations : H*, où le terme « Habitude » donnerait la solution de l'énigme (voir « Rimbaud et le Prince impérial » dans *Berenice*, mars 1981, n° 2, p. 89-97).

Enghien : le commentaire que fait Rimbaud lui-même en note est éloquent. On peut aussi lire dans Enghien « engin ». Des balles et de l'ancien jouet, le Pubère en est venu à s'occuper de « son bel Enghien » !

LES STUPRA

Le titre *Les Stupra* (« obscénités » en latin) est celui que portait la plaquette regroupant ces trois sonnets et publiée par A. Messein en 1923.

L'IDOLE
SONNET DU TROU DU CUL p. 211
A.Z., f° 2 v°.

Bien qu'il figure sur le deuxième feuillet de l'*Album Zutique*, nous avons tenu à grouper ce poème avec les deux autres sonnets obscènes que l'on a coutume de ranger sous le titre de *Stupra*. Dans l'*Album Zutique*, le sonnet, écrit tout entier de la main de Rimbaud, porte toutefois, sous la fausse signature « Albert Mérat » (poète ici parodié), les initiales « P.V.-A.R. ». Le 25 décembre 1883, Verlaine en communiquait une version légèrement différente à Charles Morice (*Lettres inédites à Charles Morice,* publiées et annotées par Georges Zayed, Genève-Paris, Droz-Minard, 1964, p. 49-50), et la présentait ainsi : « " Tu l'as voulu, n'te plains pas. " Et voici le deuxième immonde. C'est un compliment à l'*Idole* de Mérat (*lui* toujours, *lui* partout !) fait en collaboration par Rimbaud et moi. C'est naturellement et chastement intitulé *Le Trou du Cul* [...]. » Ce sonnet a été publié pour la première fois par Messein dans *Hombres,* recueil posthume de Verlaine publié sous le manteau en 1904. En face des deux quatrains se trouve l'indication « Paul Verlaine fecit » ; en face des deux tercets, « Arthur Rimbaud invenit », remarque portée par Verlaine lui-même sur le manuscrit Vanier (prédécesseur d'A. Messein) qui avait recopié ce texte.

Le titre *L'Idole* nomme le livre d'Albert Mérat publié en 1869 que Verlaine et Rimbaud s'étaient amusés à parodier. Dans ce recueil se trouvaient célébrées toutes les parties du corps féminin. Germain Nouveau, à son tour, en offrira une parodie, *Le Sonnet de la langue,* également placée dans l'*Album Zutique* (f° 21).

Non sans malice, les surréalistes de la revue *Littérature* publièrent dans leur livraison de mai 1922 le « Sonnet du Trou du Cul » sans titre et sans nom d'auteur, précédé de ces lignes :

UN CONCOURS

Nous avons reçu la lettre suivante :

Messieurs,

Je vous envoie un poème que je trouve intéressant. Je doute cependant que vous osiez le publier. Si, toutefois, votre audace égale votre vantardise et que vous accordiez l'hospitalité de vos colonnes à ce sonnet, j'imagine qu'il serait curieux de poser à vos lecteurs (vous n'en êtes pas à une enquête de plus ou de moins) les questions suivantes :

1° *Quel est le titre de ce sonnet ?*

2° *Quel en est l'auteur ?*

Recevez, Messieurs, l'assurance de mes meilleurs sentiments.

Signature illisible.

Le sonnet que nous publions aujourd'hui n'est pas de ceux que l'on peut négliger. Les six derniers vers, notamment, nous ont paru dignes de *Littérature* et nous serions heureux que nos lecteurs nous aident à répondre aux mystérieuses questions de notre correspondant. La plupart des collaborateurs de notre revue, consultés, ont donné, comme l'on dit vulgairement, leur langue au chat. Nous recevrons avec le plus vif plaisir les réponses adressées à la rédaction de *Littérature,* 37, avenue Duquesne.

v. 4 — *blanches :* Verlaine, dans sa lettre à Ch. Morice, renvoie à cet endroit à une note ainsi rédigée : « Notez bien qu'il y a *blanches* et non pas *blêmes* (se reporter au 1[r] immonde). Morale, es-tu assez respectée ? — Excusez ces enfantillages d'ailleurs. » Le « 1r immonde » désigne le sonnet « Nos fesses ne sont pas les leurs ».

v. 14 — *Chanaan :* Ancien nom de la Terre promise où devaient couler des ruisseaux de lait et de miel.

Nos fesses ne sont pas les leurs. Souvent j'ai vu p. 211

Ce sonnet, ainsi que le suivant, est fort comparable à « L'Idole » que contenait l'*Album Zutique*. Il fut vraisemblablement écrit à la même époque et laisse peu de doute sur l'homosexualité de Rimbaud. Verlaine l'envoya à Charles Morice le 20 décembre 1883 avec une lettre où il le présentait ainsi : « Voici le 1r immonde. Les deux autres suivront » (voir Paul Verlaine, *Lettres inédites à Charles Morice, op. cit.*, p. 45). Vittorio Pica, un collectionneur italien en relation avec Verlaine, en eut également une copie (voir lettre du 11 octobre 1888 de V. Pica au directeur de *La Cravache parisienne*).

Les anciens animaux saillissaient même en course p. 212

Ce sonnet, comme le précédent, fut recopié par Verlaine dans une lettre adressée à Charles Morice le 30 décembre 1883. Verlaine porte sur lui une appréciation sévère : « Pour être vaguement obscur ce sonnet n'en est pas moins toqué. Si nous lui pardonnions ? D'ailleurs c'est le dernier » (*Lettres inédites à Charles Morice, op. cit.*, p. 55).

v. 5 — *ange ou pource :* ange ou pourceau. Le mot « pource » non attesté équivaut au féminin de pourceau. Le catalogue de la librairie Cornuau du 12 mai 1936 annonce, mise en vente, une note de Verlaine à Vanier lui demandant de placer en épigraphe à la série « Filles » de *Parallèlement* « Ange ou Pource. Rimbaud » — expression qui n'apparaîtra d'ailleurs pas dans le livre imprimé, une autre épigraphe « Capellos de Angelos » la remplaçant.

v. 7 — *Kléber :* célèbre général de la Révolution française. Peut-être Rimbaud évoque-t-il plus précisément la statue de Kléber (aux formes éloquentes !) qui figure, rue de Rivoli, sur le côté gauche du porche introduisant dans la cour du Louvre.

CORRESPONDANCE

LETTRE A G. IZAMBARD, 25 AOÛT 1870 p. 215

Première publication par Paterne Berrichon dans *La Nouvelle Revue française*, janvier 1912. Reproduction partielle de l'autographe dans *Album Rimbaud* (Bibliothèque de la Pléiade, 1967, p. 45).

Rimbaud s'adresse à son professeur Georges Izambard, alors retourné dans sa famille à Douai, pendant les vacances scolaires.

1. *prudhommesquement :* Le personnage de M. Prudhomme, caricature du bourgeois, a parfois inspiré Rimbaud (voir p. 238, v. 20 de *Roman*).

2. Le *Courrier des Ardennes* était un journal particulièrement cocardier.

3. *Le Diable à Paris :* keepsake publié par Jules Hetzel en 1845 et regroupant des textes d'écrivains célèbres. Il devait être illustré par certains dessins du renommé caricaturiste Grandville dont Rimbaud se moquera encore dans *Ce qu'on dit au Poète à propos de fleurs* (voir p. 173, v. 54).

4. *Costal l'indien,* roman d'aventures se passant au Mexique (1855), avait pour auteur Gabriel Ferry. *La Robe de Nessus* (1855, 2e éd. 1868) était un roman d'Amédée Achard.

5. *Les Épreuves,* recueil de Sully Prudhomme, 1866.

6. *Les Glaneuses,* recueil de Paul Demeny, Paris, Librairie artistique, 1870.

7. *Louisa Siefert* (1845-1877) avait écrit alors *Les Rayons perdus,* 1868 ; *L'Année républicaine,* 1869 ; *Les Stoïques,* 1870. Elle avait collaboré au *Parnasse contemporain* et son livre, *Les Rayons perdus,* avait obtenu un grand succès.

8. *Antigone* anumphé : Antigone « non mariée ». Rimbaud s'adressant à son professeur fait du zèle. Il se bornait, en fait, à reprendre certains termes de l'avertissement des *Rayons perdus* où l'on comparait quelques vers de L. Siefert à « la plainte d'Antigone allant au supplice ».

9. *Fêtes galantes* de Paul Verlaine avait paru, publié par Alphonse Lemerre, en 1869. Rimbaud cite un vers de *Dans la grotte.*

10. *La Bonne Chanson* venait de paraître chez A. Lemerre, en juillet 1870.

LETTRE A G. IZAMBARD, 5 SEPTEMBRE 1870 p. 218

Autographe de la collection Henri Matarasso. Reproduction photographique au Musée Rimbaud de Charleville.

1. Voir le poème *Morts de quatre-vingt-douze et de quatre-vingt-treize,* p. 94.

LETTRE A G. IZAMBARD, 2 NOVEMBRE 1870 p. 219

Autographe de la collection Henri Matarasso. Reproduction photographique au Musée Rimbaud de Charleville.

Rimbaud, après sa deuxième fugue qui l'avait mené jusqu'à Bruxelles, puis à Douai où il avait retrouvé Izambard, était revenu à Charleville, mandé d'urgence par sa mère.

1. Deverrière, professeur de l'Institution Rossat, qui fréquentait Georges Izambard. C'est chez lui que parfois Rimbaud se fera adresser son courrier.

LETTRE A PAUL DEMENY, 17 AVRIL 1871 p. 221

Autographe de la collection Alfred Saffrey.

Grâce à Izambard, Rimbaud avait rencontré Paul Demeny qui habitait à Douai. Il avait souhaité, en effet, connaître ce jeune poète, auteur des *Glaneuses*, même s'il estimait peu ce recueil. C'est à l'intention de Demeny qu'il avait recopié ses poèmes en septembre-octobre 1870 dans le fameux « Cahier de Douai ». La lettre du 17 avril 1871 raconte l'escapade que Rimbaud venait de faire à Paris du 25 février au 10 mars.

1. Rimbaud avait donc trouvé cet emploi, tout provisoire du reste.

2. « La bouche d'ombre » : allusion plaisante au célèbre poème de Victor Hugo dans *Les Contemplations*, « Ce que dit la bouche d'ombre ». Rimbaud désigne ici sa mère.

3. Voir le poème *Les Sœurs de charité*, p. 157. « Vous êtes heureux, vous » est une allusion au récent mariage de P. Demeny qui avait eu lieu le 23 mars.

4. Tous les titres que cite Rimbaud montrent l'extraordinaire floraison de poèmes patriotiques écrits à cette époque. Il n'en est d'ailleurs rien resté de lisible, excepté *L'Année terrible* de Hugo, publié en 1872 et *Le Sacre de Paris* de Leconte de Lisle.

5. Le volume est ainsi décrit dans le catalogue de la Bibliothèque nationale : *Le Fer rouge, nouveaux châtiments*, France et Belgique, tous les libraires, 1870, in-18, 75 p.

6. La Librairie artistique, située au 18, rue Bonaparte, avait publié en 1870 *Les Glaneuses* de Paul Demeny.

7. *Le Siège de Paris, impressions et souvenirs*, 1871, par Francisque Sarcey, qui sera surtout connu par la suite comme critique dramatique.

8. Adrien Marie, graveur, donnait ses œuvres notamment dans *L'Éclipse* et *L'Univers illustré*.

9. Draner, anagramme de Renard (Jules), dessinateur, caricaturiste et lithographe (1833-1900). La guerre de 1870-1871 lui inspira deux albums, *Paris assiégé* et *Nos vainqueurs*.

10. Faustin Betbeder dit Faustin, caricaturiste. Durant la guerre de 1870, son dessin contre Napoléon III, *L'habit ne fait pas le moine*, remporta un grand succès. Il exécuta, pour l'album collectif *Siège et Commune de Paris, 1870-1871*, un grand nombre de lithographies en noir et en couleurs et d'amusantes caricatures.

11. *Le Mot d'ordre*, journal d'opposition dirigé par Henri Rochefort, dura du 1er février au 10 mai 1871.

12. *Le Cri du peuple*, journal dirigé par Jules Vallès, compta quatre-vingt-trois numéros. Il dura du 22 février au 23 mai 1871.

Eugène Vermersch, que Verlaine connaissait déjà, y collaborait. Rimbaud, par la suite, le rencontrera à Londres durant l'automne 1872 (voir t. II) et le fréquentera.

13. Verlaine avait écrit dans ses *Poèmes saturniens* (*Effet de nuit*) : « Luisant à contresens des lances des averses. »

LETTRE A PAUL DEMENY, 28 AOÛT 1871 p. 223

Autographe de la collection Alfred Saffrey.

Le contenu de la lettre prouve que Rimbaud avait déjà demandé à Paul Demeny des renseignements afin de trouver du travail à Paris et que celui-ci ne l'avait pas pris au sérieux. De là son obstination et sa sensible irritation.

1. Son travail poétique, s'entend. Pourquoi Rimbaud prend-il de telles précautions, lui qui avait envoyé à Demeny toute une série de poèmes le 15 mai et le 16 juin ? Peut-être s'était-il fait rabrouer par son correspondant, lecteur décidément incompréhensif.

BIBLIOGRAPHIE

I. — Principales éditions des œuvres de Rimbaud

Une saison en enfer, Bruxelles, Alliance typographique, Poot et Cie, 1873.

Les Illuminations, notice de Paul Verlaine, publication de la revue *La Vogue*, 1886.

Reliquaire. Poésies, préface de Rodolphe Darzens, L. Genonceaux, 1891.

Les Illuminations. Une saison en enfer, notice par Paul Verlaine, Vanier, 1892.

Poésies complètes, préface de Paul Verlaine, Vanier, 1895.

Œuvres, préface de Paterne Berrichon et Ernest Delahaye, Mercure de France, 1898.

Lettres de Jean-Arthur Rimbaud : Égypte, Arabie, Éthiopie, avec une introduction et des notes de Paterne Berrichon, Mercure de France, 1899.

Œuvres : vers et proses, édition établie par Paterne Berrichon, préface de Paul Claudel, Mercure de France, 1912.

Poésies (fac-similé des autographes), Messein, « Les Manuscrits des maîtres », 1919.

Lettres de la vie littéraire d'Arthur Rimbaud (1870-1875), commentées par Jean-Marie Carré, Gallimard, 1932.

Poésies, édition critique de Henry de Bouillane de Lacoste, Mercure de France, 1939.

Une saison en enfer, édition critique de H. de Bouillane de Lacoste, Mercure de France, 1941.

Œuvres complètes, texte établi et annoté par A. Rolland

de Renéville et Jules Mouquet, Gallimard, Bibliothèque de la Pléiade, 1946.

Illuminations. Painted Plates. Édition critique de H. de Bouillane de Lacoste, Mercure de France, 1949.

Illuminations, traduction, introduction et notes par Mario Matucci, Florence, Sansoni, 1952.

Une saison en enfer, traduction, introduction et notes par Mario Matucci, Florence, Sansoni, 1955.

Œuvres, édition présentée par Antoine Adam, texte révisé par Paul Hartmann, Club du meilleur livre, 1957.

Pages choisies, notes, introduction, notice par Étiemble, coll. « Classiques Larousse », 1957. Édition remise à jour en 1972.

Poèmes, introduction de Pierre Moreau, notes de Michel Décaudin, Hachette, coll. « Flambeau », 1958.

Poésies. Une saison en enfer. Illuminations, texte établi et présenté par Antoine Raybaud, Bibliothèque de Cluny, 1959.

Œuvres, introduction et notes par Suzanne Bernard, Classiques Garnier, 1960. Édition revue et corrigée par André Guyaux en 1981. Nouvelle édition en 1987.

Les Illuminations, préface de Pierre Jean Jouve, Lausanne, Mermod, 1962.

Œuvres poétiques, préface de Michel Décaudin, Garnier-Flammarion, 1964.

Opere, traduction, introduction et notes par Ivos Margoni, Milan, Feltrinelli, 1964.

Correspondance avec Alfred Ilg, 1888-1891, préface et notes de Jean Voellmy, Gallimard, 1965.

Complete Works. Selected Letters, traduction, introduction et notes par Wallace Fowlie, Presses de l'Université de Chicago, 1967.

Illuminations, texte établi, annoté et commenté par Albert Py, avec une introduction et un répertoire des thèmes, Genève-Paris, Droz-Minard, 1967. Rééd. 1969.

Œuvres complètes, édition présentée et annotée par Antoine Adam, Gallimard, Bibliothèque de la Pléiade, 1972.

Poésies, édition établie par Daniel Leuwers, Livre de poche, 1972. Nouvelle édition augmentée, 1984.

Poésies. Une saison en enfer. Illuminations, préface de René Char, édition établie par Louis Forestier, Gallimard, « Poésie », 1973.

Illuminations. Nouvelle édition en 1987. Introduction et commentaires par Nick Osmond, Londres, Université de Londres, The Athlone Press, 1976.

Poésies, édition critique, introduction, classement chronologique par Marcel A. Ruff, Nizet, 1978.

Poésies (1869-1872), édition établie par Frédéric Eigeldinger et Gérald Schaeffer, Neuchâtel, La Baconnière, 1981.

Manuscrits autographes des *Illuminations*, reproduits et transcrits par Roger Pierrot, Ramsay, 1984.

Illuminations, texte établi et commenté par André Guyaux, Neuchâtel, La Baconnière, 1986.

Œuvres poétiques, textes présentés et commentés par Cecil Arthur Hackett, L'Imprimerie nationale, « Lettres françaises », 1986.

Une saison en enfer, édition critique par Pierre Brunel, éd. José Corti, 1987.

II. — ÉTUDES BIOGRAPHIQUES CONSACRÉES À RIMBAUD

Paterne BERRICHON, *Jean-Arthur Rimbaud. Le Poète (1854-1873)*, Mercure de France, 1912. Avec cette première biographie a commencé à se constituer une sorte de légende rimbaldienne. Berrichon, qui avait épousé Isabelle Rimbaud, sœur du poète, s'est employé à donner de lui une image édifiante.

Ernest DELAHAYE, *Rimbaud, l'artiste et l'être moral*, Messein, 1923, et *Souvenirs familiers à propos de Rimbaud, Verlaine et Nouveau*, Messein, 1925. L'essentiel de ces deux textes a été réédité sous le titre *Delahaye témoin de Rimbaud*, Neuchâtel, La Baconnière, 1974. Volume abondamment commenté par Frédéric Eigeldinger et André Gendre. Delahaye reste l'un des témoins les plus fiables de la vie de Rimbaud.

Marcel COULON, *Le Problème de Rimbaud, poète maudit*, Nîmes, A. Gomès ; *Au cœur de Verlaine et de Rimbaud*, Le Livre, 1925 ; *La Vie de Rimbaud et de son œuvre*, Mercure de France, 1929. (Le premier, M. Coulon s'est opposé aux interprétations jusqu'alors bien-pensantes de l'œuvre. Sa lecture met l'accent sur l'homosexualité de Rimbaud et sur son anticatholicisme.)

Jean-Marie CARRÉ, *La Vie aventureuse de Jean-Arthur Rimbaud*, Plon, 1926. (L'une des premières bonnes biographies.)

François RUCHON, *Jean-Arthur Rimbaud, sa vie, son œuvre, son influence*, Champion, 1929.

Robert GOFFIN, *Rimbaud vivant*, Corrêa, 1937. (Un beau livre, inspiré, mais qui place toute l'œuvre sous le signe de l'homosexualité.)

Enid STARKIE, *Arthur Rimbaud*, Londres, Faber & Faber, 1938. Traduction en français par Alain Borer, complétée de tous les articles écrits par E. Starkie sur Rimbaud, Flammarion, 1983. (Biographie riche, vivante, mais qui date. Enid Starkie se montre séduite par l'alchimie ; elle donne aussi matière dans la dernière partie au mythe de Rimbaud marchand d'esclaves.)

Georges IZAMBARD, *Rimbaud tel que je l'ai connu*, Mercure de France, 1946. (Quelques confidences pleines d'intérêt ; mais Izambard a une fâcheuse tendance à la polémique.)

Pierre PETITFILS, *L'Œuvre et le visage d'A. Rimbaud*, essai de bibliographie et d'iconographie, Nizet, 1949.

Suzanne BRIET, *Rimbaud notre prochain*, Nouvelles Éditions latines, 1956. (Ce livre contient des documents de toute première importance, notamment la description du « Cahier des dix ans ».)

Mario MATUCCI, *Le Dernier Visage de Rimbaud en Afrique*, Florence-Paris, Sansoni-Didier, 1962, ouvrage repris dans *Les Deux Visages de Rimbaud*, Neuchâtel, La Baconnière, 1986. (M. Matucci conteste l'image de Rimbaud marchand d'esclaves.)

André DHÔTEL, *La Vie de Rimbaud*, Albin Michel, 1965. (Le grand romancier ardennais parle de Rimbaud, de ses paysages, de sa rhétorique fabuleuse.)

Album Rimbaud, Gallimard, « Bibliothèque de la Pléiade », 1967, par Henri MATARASSO et Pierre PETITFILS.

Henri PEYRE, *Rimbaud vu par Verlaine*, Nizet, 1975. (Regroupement chronologique de tous les textes de Verlaine sur Rimbaud, analyses critiques, poèmes et lettres.)

Vernon UNDERWOOD, *Rimbaud et l'Angleterre*, Nizet, 1976. (Une étude complète et minutieuse, mais qui réduit le texte de Rimbaud à des « choses vues ».)

Pierre PETITFILS, *Rimbaud*, Julliard, coll. « Biographie », 1982. (La biographie la plus complète jusqu'à ce jour, en dépit de quelques chapitres rapides.)

Alain BORER, *Rimbaud en Abyssinie*, éd. du Seuil, coll. « Fiction et Cie », 1984. (Un livre de grand style qui voit Rimbaud d'un œil moderne et nouveau. Les dernières années en Abyssinie sont l'occasion de nombreux retours en arrière sur la période littéraire.)

III. — ÉTUDES ET ARTICLES PORTANT SUR L'ŒUVRE

Toute actuelle recherche approfondie sur l'œuvre de Rimbaud utilisera la documentation fournie par les articles suivants :

Suzanne BERNARD, « État présent des études sur Rimbaud », *L'Information littéraire*, XIV, mars-avril 1962, n° 2, p. 55-59 et mai-juin 1962, n° 3, p. 93-102.

André GUYAUX, « Où en est Rimbaud ? », *Romantisme*, 1982, n° 36, p. 65-77.

Michel DÉCAUDIN, « Travaux récents sur Rimbaud », *L'Information littéraire*, septembre-octobre 1983, p. 149 et suiv.

Pierre-Georges CASTEX, « Rimbaud en 1986. Une année capitale », *L'Information littéraire*, septembre-octobre 1986, n° 4, p. 148-157 et novembre-décembre 1986, n° 5, p. 214-224.

Enfin, on consultera *Le Mythe de Rimbaud* d'Étiemble I. *Genèse du mythe* (2e éd. 1968), II. *Structure du mythe* (2e éd. 1961), Gallimard, coll. « Bibliothèque des idées ». Ces deux volumes (suivis de trois volumes de compléments) analysent admirablement les différentes phases par lesquelles passa la critique rimbaldienne : Rimbaud catholique, Rimbaud homosexuel, Rimbaud voyant, Rimbaud voyou, Rimbaud communard, etc.

André ROLLAND DE RENÉVILLE, *Rimbaud le Voyant*, Au Sans Pareil, 1929 (réédité en 1983 aux éditions Thot). (Rimbaud redécouvert par le *Grand Jeu* de 1923, lecteur de la Kabbale et de textes ésotériques.)

Jacques RIVIÈRE, *Rimbaud*, Kra, 1930 ; nouvelle publication avec un dossier établi par Roger Lefèvre, Gallimard, 1977. (L'un des livres les plus perspicaces sur l'œuvre et notamment les derniers textes. Au fil de ses articles, Rivière évoluera d'une vision catholique de Rimbaud à une lecture agnostique.)

Benjamin FONDANE, *Rimbaud le voyou*, Denoël et Steele, 1933 ; rééd. Plasma, 1979. (Un autre livre qui fit date. Fondane s'attache au mouvement ontologique qui porte Rimbaud dans *Une saison en enfer*, et tente d'expliquer ainsi sa révolte foncière.)

ÉTIEMBLE et Yassu GAUCLÈRE, *Rimbaud*, Gallimard,

1936. (Après celle de Jacques Rivière, l'une des approches les plus lucides de l'œuvre. Certains commentaires restent indépassés.)

Cecil Arthur HACKETT, *Rimbaud l'enfant*, préface de Gaston Bachelard, José Corti, 1948.

Henry de BOUILLANE DE LACOSTE, *Rimbaud et le problème des Illuminations*, Mercure de France, 1949. (Une grande thèse s'appuyant sur la graphologie et tendant à prouver l'antériorité d'*Une saison en enfer* sur les poèmes en prose.)

André BRETON, *Flagrant délit*, Thésée, 1949. (Sur l'affaire de *La Chasse spirituelle*.)

Jacques GENGOUX, *La Pensée poétique de Rimbaud*, Nizet, 1950. (Une étude des sources.)

Jean-Pierre RICHARD, « Rimbaud ou la poésie du devenir », *Esprit*, 1951, article repris dans *Poésie et profondeur*, éd. du Seuil, coll. « Pierres vives », 1955, p. 187-250. (Un premier essai de thématique complète sur Rimbaud.)

André DHÔTEL, *Rimbaud et la révolte moderne*, Gallimard, « Les Essais », 1952.

Henry MILLER, *Rimbaud*, Mermod, 1952. (Lecture personnelle et vivace. Rimbaud comme style de vie.)

Charles CHADWICK, *Études sur Rimbaud*, Nizet, 1960.

Yves BONNEFOY, *Rimbaud*, Seuil, coll. « Les Écrivains par eux-mêmes », 1961. (Un petit livre de grande envergure où l'aventure spirituelle de Rimbaud prend tout son sens, sans être inféodée à quelque système idéologique que ce soit.)

Maurice BLANCHOT, « L'Œuvre finale », *La Nouvelle Revue française*, août 1961 ; repris dans *L'Entretien infini*, Gallimard, 1969, p. 425-431.

« A-t-on lu Rimbaud ? », n° 20-21 de la revue *Bizarre*, 4e trimestre 1961 (Robert Faurisson croit trouver le secret de lecture des *Voyelles* : érotisme en acte. Sous cette lumière, il analyse d'autres textes : *Bottom*, *H*, *Dévotion*.)

« L'Affaire Rimbaud », collectif : Antoine Adam, André Breton, Étiemble, etc.), n° 23 de *Bizarre*, 2e trimestre 1962. (Partisans ou détracteurs de la lecture de Faurisson.)

Marc EIGELDINGER, *Rimbaud et le mythe solaire*, La Baconnière, 1964. (Marc Eigeldinger, rimbaldien notoire, n'a pas rassemblé toutes ses études sur Rimbaud. Je les cite abondamment dans cette édition. Trois parmi les plus significatives ont été regroupées dans son livre *Lumières du mythe*, PUF, coll. « PUF Écriture », 1983.)

Gianni NICOLETTI, *Rimbaud, una poesia del « canto chiuso »*, Turin, Dell'Alberto, 1965.

Cecil Arthur HACKETT, *Autour de Rimbaud*, Klincksieck, 1967.

Jacques PLESSEN, *Promenade et Poésie : expérience de la marche et du mouvement dans l'œuvre de Rimbaud*, La Haye, Mouton, 1967.

Wallace FOWLIE, *Rimbaud. A Critical Study*, University of Chicago Press, 1967.

ÉTIEMBLE, *Le Sonnet des Voyelles*, Gallimard, « Les Essais », 1968. (Le point sur les différentes interprétations de ce texte.)

Pierre GASCAR, *Rimbaud et la Commune*, Gallimard, coll. « Idées », 1968.

Marcel A. RUFF, *Rimbaud*, Hatier, coll. « Connaissance des Lettres », 1968. (Un livre utile, mais plein de parti pris et contestable dans ses options chronologiques.)

Jean-Louis BAUDRY, « Le texte de Rimbaud » dans *Tel Quel*, n° 35, automne 1968, p. 46-63 et n° 36, hiver 1969, p. 33-53. (Une étude moderne, inspirée par le structuralisme et la psychanalyse de ces années-là.)

Henry MILLER, *Le Temps des assassins, essai sur Rimbaud*, trad. par F. J. Temple, P. J. Oswald, 1970 (repris en 10/18, Bourgois, 1986).

Robert Greer COHN, *The Poetry of Rimbaud*, Princeton University Press, 1973.

Nathaniel WING, *Present Appearances, Aspects of Poetic Structure in Rimbaud's* Illuminations, University of Mississipi Press, 1974.

Margaret DAVIES, « Une saison en enfer » *d'Arthur Rimbaud, analyse du texte*, Minard, 1975.

Atle KITTANG, *Discours et jeu, essai d'analyse des textes d'Arthur Rimbaud*, Presses Universitaires de Grenoble, 1975. (Rimbaud au filtre de l'aventure structuraliste.)

Alain de MIJOLLA, « La désertion du capitaine Rimbaud, enquête sur un fantasme d'identification inconscient d'A. Rimbaud », *Revue française de psychanalyse*, mai-juin 1975, p. 427-458.

André THISSE, *Rimbaud devant Dieu*, José Corti, 1975.

« Aujourd'hui, Rimbaud », enquête de Roger Munier auprès de nombreux écrivains et philosophes contemporains (témoignage de Martin Heidegger), Archives A. Rimbaud, n° 2, Minard, 1976.

Vernon P. UNDERWOOD, *Rimbaud et l'Angleterre*, Nizet, 1976.

Gérard MACÉ, « Rimbaud " recently deserted " » dans *La Nouvelle Revue française,* avril-mai 1978. (Sur les lettres d'Afrique.)

Lionel RAY, *Arthur Rimbaud,* Seghers, coll. « Poètes d'aujourd'hui », 1978. (Un poète nous parle.)

Tzvetan TODOROV, « Une complication de texte : les *Illuminations* », *Poétique,* n° 34, 1978, p. 241-253. (Un article marquant par ses parti pris extrêmes. Voir notre préface, t. III.)

Charles CHADWICK, *Rimbaud,* Athlone Press, 1979.

Jean-Pierre GIUSTO, *Rimbaud créateur,* Presses Universitaires de France, 1980. (Les réseaux sensibles et la thématique de l'œuvre.)

Georges POULET, *La Poésie éclatée. Baudelaire, Rimbaud,* Presses Universitaires de France, coll. « PUF Écriture », 1980.

Michael RIFFATERRE, « Interpretation and Undecidability », *New Literary History,* 1981, p. 227-242. (Une réfutation de l'article de Todorov. L'indécidabilité n'est qu'un moment de la lecture. Elle engage à interpréter.)

BENOIT DE CORNULIER, *Théorie du vers : Rimbaud, Verlaine, Mallarmé,* Seuil, 1982.

Pierre BRUNEL, *Rimbaud. Projets et réalisations,* Champ vallon, 1983, et *Arthur Rimbaud ou l'éclatant désastre,* Champ vallon, coll. « Champ poétique », 1983. (Deux livres qui sont de précieuses synthèses et présentent des interprétations nouvelles.)

Roger LITTLE, *Rimbaud. Illuminations,* Grant and Cutler, « Critical Guides to French Texts », 1983. (Une monographie.)

ÉTIEMBLE, *Rimbaud, système solaire ou trou noir ?,* Presses Universitaires de France, coll. « PUF Écriture », 1984. (Les avatars du mythe de Rimbaud.)

Antoine FONGARO, *Sur Rimbaud. Lire « Illuminations »,* Université de Toulouse Le Mirail, coll. « Littératures », 1985. (En dépit et parfois en raison d'une lecture obsessionnellement érotique, A. Fongaro fait des découvertes.)

Jean-Luc STEINMETZ, « Rimbaud en personnes » dans *Le Champ d'écoute,* La Baconnière, 1985, p. 107-176.

André GUYAUX, *Poétique du fragment. Essai sur les « Illuminations »,* Neuchâtel, La Baconnière, 1986. (Une réflexion sur l'évolution de la forme, ou « du poème en prose au fragment », lecture perspicace et qui renouvelle l'analyse des manuscrits.)

1. Revues rimbaldiennes

Bulletin des Amis de Rimbaud; sept numéros de janvier 1931 à avril 1939.

Le Bateau ivre, vingt numéros de janvier 1949 à septembre 1966.

Études rimbaldiennes (Minard éditeur), trois numéros (1968, 1970, 1972).

A. Rimbaud (Minard éditeur), quatre numéros (1972, 1973, 1976, 1980).

Rimbaud vivant, vingt-sept numéros de 1973 à 1988.

Circeto, revue d'études rimbaldiennes, deux numéros (1983, 1984).

Parade sauvage, revue d'études rimbaldiennes, cinq numéros parus depuis 1984 et quatre bulletins d'information.

2. Numéros spéciaux de revues

La Grive, octobre 1954 ; *Europe,* mai-juin 1973 ; *Littérature,* octobre 1973 ; *Revue de l'Université de Bruxelles,* 1982 ; *Berenice,* Rome, n° 2, mars 1981 et n° 5, 1982 ; *Revue des Sciences humaines,* 1984, n° 193 ; *Revue d'Histoire littéraire de la France,* mars-avril 1987.

3. Colloques et Actes de colloque

Colloque de Cerisy, août 1982. *Rimbaud multiple,* Gourdon, D. Bedou, 1986.

Colloque de Neuchâtel (Centre Arthur Rimbaud), mai 1983. *Le Point vélique,* Neuchâtel, La Baconnière, 1986.

Colloque de l'École normale supérieure, février 1984. « Minute d'éveil » *Rimbaud maintenant,* CDU-SEDES, 1984.

Colloque organisé par l'Association internationale des Études françaises, juillet 1984, *CAIEF,* n° 36, mai 1985.

Colloque de Grosseto, septembre 1985. *Poesia e avventura,* Pise, Pacini, 1987.

Demi-journée Rimbaud (Colloque « année 1886 », Sorbonne, Paris III), juin 1986. (A. Guyaux, H. Bouillier, M. Matucci, J.-L. Steinmetz). Actes non publiés.

Colloque de Charleville, septembre 1986. Numéro hors série de *Parade sauvage,* 1987.

Colloque de Cambridge, septembre 1987. A paraître dans *Parade sauvage,* 1989.

CHRONOLOGIE

1854 – 20 octobre. Naissance, à six heures du matin, à Charleville dans le département des Ardennes, de Jean-Nicolas-Arthur Rimbaud. Son père, Frédéric Rimbaud (né le 7 octobre 1814) est capitaine d'infanterie. Sa mère, Vitalie Cuif (née le 10 mars 1825), est la fille de propriétaires ruraux possédant une ferme à Roche, dans le canton d'Attigny. Rimbaud a un frère aîné, Frédéric, né en 1853.

1855-1856 – Du 14 mars 1855 au 28 mai 1856, le capitaine Rimbaud participe à la campagne de Crimée.

1858 – Le 15 juin, naissance de Vitalie Rimbaud, sœur de Jean-Arthur et de Frédéric.

1860 – Le 1er juin, naissance d'Isabelle Rimbaud, sœur de Jean-Arthur, Frédéric et Vitalie.

En août, le capitaine Rimbaud rejoint sa garnison à Grenoble. Les deux époux vivront désormais séparés. Sur le souvenir fantasmatique de ce départ, voir *Mémoire* (t. II de notre édition).

1861 – Au mois d'octobre, Rimbaud entre en neuvième à l'Institution Rossat (voir Stéphane Taute, « La scolarité de Rimbaud et ses prix. La fin d'une légende », *Centre culturel Arthur Rimbaud*, Cahier n° 6, nov. 1978).

1863 – Durant l'année scolaire 1862-1863, Rimbaud écrit une sorte de fantaisie (voir p. 39).

1865 – Rimbaud, qui a fait ses deux premiers trimestres de sixième à l'Institution Rossat, entre, à partir de Pâques, au collège de Charleville.

1868 – Rimbaud adresse « en secret » une lettre en vers latins au Prince impérial à l'occasion de la première communion de celui-ci (le 8 mai).

1869 – Le 15 janvier, le *Moniteur de l'enseignement secondaire spécial et classique. Bulletin de l'Académie de Douai*, n° 2, publie une pièce en vers latins de Rimbaud, « Ver erat... » *(Le Songe de l'écolier).*

Le même bulletin, n° 11, publie, le 1er juin, une autre pièce de Rimbaud, « Jamque novus... » *(L'Ange et l'Enfant).*

Le 15 novembre, le *Moniteur de l'enseignement secondaire*, n° 22, publie une autre composition en vers latins de Rimbaud, *Jugurtha,* qui lui avait valu de remporter le premier prix au concours académique de vers latins.

A la fin de l'année, Rimbaud compose *Les Étrennes des orphelins.*

1870 – En janvier, le professeur de rhétorique du collège, M. Feuillâtre, est remplacé par le jeune Georges Izambard, (âgé de vingt-deux ans), avec lequel Rimbaud va se lier d'amitié.

Le 2 janvier, la *Revue pour tous* publie *Les Étrennes des orphelins.*

Le 24 mai, Rimbaud envoie à Théodore de Banville, dans l'espoir d'être publié dans une prochaine livraison du *Parnasse contemporain,* une lettre contenant trois poèmes : *Sensation, Ophélie* et *Credo in unam.*

Le 19 juillet, la France déclare la guerre à la Prusse. Rimbaud compose le sonnet « *Morts de quatre-vingt-douze...* »

Le 13 août, *La Charge* publie *Trois baisers.* Rimbaud compose alors un certain nombre de poèmes, dont *Vénus anadyomène* et *Les Reparties de Nina.*

Le 29 août, première fugue de Rimbaud. Il part pour Paris, en passant par Charleroi. Il arrive à Paris le 31. Arrêté à sa descente du train, car il n'a sur lui ni billet ni argent, il est conduit au dépôt, puis à la prison de Mazas.

2 septembre, désastre de Sedan. Napoléon III capitule devant l'armée prusienne.

4 septembre : proclamation de la IIIe République. Le 5 septembre, grâce à l'intervention d'Izambard, Rimbaud est libéré. Il va à Douai, chez les tantes d'Izambard, les demoiselles Gindre. Il y reste une quinzaine de jours et en profite pour recopier ses poèmes sur un cahier, à l'intention d'un jeune poète, Paul Demeny, que lui avait fait connaître son professeur et qui venait d'être édité.

Le 26 septembre, Rimbaud revient à Charleville. Mais le 7 octobre, il reprend la route, à pied cette fois, passe de nouveau par Fumay, Givet, Charleroi et pousse jusqu'à Bruxelles. Entre le 20 et le 30 octobre, il est de nouveau chez les demoiselles Gindre où il complète le « Cahier de Douai », qu'il confie à P. Demeny. Le 1er novembre, Mme Rimbaud fait intervenir un commissaire de police. Rimbaud est obligé de revenir à Charleville. Le collège a fermé ses portes en raison de la guerre. Rimbaud vit alors dans une période d'oisiveté. Il lit et fait de longues promenades avec son ami Ernest Delahaye.

1871 – Le 1er janvier, les Allemands occupent Mézières et Charleville. Le 28 janvier l'armistice est signé. Thiers, le 17 février, devient chef du pouvoir exécutif. Le 25 février, Rimbaud part en train pour Paris. Il y vit misérablement et revient à pied à Charleville le 10 mars. Le 18 mars, la Commune de Paris est proclamée. Rimbaud prend parti pour les insurgés. Il écrira bientôt des poèmes communards : *Chant de guerre Parisien, Les Mains de Jeanne-Marie, Paris se repeuple.* Il essaie de travailler au journal *Le Progrès des Ardennes* (qui cesse de paraître le 17 avril).

Mi-avril-début mai, Rimbaud, selon E. Delahaye (*Entretiens politiques et littéraires,* décembre 1891), serait allé à Paris. Il se serait engagé dans les corps-francs et aurait séjourné à la caserne de Babylone. Une note de police du 26 juin 1873 concernant Verlaine et Rimbaud à Londres signale que le jeune « Raimbault [*sic*] sous la Commune a fait partie des francs-tireurs de Paris » (voir Henri Guillemin, « Rimbaud fut-il communard ? », *A vrai dire,* Gallimard, 1956, p. 194-200). Notons toutefois que Rimbaud était à Charleville le 17 avril et qu'il y sera les 13 et 15 mai, comme le prouvent ses lettres. La répression versaillaise, la

Semaine sanglante, commence le 21 mai. Pour ses amis, la participation de Rimbaud à la Commune ne faisait pas de doute. Verlaine, dans sa biographie de Rimbaud parue dans *Les Hommes d'aujourd'hui* (1888), note : « Retour à Paris pendant la Commune et quelques séjours à la caserne du Château-d'Eau parmi de vagues vengeurs de Flourens. »

Le 13 mai, Rimbaud envoie à Georges Izambard une lettre où il expose ses idées nouvelles sur la poésie. Elle contient le poème *Le Cœur supplicié*.

Le 15 mai, il adresse à Paul Demeny la lettre dite « du voyant » qui développe longuement certains éléments de la lettre précédente. Elle contient aussi *Chant de guerre Parisien, Mes Petites amoureuses* et *Accroupissements*.

Le 10 juin, Rimbaud envoie une nouvelle lettre à Paul Demeny. Il lui demande de brûler le cahier qu'il lui a donné l'an passé et lui présente trois nouveaux poèmes, *Les Poètes de sept ans, Les Pauvres à l'église* et *Le Cœur du pitre*.

Le 15 août, Rimbaud adresse une lettre à Théodore de Banville contenant l'ironique *Ce qu'on dit au Poète à propos de fleurs*, signé « Alcide Bava ».

Rimbaud entre en relations avec Charles Bretagne, un employé aux contributions directes de Charleville, féru d'occultisme, homosexuel sans doute et ami de Paul Verlaine.

En septembre, Rimbaud envoie coup sur coup deux lettres à Verlaine. Il les accompagne de plusieurs poèmes, *Les Effarés, Accroupissements, Les Douaniers, Le Cœur volé, Les Assis, Mes Petites amoureuses, Les Premières Communions, Paris se repeuple*. Verlaine répond à Rimbaud en lui proposant de venir à Paris.

Fin septembre, Rimbaud débarque à Paris, *Le Bateau ivre* en poche. Il est d'abord accueilli rue Nicolet à Montmartre dans l'hôtel des Mauté, les beaux-parents de Verlaine, qui logent sous leur toit leur fille Mathilde et Paul Verlaine, qui vient de l'épouser. Georges, le fils du jeune couple, naît le 30 octobre. Verlaine fait venir Rimbaud à l'un des dîners des *Vilains Bonshommes* (rassemblant les poètes Parnassiens ses amis). Rimbaud y récite *Le Bateau ivre.* Sa lecture soulève l'enthousiasme. Durant toute cette période, Rimbaud va fréquenter les frères Cros, Léon Valade, Émile Blémont, Forain, dit « Gavroche », le dessinateur, Étienne Carjat le photographe (avec qui il aura une grave altercation).

En octobre, il doit quitter l'hôtel des Mauté. Il loge quelque temps dans l'atelier de Charles Cros, puis dans une chambre que lui prête Théodore de Banville. Fin octobre, sur l'initiative de Charles Cros est fondé le Cercle dit « Zutique », qui tient ses assises dans une chambre de l'Hôtel des Étrangers, à l'angle de la rue Racine et de la rue de l'École-de-Médecine. En attendant mieux, Rimbaud habite là, en compagnie du musicien bohème Ernest Cabaner. Il collabore plusieurs fois à l'*Album Zutique* (le 22 octobre, les 1er, 6 et 9 novembre). Mi-novembre, Rimbaud loge dans un hôtel situé à l'angle du boulevard d'Enfer (aujourd'hui boulevard Raspail) et de la rue Campagne-Première.

Fin décembre, Fantin-Latour commence à peindre le tableau *Coin de table* où figurent Verlaine et Rimbaud, à côté de Jean Aicard, Léon Valade, Ernest d'Hervilly, Camille Pelletan, Pierre Elzéar Bounier, Émile Blémont. Le tableau ne sera achevé qu'en avril 1872.

72 – Verlaine et Rimbaud, par leur comportement, scandalisent les milieux littéraires qu'ils fréquentent. Verlaine menant une vie de plus en plus irrégulière, Mathilde Mauté, dans la deuxième moitié du mois de janvier, décide de partir dans sa famille à Périgueux et emmène son jeune fils. Bientôt Verlaine, inquiet de cette situation, conseille à Rimbaud de quitter Paris et d'aller chez l'une de ses parentes à Arras. Rimbaud y consent. On sait peu de choses sur ce séjour. Il rejoint ensuite la demeure maternelle à Charleville où il fréquente surtout Delahaye. A la bibliothèque municipale, il lit toutes sortes de livres et, par exemple, les ariettes de Favart, écrivain du XVIIIe siècle auteur de nombreux vaudevilles et opéras-comiques. Il correspond avec Verlaine et lui envoie des lettres que son correspondant qualifie de « martyriques ». Selon Ernest Delahaye, Rimbaud avait alors l'idée d'écrire des textes en prose sous le titre *Photographies du temps passé* (il aurait rédigé plusieurs textes dans cette veine). Selon Verlaine, il travaillait à des « *Études néantes* ».

Vers le 15 mars, Mathilde revient à Paris. Elle semble réconciliée avec Verlaine. Mais leurs rapports vont rapidement se détériorer. Début mai, Rimbaud, à l'instigation de Verlaine, revient, lui aussi. Il loge bientôt rue Monsieur-le-Prince, dans une chambre donnant sur la cour du lycée Saint-Louis. Il écrit alors certains poèmes, comme *Fêtes de la patience*, ou recopie ceux qu'il a composés les mois précédents. Il les date de « mai 1872 ». Ses relations sexuelles avec Verlaine font peu de doute, comme le prouve de ce dernier le sonnet *Le Bon Disciple*, daté de mai 1872.

En juin, Rimbaud loge à l'hôtel de Cluny, rue Victor-Cousin, près de la place de la Sorbonne.

Le 7 juillet, comme il n'a pu convaincre Verlaine d'abandonner femme et enfant pour le suivre, il décide de quitter seul la France pour la Belgique. En portant au domicile de Verlaine (qu'il ne compte pas revoir) sa lettre de rupture, il rencontre celui-ci. Verlaine prend alors la décision immédiate de quitter sa famille. Le 9 juillet, en route pour la Belgique, Verlaine et Rimbaud s'arrêtent à Charleville pour voir Bretagne. Ils vont ensuite en train à Bruxelles (par Walcourt et Charleroi) où ils logent au Grand Hôtel liégeois.

Le 21 juillet, Mathilde et sa mère viennent à Bruxelles pour convaincre Verlaine de repartir à Paris avec elles. Il y consent, mais, dans le train du retour où Rimbaud s'était aussi embarqué, il leur fausse compagnie à la gare frontière de Quiévrain. Les deux amis continuent de vivre à Bruxelles.

Le 7 septembre, ils prennent le bateau à Ostende pour l'Angleterre. Ils arrivent à Douvres le lendemain. Ils trouvent à se loger à Londres au 34, Howland Street, dans un appartement qu'Eugène Vermersch habitait avant eux. Ils connaissent les exilés de la Commune, le dessinateur Félix Régamey, Jules Andrieu, Lissagaray, etc. Ils visitent l' « immense ville », mélange de misère et de modernité. Verlaine continue d'écrire ses *Romances sans paroles;* Rimbaud compose peut-être certains textes des *Illuminations* (le 14 septembre avait paru, contre son gré, semble-t-il, son poème *Les Corbeaux* dans *La Renaissance littéraire et artistique*, revue dirigée par Émile Blémont).

Le couple Verlaine-Rimbaud vit bientôt dans un état alarmant de pénurie et doit se contenter de l'argent que Mme Verlaine envoie à son fils. De son côté, Mathilde poursuit une demande en séparation, ce qui inquiète Verlaine dont Rimbaud découvre un peu plus chaque jour la veulerie.

Début novembre, Rimbaud informe sa mère de sa situation. Mme Rimbaud vient à Paris et a une entrevue avec Mme Verlaine, puis avec Mathilde. Elle engage Rimbaud à revenir.

En décembre, Rimbaud est de retour à Charleville. Sa présence y est attestée le 20 de ce mois.

1873 – En janvier, Verlaine, seul et malade à Londres, réclame du secours. Rimbaud et Mme Verlaine viennent le voir. Rimbaud décide de rester. La vie du couple reprend. Pour pouvoir donner des leçons qui leur rapporteraient quelque argent, Verlaine et Rimbaud perfectionnent leur anglais. Ils fréquentent la bibliothèque du British Museum.

Le 4 avril, Verlaine, inquiété par le procès que lui intente sa femme, décide de repartir en France. Après avoir tenté de s'embarquer à Newhaven, il prend le bateau à Douvres pour Ostende, va à Namur, puis s'installe à Jéhonville (Luxembourg belge) chez sa tante Evrard. Le 11 avril, jour du Vendredi saint, Rimbaud arrive à Roche (propriété de Mme Rimbaud) où se trouve alors toute la famille.

Le 20 avril, Verlaine, Delahaye et Rimbaud se retrouvent à Bouillon, petite ville des Ardennes belges près de la frontière.

Vers le 15 mai, Rimbaud annonce dans une lettre à Delahaye qu'il souhaite écrire un *Livre païen* ou *Livre nègre,* « histoires atroces » (il en a déjà composé trois).

Le 25 mai, Verlaine et Rimbaud repartent pour l'Angleterre. Ils visitent Liège le 26 mai et s'embarquent à Anvers le 27. A Londres, ils louent une chambre chez Mrs. Alexander Smith, au 8, Great College Street, Camden Town. Ils cherchent toujours à donner des leçons de français. Mais le couple est mal considéré par les réfugiés de la Commune. Verlaine, inquiet aussi de la demande en séparation voulue par sa femme et pensant pouvoir convaincre celle-ci de nouveau, part, après une violente querelle. Il s'embarque, le 3 juillet, pour Anvers. Impuissant, Rimbaud assiste à ce départ. Cependant, Verlaine regrette bientôt ce qu'il a fait et envoie une lettre d'explication à Rimbaud.

Le 4 juillet, arrivé à Bruxelles, Verlaine écrit à sa mère, à Mme Rimbaud, à Mathilde à qui il demande de venir le rejoindre dans les trois jours, sinon il se donnera la mort. Mathilde ne répond pas à cet appel. Mais dès le 5 juillet, Mme Verlaine vient à Bruxelles. Le 6 juillet, Verlaine écrit à Edmond Lepelletier en lui demandant de soigner l'édition des *Romances sans paroles* et confirme sa volonté de se donner la mort : « Je vais me crever. » Le 7 juillet, tout en ayant renoncé au suicide, il envoie un télégramme à Rimbaud lui annonçant sa décision de s'engager comme volontaire dans les troupes carlistes.

Le soir même, Rimbaud arrive. Les deux hommes se rendent à l'Hôtel de la Ville de Courtrai avec Mme Verlaine. La journée du 9 juillet se passe en discussions et querelles, Rimbaud ayant dit son intention de quitter Verlaine et de partir pour Charleville ou Paris.

Le 10 juillet, Verlaine, de bon matin, achète un revolver. Après une nouvelle discussion, il tire un coup de revolver sur Rimbaud et le blesse au poignet gauche. Rimbaud va se faire soigner à l'hôpital Saint-Jean. Puis, vers 19 heures, persistant dans sa décision de partir, il se dirige vers la gare du Midi, toujours accompagné de Verlaine et de la mère de celui-ci. Verlaine menaçant en chemin de se servir de son arme (contre lui-même ou contre Rimbaud ?), Rimbaud avertit un agent de police. Verlaine est tout de suite arrêté et écroué.

Le 11 juillet, Rimbaud entre à l'hôpital Saint-Jean pour qu'on extraie de son poignet la balle reçue du premier coup de feu tiré par Verlaine. Le lendemain, il est interrogé par un juge d'instruction et fait une déposition en faveur de Verlaine. Il signera son désistement le 19 juillet et sortira de l'hôpital le lendemain.

Le 8 août, Verlaine comparaît devant la sixième Chambre correctionnelle de Bruxelles. Il est condamné à deux ans de prison et deux cents francs d'amende. Ce jugement sera confirmé le 27 août. Il est alors incarcéré à la prison des Petits Carmes à Bruxelles.

En août, Rimbaud, de retour à Roche, écrit *Une saison en enfer*, sans doute déjà commencé. Il confie son manuscrit à Jacques Poot, imprimeur à Bruxelles. Mme Rimbaud paie de ses deniers l'édition.

Le 22 octobre, Rimbaud, à Bruxelles, retire ses exemplaires d'auteur. La plus grande partie du tirage restera chez l'imprimeur jusqu'à ce qu'on la découvre, empaquetée, en 1901 ! (voir Louis Piérard, « L'édition originale d'*Une saison en enfer* », *Poésie 42*, Seghers, p. 14-15). Il dépose un volume avec envoi « à P. Verlaine » à la prison des Petits Carmes.

Le 1er novembre, Rimbaud est à Paris où il donne aux quelques rares amis qui lui restent des exemplaires d'*Une saison*. Au café Tabourey il est probable qu'il rencontre le poète Germain Nouveau, qui avait participé aux suites du *Cercle Zutique*, le groupe des Vivants, et fréquentait Raoul Ponchon et Jean Richepin que Rimbaud avait connus en 1872. Rimbaud regagne ensuite Charleville où il reste durant l'hiver.

1874 – A la mi-mars, Rimbaud vient à Paris, retrouve Germain Nouveau. Avec celui-ci, il part pour l'Angleterre. Les deux amis logent au 178, Stamford Street, près de la gare de Waterloo, sur la rive sud de la Tamise. Rimbaud passe des annonces dans certains journaux pour donner des leçons de français. A cette époque, il semble avoir recopié, aidé parfois de Germain Nouveau, la plupart de ses *Illuminations*.

En juin, Nouveau, pour des raisons peu claires, décide de revenir en France. Tant bien que mal, Rimbaud essaie de subsister. Il cherche un emploi de précepteur.

En juillet, Rimbaud, désespéré, fait appel à sa mère. Mme Rimbaud et Vitalie viennent à Londres (Vitalie nous a laissé dans son journal de nombreux détails sur ce séjour). Le 31 juillet, Rimbaud part pour une destination inconnue. Selon V. P. Underwood et Enid Starkie, il va prendre un emploi dans le port de Scarborough, Yorkshire, qu'évoquerait *Promontoire* (voir t. III).

Le 9 novembre, Rimbaud fait passer une annonce dans le *Times* pour trouver un emploi.

Le 29 décembre, il revient à Charleville pour se mettre en règle avec les autorités militaires. Son frère Frédéric s'étant engagé pour cinq ans, il peut bénéficier d'une dispense de service.

1875 – Durant le mois de janvier, Rimbaud, pour obtenir une situation dans le commerce ou l'industrie, se met à apprendre l'allemand.

Le 13 février, il part pour Stuttgart. Il loge dans cette ville, Wagnerstrasse, puis, à partir du 15 mars, au 2, Marienstrasse, dans une pension de famille. Il exerce alors les fonctions de précepteur chez un certain M. Lübner.

Le 2 mars, Verlaine, qui avait été libéré le 16 janvier après dix-huit mois de captivité à la prison des Petits Carmes à Bruxelles, puis à la prison de Mons, revoit Rimbaud à Stuttgart. Au cours de cette entrevue qui se termine par une bagarre brutale, Rimbaud lui aurait donné le manuscrit des *Illuminations* (voir Verlaine, « Arthur Rimbaud " 1884 " », *Les Hommes d'aujourd'hui*, n° 318, janvier 1888). La rupture entre les deux amis se consommera définitivement les mois suivants, ce qui n'empêchera pas Verlaine de continuer de s'informer auprès d'Ernest Delahaye des errances de Rimbaud et, à l'occasion, de se moquer dans des « Vieux Coppées » de celui qu'il appelle « l'homme aux semelles de vent », mais aussi bien « Homais », « le Philomathe », « l'Œstre » (le taon), etc.

En mai, Rimbaud quitte Stuttgart pour l'Italie. Le 5 ou le 6, il est à Milan. Puis il traverse la Lombardie.

Le 15 juin, sur la route de Livourne à Sienne, il est frappé d'une insolation. Le consul français de Livourne le fait rapatrier à Marseille où il est soigné à l'hôpital. Peu après, il a l'intention de s'engager dans les troupes carlistes et de passer en Espagne ; mais il n'y parvient pas.

En juillet, il revient à Paris et, pendant les vacances, assure la fonction de répétiteur dans un cours de vacances à Maisons-Alfort.

Vers le 6 octobre, il est à Charleville où il fréquente de nouveau Delahaye, Louis Pierquin, Ernest Millot. A l'époque, il envisage de devenir Frère des Écoles chrétiennes pour être envoyé en Extrême-Orient. Il se plonge dans l'étude de plusieurs langues étrangères et apprend le piano.

Le 18 décembre, Vitalie meurt d'une synovite tuberculeuse.

1876 – Début avril, Rimbaud part pour Vienne où il se fait voler son argent. Il revient à Charleville.

En mai, il se rend à Bruxelles, puis à Rotterdam. Le 18 mai, au port de Harderwijk sur le Zuyderzee, il se fait enrôler pour six ans dans l'armée coloniale hollandaise.

Le 10 juin, le *Prins van Oranje,* sur lequel se trouvent les quatre-vingt-dix-sept fantassins recrutés, appareille à Niewe Diep. Le 22 juin, le navire arrive à Naples.

Le 19 juillet, le *Prins van Oranje* aborde à Padang (Sumatra). Le navire repart pour Batavia. Le 30 juillet, la compagnie à laquelle appartient Rimbaud embarque pour Samarang. Le 15 août, Rimbaud est porté déserteur. Le 30 août, il embarque à Samarang sous un nom d'emprunt, à bord du *Wandering Chief,* navire écossais qui fait route jusqu'en Angleterre, en passant par Le Cap, Sainte-Hélène (23 octobre), etc.

Le 6 décembre, Rimbaud débarque à Queenstown en Irlande, prend le train jusqu'à Cork où il s'embarque pour Liverpool. A Liverpool, il prend un bateau qui le mène au Havre. Le 9 décembre, il est de retour à Charleville.

1877 – Durant l'hiver, Rimbaud reste à Charleville ou à Roche.

En mai, il est à Cologne, recruteur de volontaires pour le compte d'un agent hollandais.

Le 14 mai, on le retrouve à Brême où il écrit, sans succès, au consul des États-Unis pour s'engager dans la marine américaine. On le voit ensuite à Hambourg. Puis il travaille comme employé au cirque Loisset.

En juillet, il suit le cirque Loisset à Stockholm, puis à Copenhague. A la fin de l'été, il revient à Charleville.

En automne, il s'embarque à Marseille pour Alexandrie ; mais, malade, il doit débarquer en Italie à Civitavecchia. Rétabli, il va jusqu'à Rome, revient jusqu'à Marseille et regagne enfin Charleville où il reste durant l'hiver.

1878 – En janvier, *The Gentleman's Magazine*, à Londres, publie « Petits Pauvres » (*Les Effarés*) signé « Alfred [*sic*] Rimbaud ».

Rimbaud, durant ce premier semestre, serait allé à Hambourg ou en Suisse.

Rimbaud passe l'été à Roche.

Le 20 octobre, il quitte Charleville. Il va traverser à pied les Vosges, la Suisse et passera le Saint-Gothard.

Le 19 novembre, arrivé à Gênes, il s'embarque pour Alexandrie où il signe un contrat d'embauche avec E. Jean et Thial fils de Larnaca, port de Chypre.

Le 16 décembre, il entre en fonction à Larnaca où il dirige l'exploitation d'une carrière.

1879 – Rimbaud, dans des conditions difficiles, continue son travail. Il a parfois de graves discussions avec les ouvriers.

Fin mai, atteint de typhoïde, il doit rentrer rapidement en France. Il revient à Roche, se rétablit. L'été, il participe aux travaux de la moisson.

En septembre, il rencontre pour la dernière fois Delahaye qui vient passer quelques jours à Roche. Durant l'automne, Rimbaud veut repartir pour Alexandrie, mais, arrivé à Marseille, frappé de fièvre, il doit rebrousser chemin et rejoindre Roche.

1880 – Rimbaud passe l'hiver à Roche.

En mars, il s'embarque pour Alexandrie, regagne Chypre. Il est alors engagé comme chef d'équipe pour construire le palais du gouverneur sur le mont Troodos (2 100 m).

Le 20 juin, il quitte son emploi pour en prendre un autre plus lucratif.

En juillet, se jugeant mal payé, il donne sa démission et part pour l'Afrique. Il est possible que ce départ soit dû aussi au meurtre d'un ouvrier qu'il aurait commis dans un mouvement de colère. A Aden, port de la mer Rouge, grâce à une recommandation qu'il a pu obtenir à Hodeïdah d'un négociant français, un certain Trébuchet, il se fait engager par l'agence Mazeran, Viannay, Bardey et Cie, spécialisée dans le commerce (importation-exportation).

Le 10 novembre, il est affecté à la succursale Bardey de Harar, ville du centre de l'Abyssinie, qui comptait alors entre trente-cinq mille et quarante mille habitants. Il s'embarque jusqu'à Zeïla, puis traverse le désert somali et arrive enfin à Harar, début décembre.

1881 – Rimbaud s'habitue difficilement à ce nouveau poste, en dépit d'un climat plus favorable. Il y contracte sans doute la syphilis, dont les complications peuvent expliquer sa mort dix ans plus tard.

En avril, Alfred Bardey et son équipe arrivent à Harar.

En mai-juin, Rimbaud fait une expédition à Bubassa, à cinquante kilomètres de Harar.

Durant le mois de juillet, frappé d'un nouvel accès de fièvre, il doit s'aliter.

En septembre, irrité de n'avoir pas été promu à la direction de l'agence de Harar, il donne sa démission. Le 15 décembre, il reprend son travail à Aden, toujours à l'agence Bardey.

1882 – Rimbaud continue de travailler à Aden. Il a la pleine confiance d'Alfred Bardey. Rongé par l'ennui, il songe à écrire un « ouvrage sur le Harar et les Gallas » et à le soumettre à la Société de Géographie (lettre à E. Delahaye du 18 janvier).

1883 – Le 28 janvier, à Aden, Rimbaud gifle un magasinier. Le consulat de France est informé de l'affaire. Alfred Bardey se porte garant de Rimbaud.

Le 20 mars, Rimbaud signe un nouveau contrat de travail pour deux ans avec l'agence Bardey. Le 22 mars, il se met en route pour Harar où il s'installe de nouveau, comme directeur de l'agence cette fois. Il fait de la photographie à ses moments perdus.

En août, il envoie son associé Sotiro en expédition pour reconnaître l'Ogadine (région située entre Harar et le désert somali).

En septembre, au retour de Sotiro, il organise trois nouvelles expéditions dans ce pays et participe à l'une d'entre elles.

Le 10 décembre, revenu, Rimbaud rédige un rapport sur son voyage pour A. Bardey qui le communique à la Société de Géographie.

Cette année-là, Verlaine a publié, dans plusieurs numéros de la jeune revue *Lutèce* (du 5 octobre au 17 novembre), une étude sur Rimbaud qui sera reprise l'année suivante dans son livre *Les Poètes maudits* (Vanier éditeur).

1884 – Publication du « Rapport sur l'Ogadine » signé « Arthur Rimbaud » dans les *Comptes rendus des séances de la Société* de Géographie (rapport présenté lors de la séance du 1er février).

Les événements politiques forcent l'agence Bardey à fermer. Le 1er mars, Rimbaud doit quitter Harar. Il parvient à Aden le 23 avril. Dans les lettres qu'il envoie à sa famille, il se montre désespéré : « Il est impossible de vivre plus péniblement que moi. »

En juin, Alfred Bardey crée une nouvelle société avec son frère. Il engage (le 19 juin) Rimbaud pour six mois. Rimbaud, à cette époque et pendant deux ans au moins, semble avoir vécu avec une Abyssinienne, qu'il connaissait déjà peut-être à Harar.

En septembre, l'Égypte doit évacuer Harar, qui dépendait d'elle auparavant.

1885 – Le 10 janvier, Rimbaud signe un nouveau contrat pour un an avec Pierre Bardey.

Début octobre, il décide de quitter les Bardey et de faire fortune dans le trafic d'armes. Le 8, il signe un contrat avec Pierre Labatut, négociant au Choa. Il devra mener une caravane d'armes jusqu'au Choa et livrer son chargement au roi Ménélik qui s'apprête à affronter l'empereur Jean pour régner sur l'Abyssinie.

En novembre, Rimbaud débarque au port de Tadjourah, d'où l'expédition doit partir.

1886 – Rimbaud doit rester à Tadjourah, car le gouvernement français interdit l'exportation d'armes au Choa. Cependant, grâce à l'intervention du résident français à

Obock, il finit par obtenir une autorisation exceptionnelle.

Labatut tombe gravement malade et doit être rapatrié en France, où il va mourir. Rimbaud décide alors de s'associer à Paul Soleillet. Mais celui-ci meurt le 9 septembre d'une embolie.

En octobre, Rimbaud décide de tenter seul cette expédition jusqu'à Ankober, capitale du Choa. Il livre 2 040 fusils et 60 000 cartouches.

Cette année-là ont été publiées dans *La Vogue* (13 et 23 mai, 3, 13 et 20 juin) la plupart des *Illuminations* de Rimbaud et certains de ses « Vers nouveaux ». Ces textes sont publiés en plaquette, la même année, avec une préface de Verlaine.

1887 – Le 6 février, Rimbaud atteint Ankober. Il n'y trouve pas Ménélik qui est à Entotto. Il va dans cette ville et doit céder à bas prix sa livraison, car il lui faut, en outre, rembourser les nombreuses dettes accumulées par Labatut au Choa.

Le 1er mai, avec l'explorateur Jules Borelli, il part d'Entotto pour rejoindre Ankober. A Harar, le ras Makonnen, gouverneur de la province et cousin de Ménélik, lui verse de l'argent — mais sous forme de traites — pour payer la livraison d'armes.

Revenu à Aden le 30 juillet, Rimbaud décide, après les déconvenues de l'année précédente et les fatigues qu'il a subies, de prendre du repos. A Obock, il s'embarque, accompagné de son domestique Djami, pour Le Caire. Le 5 août, il est à Massaouah où il veut toucher l'argent des traites de Makonnen. On lui fait des difficultés, ses papiers n'étant pas en règle. Aux yeux du consul de France à Massaouah, il est d'abord « un sieur Rimbaud se disant négociant... ».

Le 20 août, Rimbaud est au Caire. Il y reste environ cinq semaines. « J'ai les cheveux absolument gris. Je me figure que mon existence périclite », écrit-il aux siens le 23 août. Prêt à tout pour quitter Aden, il a l'intention de partir pour l'Extrême-Orient. Les 25, 26 et 27 août, *Le Bosphore égyptien* publie des notes (que Rimbaud a remises à Octave Borelli, frère de l'explorateur et directeur du journal) sur son expédition au Choa.

Le 8 octobre, il est de retour à Aden.

1888 – Pour le compte d'Armand Savouré, Rimbaud a le projet de convoyer une caravane d'armes, depuis la côte jusqu'au Choa ; mais il n'obtiendra pas les autorisations ministérielles.

Le 14 mars, après un voyage d'un mois pour son compte à Harar, il est à Aden.

Le 3 mai, il installe à Harar une agence commerciale pour le compte du négociant César Tian, son correspondant à Aden.

Le 4 août, dans une lettre aux siens, il écrit : « Je m'ennuie beaucoup, toujours ; je n'ai même jamais connu personne qui s'ennuyât autant que moi. »

En septembre-décembre, il reçoit à Harar la visite de plusieurs de ses amis du moment, Jules Borelli, Armand Savouré, Alfred Ilg.

1889 – Vainqueur de l'empereur Jean, Ménélik, roi du Choa, devient empereur d'Abyssinie.

Le 2 décembre, dans une lettre à Ilg, Rimbaud demande « un mulet » et « deux garçons esclaves ». Cette demande suffira longtemps pour accréditer la malheureuse légende de Rimbaud trafiquant d'esclaves, légende définitivement détruite par Mario Matucci dans son livre *Le Dernier Visage de Rimbaud en Abyssinie*.

1890 – Rimbaud fait toujours du commerce à Harar.

Dans une lettre datée du 17 juillet et que Rimbaud bizarrement gardera dans ses papiers, Laurent de Gavoty, directeur de *La France moderne*, petite revue littéraire de Marseille, lui demande sa collaboration et lui dit qu'il le considère comme « le chef de l'école décadente et symboliste ».

1891 – Au début de l'année, Rimbaud souffre de douleurs au genou droit. En mars, il ne peut plus marcher et doit diriger ses affaires de son lit (placé sur une terrasse qui domine la cour de sa maison). A la fin du mois, il décide d'aller se faire soigner à Aden.

Le 7 avril, sur une civière construite selon ses plans, il est transporté à travers trois cents kilomètres de désert jusqu'au port de Zeïla, où il embarque le 19 avril. Ses souffrances durant ce transport, dont il nous a laissé l'éphéméride, ont été presque insupportables. A Aden, le diagnostic est très sévère. On parle de cancer du genou.

Le 9 mai, Rimbaud embarque pour la France à bord de *L'Amazone*. Débarqué à Marseille le 20 mai, il est transporté à l'hôpital de la Conception où il écrit immédiatement à sa mère.

Le 23 mai, appelée d'urgence par télégramme, car Rimbaud doit être opéré, Mme Rimbaud arrive à Marseille. Le 27, Rimbaud est amputé de la jambe droite. Le 9 juin, Mme Rimbaud repart pour Roche. Le 23 juillet, Rimbaud quitte l'hôpital et, placé dans un wagon spécial, va jusqu'à la gare de Voncq, près de Roche. Durant son séjour à Roche, son état s'aggrave de jour en jour. Accompagné de sa sœur Isabelle, il repart le 23 août pour Marseille, avec l'idée de s'embarquer pour Aden. Mais le 24, à Marseille, il doit être hospitalisé immédiatement. Le cancer se généralise. Rimbaud est entièrement paralysé.

Le 25 octobre, il accepte de se confesser, mais il ne recevra pas la communion, à cause des spasmes de la gorge qui risqueraient de lui faire régurgiter l'hostie (voir Henri Guillemin, « La mort de Rimbaud » dans *A vrai dire*, Gallimard, 1956, p. 201-208, où l'auteur rappelle non pas les souvenirs trop apologétiques d'Isabelle Rimbaud, mais la lettre que celle-ci écrivit sur le vif, le 28 octobre 1891, sans souci d'être lue par quelqu'un d'autre que sa mère. Cette lettre a été publiée dans *Œuvres* de Rimbaud, Bibliothèque de la Pléiade, 1972, p. 704-707).

Le 9 novembre, Rimbaud dicte à sa sœur une lettre incohérente destinée au directeur des Messageries maritimes. Il demande à être porté à bord du prochain navire en partance pour Aden.

Le 10 novembre, Rimbaud meurt à dix heures du matin, à l'âge de trente-sept ans. Ce même jour, paraît *Reliquaire. Poésies* de Rimbaud, préface de Rodolphe Darzens, aux éditions Léon Genonceaux. Mais cette édition sera vite retirée du commerce en raison d'un désaccord survenu entre Darzens et Genonceaux.

1892 – Publication en un volume, avec une préface de Paul Verlaine, de *Les Illuminations. Une saison en enfer*, chez Vanier.

1893 – Le 12 décembre, d'Alger, Germain Nouveau, ignorant encore la mort de Rimbaud, lui adresse une lettre à Aden (au consulat de France).

1895 – Les *Poésies complètes* de Rimbaud, préfacées par Verlaine, sont publiées chez Vanier, avec des notes de cet éditeur.

1898 – *Œuvres : Poésies, Illuminations, Autres Illuminations, Une saison en enfer*, préface de Paterne Berrichon (de son vrai nom Pierre Dufour, il avait épousé Isabelle Rimbaud en 1897) et Ernest Delahaye, sont publiées aux éditions du Mercure de France.

TABLF

[CAHIER DE DOUAI]

POÉSIES (FIN 1870-ANNÉE 1871)

POÈMES DE L'*ALBUM ZUTIQUE*

LES STUPRA

CORRESPONDANCE : LETTRES CHOISIES (1870-1871)

PUBLICATIONS NOUVELLES

BALZAC
Illusions perdues (518).

BARBEY D'AURÉVILLY
Une histoire sans nom (588).

BAUDELAIRE
Les Fleurs du mal (527).

BECCARIA
Des Délits et des peines (633).

CASTIGLIONE
Le Livre du courtisan (651).

CHRÉTIEN DE TROYES
Le Chevalier au lion (569).

CONRAD
Nostromo (560). Sous les yeux de l'Occident (602).

DUMAS
Les bords du Rhin (592).

FIELDING
Joseph Andrews (558).

FLAUBERT
Madame Bovary (657). Mémoires d'un fou. Novembre (581).

FROMENTIN
Une année dans le Sahel (591).

GAUTIER
Le Capitaine Fracasse (656).

GOGOL
Tarass Boulba (577). Les Ames mortes (576).

GONCOURT
Germinie Lacerteux (549). Renée Maurepin (578).

J. K. JEROME
Trois hommes dans un bateau (536).

KAFKA
Dans la colonie pénitentiaire et autres nouvelles (564).

KIERKEGAARD
La Reprise (512).

KLEIST
La Marquise d'O (586). Le Prince de Hombourg (587).

LA FONTAINE
Les Amours de Psyché et de Cupidon (568).

LAUTRÉAMONT
Les Chants de Maldoror (528).

LAXNESS
La Cloche d'Islande (659).

LOTI
Madame Chrysanthème (570). Le Mariage de Loti (583).

MACHIAVEL
L'Art de la guerre (615).

MAUPASSANT
Mont-Oriol (547).

MARIVAUX
Les Acteurs de bonne foi. La Dispute. L'Épreuve (616).

MELVILLE
Mardi (546). Omoo (590).

MORAND
Hiver Caraïbe (638).

NERVAL
Aurélia et autres textes autobiographiques (567).

PLATON
Ménon (491). Phédon (489).

PLAUTE
Théâtre (600).

ROSTAND
Cyrano de Bergerac (526).

SHAKESPEARE
Henry V (658).

STEVENSON
L'Ile au Trésor (593).

STRINDBERG
Tschandala (575).

SUÉTONE
Vie des douze Césars (533).

TÉRENCE
Théâtre (609)

THACKERAY
Barry Lyndon (559). Le Livre des snobs (605).

GF GRAND-FORMAT

CHATEAUBRIAND
Mémoires d'Outre-Tombe. Préface de Julien Gracq (4 vol.)

FORT
Ballades françaises

GRIMM
Les Contes (2 vol.)

GUTH
Histoire de la littérature française (2 vol.)

HUGO
Poèmes choisis et présentés par Jean Gaudon

LAS CASES
Le Mémorial de Sainte-Hélène (2 vol.).

MAURIAC
Mémoires intérieurs et Nouveaux Mémoires intérieurs

Vous trouverez chez votre libraire le catalogue complet de notre collection.

GF — TEXTE INTÉGRAL — GF

2578-IX-1991. — Imp. Bussière, St-Amand (Cher).
N° d'édition 13343. — Mars 1989. — Printed in France.